LA VIE LITTÉRAIRE

CALMANN-LÉVY, ÉDITEURS

DU MÊME AUTEUR

Format grand in-18.

BALTHASAR.	1 vol.
CRAINQUEBILLE, PUTOIS, RIQUET.	1 —
LE CRIME DE SYLVESTRE BONNARD (*Ouvrage couronné par l'Académie française*).	1 —
LES DÉSIRS DE JEAN SERVIEN.	1 —
LES DIEUX ONT SOIF.	1 —
L'ÉTUI DE NACRE.	1 —
HISTOIRE COMIQUE.	1 —
L'ÎLE DES PINGOUINS.	1 —
LE JARDIN D'ÉPICURE.	1 —
JOCASTE ET LE CHAT MAIGRE.	1 —
LE LIVRE DE MON AMI.	1 —
LE LYS ROUGE.	1 —
LES OPINIONS DE M. JÉRÔME COIGNARD.	1 —
PAGES CHOISIES.	1 —
PIERRE NOZIÈRE.	1 —
LE PUITS DE SAINTE-CLAIRE.	1 —
LA RÔTISSERIE DE LA REINE PÉDAUQUE.	1 —
LES SEPT FEMMES DE LA BARBE-BLEUE.	1 —
SUR LA PIERRE BLANCHE.	1 —
THAÏS.	1 —
LA VIE LITTÉRAIRE.	4 —

HISTOIRE CONTEMPORAINE

I. — L'ORME DU MAIL.	1 vol.
II. — LE MANNEQUIN D'OSIER.	1 —
III. — L'ANNEAU D'AMÉTHYSTE.	1 —
IV. — MONSIEUR BERGERET A PARIS.	1 —

Format grand in-8°.

VIE DE JEANNE D'ARC.	2 vol.

ÉDITIONS ILLUSTRÉES

CLIO (*Illustrations en couleurs de Mucha*).	1 vol.
HISTOIRE COMIQUE (*Pointes sèches et eaux-fortes de Edgar Chahine*).	1 —
LES CONTES DE JACQUES TOURNEBROCHE (*Illustrations en couleurs de Léon Lebègue*).	1 —

ANATOLE FRANCE

DE L'ACADÉMIE FRANÇAISE

LA VIE LITTÉRAIRE

PREMIÈRE SÉRIE

PARIS
CALMANN-LÉVY, ÉDITEURS
3, RUE AUBER, 3

Droits de traduction et de reproduction réservés pour tous les pays.

A MONSIEUR ADRIEN HÉBRARD, SÉNATEUR,

DIRECTEUR DU *TEMPS*

Cher monsieur,

Permettez-moi de vous offrir ce petit livre; je vous le dois bien, car assurément il n'existerait pas sans vous. Je ne songeais guère à faire de la critique dans un journal quand vous m'avez appelé au *Temps*. J'ai été étonné de votre choix et j'en demeure encore surpris. Comment un esprit alerte, agissant, répandu comme le vôtre, en communion constante avec tout et avec tous, si fort en possession de la vie et toujours jeté au milieu des choses, a-t-il pu prendre en gré une pensée recueillie, lente et solitaire comme la mienne?

Mais rien ne vous est étranger, pas même la méditation. Ceux qui vous connaissent intimement assurent qu'il y a en vous du rêveur. Ils ne se trompent pas. Seulement vous rêvez très vite. En toutes choses vous possédez au plus haut degré le génie de la promptitude. La facilité avec laquelle vous pensez est prodigieuse. Vous comprenez tout à la fois. Votre conversation, rapide et brillante comme la lumière, m'éblouit toujours. Pourtant elle est toujours raisonnable. Éblouir avec la raison, cela n'a été donné qu'à vous. Quel écrivain vous feriez, si vous aviez moins d'idées ! Une magicienne russe, qui a longtemps vécu dans l'Inde, parle dans ses écrits d'un procédé qu'emploient les sages indous pour communiquer leur pensée aux profanes. A mesure qu'elle se forme en eux-mêmes, il la précipitent dans le cerveau d'un saint homme qui l'écrit à loisir. Voilà un procédé qui vous conviendrait ! Quel dommage que notre barbare Occident ignore encore la « précipitation » de la pensée ! Mais je vous connais : si un saint homme se mettait à rédiger vos idées précipitées, vous iriez tout de suite le prier de n'en rien faire. Vous aimez à rester inédit. Homme public, vous avez horreur de paraître : c'est une de vos originalités, et non pas la moins charmante.

Je crois que vous avez un talisman. Vous faites ce que vous voulez. Vous avez fait de moi un écrivain périodique et régulier. Vous avez triomphé de ma paresse. Vous avez utilisé mes songeries et monnayé mon esprit. C'est pourquoi je vous tiens pour un incomparable économiste. M'avoir rendu productif, je vous assure que c'est merveilleux. Mon excellent ami Calmann Lévy lui-même n'avait pas réussi à me faire écrire un seul livre depuis six ans.

Vous avez un très bon caractère et vous êtes très facile à vivre. Vous ne me faites jamais de reproches. Je n'en tire pas vanité. Vous avez compris tout de suite que je n'étais pas bon à grand'chose et qu'il valait mieux ne pas me tourmenter. Sans me flatter, c'est la principale cause de la liberté que vous me laissez dans votre journal. Vous me savez incorrigible et vous désespérez de m'amender. Un jour, n'avez-vous pas dit de moi à un de nos amis communs :

— C'est un bénédictin narquois.

On se connaît mal soi-même, mais je crois que la définition est bonne. Je me fais assez l'effet d'un moine philosophe. J'appartiens de cœur à une abbaye de Thélème, dont la règle est douce et l'obédience facile. Peut-être n'y a-t-on pas beaucoup de foi, mais assurément on y est très pieux.

L'indulgence, la tolérance, le respect de soi et des autres sont des saints qu'on y chôme toujours. Si l'on y ncline au doute, il faut considérer que le pyrrhonisme ne va pas sans un profond attachement à la coutume et à l'usage. Or, la coutume du plus grand nombre, c'est proprement la morale. Il n'y a qu'un sceptique pour être toujours moral et bon citoyen. Un sceptique ne se révolte jamais contre les lois, car il n'a pas espéré qu'on pût en faire de bonnes. Il sait qu'il faut beaucoup pardonner à la République. Pourtant voulez-vous un conseil? Ne confiez jamais le bulletin politique du *Temps* à un de nos thélémites. Il y répandrait une mélancolie douce qui découragerait vos honnêtes lecteurs. Ce n'est pas avec la philosophie qu'on soutient les ministères. Quant à moi, je garde une modestie qui me sied, et je m'en tiens à la critique.

Telle que je l'entends et que vous me la laissez faire, la critique est, comme la philosophie et l'histoire, une espèce de roman à l'usage des esprits avisés et curieux, et tout roman, à le bien prendre, est une autobiographie. Le bon critique est celui qui raconte les aventures de son âme au milieu des chefs-d'œuvre.

Il n'y a pas plus de critique objective qu'il n'y a d'art objectif, et tous ceux qui se flattent de mettre autre chose qu'eux-mêmes dans leur œuvre sont dupes de la plus fallacieuse illusion. La vérité est qu'on ne sort jamais de soi-même. C'est une de nos plus grandes misères. Que ne donnerions-nous pas pour voir, pendant une minute, le ciel et la terre avec l'œil à facettes d'une mouche, ou pour comprendre la nature avec le cerveau rude et simple d'un orang-outang? Mais cela nous est bien défendu. Nous ne pouvons pas, ainsi que Tirésias, être homme et nous souvenir d'avoir été femme. Nous sommes enfermés dans notre personne comme dans une prison perpétuelle. Ce que nous avons de mieux à faire, ce me semble, c'est de reconnaître de bonne grâce cette affreuse condition et d'avouer que nous parlons de nous-mêmes chaque fois que nous n'avons pas la force de nous taire.

Pour être franc, le critique devrait dire :

— Messieurs, je vais parler de moi à propos de Shakespeare, à propos de Racine, ou de Pascal, ou de Gœthe. C'est une assez belle occasion.

J'ai eu l'honneur de connaître M. Cuvillier-Fleury, qui était un vieux critique fort convaincu. Un jour, que je l'allai voir dans sa petite maison de l'avenue Raphaël, il me montra la modeste bibliothèque dont il était fier :

— Monsieur, me dit-il, éloquence, belles-lettres, philosophie, histoire, tous les genres y sont représentés, sans compter la critique qui embrasse tous les autres genres. Oui, monsieur, le critique est tour à tour orateur, philosophe, historien.

M. Cuvillier-Fleury avait raison. Le critique est tout cela, ou du moins il peut l'être. Il a l'occasion de montrer les facultés intellectuelles les plus rares, les plus diverses, les plus variées. Et quand il est un Sainte-Beuve, un Taine, un J.-J. Weiss, un Jules Lemaître, un Ferdinand Brunetière, il n'y manque pas. Sans sortir de lui-même, il fait l'histoire intellectuelle de l'homme. La critique est la dernière en date de toutes les formes littéraires ; elle finira peut-être par les absorber toutes. Elle convient admirablement à une société très civilisée dont les souvenirs sont riches et les traditions déjà longues. Elle est particulièrement appropriée à une humanité curieuse, savante et polie. Pour prospérer, elle suppose plus de culture que n'en demandent toutes les autres formes littéraires. Elle eut pour créateurs Montaigne, Saint-Évremond, Bayle et Montesquieu. Elle procède à la fois de la philosophie et de l'histoire. Il lui a fallu, pour se développer, une époque d'absolue liberté intellectuelle. Elle remplace la théologie, et, si l'on cherche le docteur universel, le saint Thomas d'Aquin du XIX° siècle, n'est-ce pas à Sainte-Beuve qu'il faut songer ?

C'était un saint homme de critique, je vénère sa mémoire. Mais, à vous parler franchement, cher monsieur Hébrard, je crois qu'il est plus sage de planter des choux que de faire des livres.

Il est des âmes livresques pour qui l'univers n'est qu'encre et que papier. Celui dont une telle âme anime le corps apaisé passe sa vie devant sa table de travail, sans souci des réalités dont il étudie obstinément la représentation graphique. Il ne sait de la beauté des femmes que ce qui en est écrit. Il ne connaît des travaux, des souffrances et des espérances des hommes que ce qui peut en être cousu sur nerfs et relié en maroquin. Il est monstrueux et innocent. Il n'a jamais mis le nez à la fenêtre. Tel était le bonhomme Peignot, qui recueillait les opinions des auteurs pour en faire des livres. Rien ne l'avait jamais troublé. Il concevait les passions comme des sujets de monographies curieuses et savait que les nations périssent en un certain nombre de pages in-octavo. Jusqu'au jour de sa mort, il travailla d'une ardeur égale, sans jamais rien comprendre. C'est pourquoi le travail ne lui fut point amer. Il faut l'envier, si l'on ne peut qu'à ce prix trouver la paix du cœur.

Bénissons les livres, si la vie peut couler au milieu d'eux en une longue et douce enfance! Gustave Doré, qui imprimait quelquefois à ses dessins les plus comiques je ne sais quel sentiment de fantaisie profonde et de poésie bizarre, a donné un jour, sans trop le savoir, l'emblème ironique et touchant de ces existences que le culte des livres console de toutes les réalités douloureuses. Dans le moine Nestor, qui écrivit une chronique en des temps barbares et troublés, il a symbolisé toute la race des bibliomanes et des bibliographes. Son dessin n'est pas plus grand que le creux de la main, mais qui l'a vu une fois ne peut plus l'oublier. Vous le trouverez dans une suite de caricatures qu'il publia lors de la guerre de Crimée, sous ce titre: *la Sainte Russie*, et qui n'est pas, je dois le dire, la plus heureuse inspiration de son talent et de son patriotisme.

Il faut voir ce Nestor. Il est dans sa cellule avec ses livres et ses papiers. Assis comme un homme qui aime à s'asseoir, la tête enfoncée dans son capuchon, le nez sur sa table, il écrit. Tout le pays alentour est livré au massacre et à l'incendie. Les flèches obscurcissent l'air. Le couvent même de Nestor est si furieusement assailli que des pans de mur s'écroulent de toutes parts. Le bon moine écrit. Sa cellule, épargnée par miracle, reste accrochée à un pignon comme une cage à une fenêtre. Des archers s'entassent sur ce qui reste des toits, marchent comme des mouches le long des murs et tombent comme la grêle sur le sol hérissé de lances et d'épées. On se bat jusque dans sa cheminée; il écrit. Une commotion terrible renverse son encrier; il écrit encore. Voilà ce que c'est que de vivre dans les bouquins! Voilà le pouvoir des paperasses!

Les bibliothèques abritent encore aujourd'hui quelques sages semblables au moine Nestor. Ils y viennent accomplir le travail de patience qui remplit leur vie et qui comble leur âme; ils ne manquent pas une séance, même dans les jours de troubles et de révolution.

Ils sont heureux. N'en parlons plus. Mais j'en connais plusieurs, d'un esprit fort différent. Ceux-ci cherchent dans les livres toutes sortes de beaux secrets sur les hommes et les choses. Ils cherchent toujours et leur esprit ne demeure jamais en repos. Si les livres apportent la paix aux pacifiques, ils troublent les âmes inquiètes. Je sais, pour ma part, beaucoup d'âmes inquiètes. Elles ont tort de se plonger dans trop de lecture. Voyez, par exemple, ce qu'il advint à don Quichotte pour avoir dévoré les quatre volumes d'*Amadis de Gaule* et une douzaine d'autres beaux romans. Ayant lu des récits enchanteurs, il crut aux enchantements. Il crut que la vie était aussi belle que les contes, et il fit mille folies qu'il n'aurait point faites, s'il n'avait pas eu l'esprit de lire.

Un livre est, selon Littré, la réunion de plusieurs cahiers de pages manuscrites ou imprimées. Cette définition ne me contente pas. Je définirais le livre une œuvre de sorcellerie d'où s'échappent toutes sortes d'images qui troublent les esprits et changent les cœurs. Je dirai mieux encore : le livre est un petit appareil magique qui nous transporte au milieu des images du passé ou parmi des ombres surnaturelles. Ceux qui lisent beaucoup de livres sont comme des mangeurs de haschisch. Ils vivent dans un rêve. Le poison subtil qui pénètre leur cerveau les rend insensibles au monde réel et les jette en proie à des fantômes terribles ou charmants. Le livre est l'opium de l'Occident. Il nous dévore. Un jour viendra où nous serons tous bibliothécaires, et ce sera fini.

Aimons les livres comme l'amoureuse du poète aimait son mal. Aimons-les; ils nous coûtent assez cher. Aimons-les; nous en mourons. Oui, les livres nous tuent. Croyez-m'en, moi qui les adorai, moi qui me donnai longtemps à eux sans réserve. Les livres nous tuent. Nous en avons trop et de trop de sortes. Les hommes ont vécu de longs âges sans rien lire, et c'est précisément le temps où ils firent les plus grandes choses et les plus utiles, car c'est le temps où ils passèrent de la barbarie à la civilisation. Pour être sans livres, ils n'étaient pas alors tout à fait dénués de poésie et de morale; ils savaient par cœur des chansons et de petits catéchismes. Dans leur enfance les vieilles femmes leur contaient *Peau-d'Ane* et *le Chat botté*, dont on a fait beaucoup plus tard des éditions pour les bibliophiles. Les premiers livres furent de grosses pierres, couvertes d'inscriptions en style administratif et religieux.

Il y a longtemps de cela. Quels effroyables progrès nous avons accompli depuis lors! Les livres se sont multipliés d'une façon merveilleuse au XVIe siècle et au XVIIIe. Aujourd'hui la production en est centuplée. Voici qu'on publie, seulement à Paris, cinquante volumes par jour, sans compter les journaux. C'est une orgie monstrueuse. Nous en sortirons fous. La destinée de l'homme est de tomber successivement dans des excès contraires. Au moyen âge, l'ignorance enfantait la peur. Il régnait alors des maladies mentales que nous ne connaissons plus. Maintenant, nous courons, par l'étude, à la paralysie générale. N'y aurait-il pas plus de sagesse et d'élégance à garder la mesure ?

Soyons des bibliophiles et lisons nos livres ; mais ne les prenons point de toutes mains ; soyons délicat, choisissons, et, comme ce seigneur d'une des comédies de Shakespeare, disons à notre libraire : « Je veux qu'ils soient bien reliés et qu'ils parlent d'amour. »

Je ne me flatte pas que ce petit livre ait rien d'amoureux ni qu'il mérite une belle reliure. Mais on y trouvera, vous le savez, cher monsieur, une parfaite sincérité (le mensonge veut un talent que je n'ai pas), beaucoup d'indulgence et quelque naturelle amitié pour le beau et le bien.

C'est pourquoi j'ose vous l'offrir, cher monsieur, comme un trop faible témoignage de gratitude, d'estime et de sympathie.

A. F.

LA VIE LITTÉRAIRE

HAMLET

A LA COMÉDIE-FRANÇAISE

« Bonne nuit, aimable prince, et que des essaims d'anges bercent par leurs chants ton sommeil! » Voilà ce que, mardi, à minuit, nous disions avec Horatio au jeune Hamlet, en sortant du Théâtre-Français. Aussi bien, nous devions souhaiter une bonne nuit à qui nous avait fait passer une belle soirée. Oui, c'est un aimable prince que le prince Hamlet. Il est beau, il est malheureux; il sait tout et ne sait que faire. Il est digne d'envie et de pitié. Il est plus mauvais et meilleur que chacun de nous. C'est un homme, c'est l'homme, c'est tout l'homme.

Et il y avait bien dans la salle comble, je vous jure, vingt personnes pour sentir cela. « Bonne nuit, aimable prince! » On ne peut vous quitter sans avoir la tête pleine de vous, et voilà trois jours que je n'ai de pensées que les vôtres.

J'ai senti à vous voir une joie triste, mon prince. Et cela est plus qu'une joie joyeuse. Je vous dirai tout bas que la salle m'a semblé un peu distraite et légère : il faut ne pas trop s'en plaindre et ne pas s'en étonner du tout. C'était une salle composée de Français et de Françaises. Vous n'étiez pas en habit de soirée, vous n'aviez point une intrigue amoureuse dans le monde de la haute finance et vous ne portiez point une fleur de gardénia à votre boutonnière. C'est pourquoi les dames toussaient un peu, dans leur loge, en mangeant des fruits glacés ; vos aventures ne pouvaient pas les intéresser. Ce ne sont point des aventures mondaines ; ce ne sont que des aventures humaines. Vous forcez les gens à penser, et c'est un tort qu'on ne vous pardonnera point ici. Pourtant, il y avait çà et là, dans la salle, quelques esprits que vous avez profondément remués. En leur parlant de vous, vous leur parliez d'eux-mêmes. C'est pourquoi ils vous préfèrent à tous les autres êtres créés, comme vous, par le génie. Un heureux hasard me plaça, dans la salle, auprès de M. Auguste Dorchain. Il vous comprend, mon prince, comme il comprend Racine, parce qu'il est poète. Je crois vous comprendre un peu aussi, parce que je viens de la mer... Oh! ne craignez pas que je dise que vous êtes deux océans. Ce sont là des mots, des mots, et vous ne les aimez pas. Non, je veux dire seulement que je vous comprends, parce qu'après deux mois de repos et d'oubli au milieu de larges horizons, je suis devenu très simple et très accessible à ce qui est vraiment beau, grand et profond. Dans notre Paris, l'hiver, on se prend de goût volontiers pour les jolies choses, pour les coquetteries à la mode et les gentillesses compliquées des petites écoles. Mais le sentiment s'élève et s'épure dans la féconde oisiveté des promenades agrestes, au milieu des grands horizons des champs et de la mer. Quand on en revient, on est tout préparé pour l'intimité du sauvage génie d'un Shakespeare. C'est pourquoi vous avez été le bienvenu, prince Hamlet; c'est pourquoi toutes vos pensées errent confusément sur mes lèvres et m'enveloppent de terreur, de poésie et de tristesse. Vous avez vu : on s'est demandé, dans la *Revue bleue* et ailleurs, d'où vous venait votre mélancolie. On l'a justement jugée si profonde, qu'on n'a pas cru que les catastrophes domestiques les plus épouvantables eussent suffi à la former dans toute son étendue. Un économiste très distingué, M. Émile de Laveleye, a pensé que ce devait être une tristesse d'économiste. Et il a fait un article exprès pour le démontrer. Il a donné à entendre que son ami Lanfrey et lui-même en avaient éprouvé une semblable après le coup d'État de 1851, et que vous avez souffert plus que toutes choses, prince Hamlet, du mauvais état où l'usurpateur Claudius avait mis, de votre temps, les affaires du Danemark.

Je crois qu'en effet vous aviez grand souci des destinées de votre patrie, et j'applaudis aux paroles que prononça Fortinbras quand il ordonna à quatre capitaines de porter votre corps sur un lit d'honneur, comme on fait pour les soldats. « Si Hamlet avait vécu, s'écria-t-il, il se serait montré un généreux roi. » Pourtant, je ne pense pas que votre mélancolie fût tout à fait celle de M. Émile de Laveleye. Je crois qu'elle était plus haute encore et plus intelligente. Je crois qu'elle était inspirée par un vif sentiment de la destinée. Ce n'est pas seulement le Danemark, c'est le monde entier qui vous paraissait sombre. Vous n'espériez plus en rien, pas même, comme M. de Laveleye, dans des principes de droit public. Que ceux qui en doutent encore se rappellent la belle et amère prière qui sortit de vos lèvres déjà glacées par la mort : « O mon bon Horatio ! si tu m'as jamais tenu pour cher à ton cœur, reste éloigné quelque temps encore de la suprême félicité et consens à respirer dans la souffrance au sein de ce dur monde, pour raconter mon histoire. » Ce furent vos dernières paroles. Celui à qui elles s'adressaient n'avait pas, comme vous, une famille empoisonnée de crimes ; il n'était pas comme vous un fatal assassin. C'était un esprit libre, sage et fidèle ; c'était un homme heureux, s'il en est. Mais vous saviez, prince Hamlet, vous saviez qu'il n'en fut jamais. Vous saviez que tout est mal dans l'univers. Il faut dire le mot, vous étiez un pessimiste. Sans doute votre destinée vous poussait au désespoir : elle fut tragique. Mais votre nature était conforme à votre destinée. C'est là ce qui vous rend si admirable : vous étiez fait pour goûter le malheur, et vous eûtes de quoi exercer votre goût. Vous fûtes bien servi, prince. Aussi, comme vous savourez le mal qui vous abreuve ! Quelle finesse de palais ! Oh ! vous êtes un connaisseur, un gourmet en douleurs.

Tel vous enfanta le grand Shakespeare. Et il me semble bien qu'il n'était guère optimiste lui-même, alors qu'il vous créa. De 1601 à 1608, il anima de ses mains enchantées une assez grande foule, je pense, d'ombres désolées ou furieuses. C'est alors qu'il montra Desdémone périssant par Iago, et le sang d'un vieux roi paternel tachant les petites mains de lady Macbeth et la pauvre Cordelia, et vous son préféré, et Timon d'Athènes.

Oui, Timon ! C'est à croire, décidément, que Shakspeare était pessimiste, comme vous. Qu'en dira son confrère, l'auteur du second *Gerfaut*, M. Moreau, qui, chaque soir, au Vaudeville, malmène si fort, m'a-t-on dit, les pauvres pessimistes ? Oh ! il leur fait passer quotidiennement un mauvais quart d'heure. Je les plains ; il se trouve partout des heureux qui les raillent sans pitié. A leur place, je ne saurais où me cacher. Mais Hamlet doit leur rendre courage. Ils ont pour eux Job et Shakspeare. Cela redresse un peu la balance. Voilà M. Paul Bourget sauvé pour cette fois. Et c'est par vous, prince Hamlet.

J'ai sous les yeux, tandis que j'écris, une vieille gravure allemande qui vous représente, mais où j'ai peine à vous reconnaître. Elle vous représente tel que vous étiez au théâtre de Berlin vers 1780. Vous ne portiez point alors ce deuil solennel dont parle votre mère, ce pourpoint, ces hauts-de-chausses, ce manteau, cette toque dont Delacroix vous a si noblement vêtu quand il fixa votre type dans des dessins maladroits, mais sublimes, et que M. Mounet-Sully porte avec une grâce si virile et tant de poétiques attitudes. Non! vous paraissiez devant les Berlinois du xviiie siècle dans un costume qui nous semblerait aujourd'hui bien étrange. Vous étiez vêtu — ma gravure en fait foi — à la dernière mode de France. Vous étiez coiffé en ailes de pigeon et poudré à blanc; vous portiez collerette brodée, culottes de satin, bas de soie, souliers à boucles et petit manteau de cour, enfin tout l'habit de deuil des courtisans de Versailles, J'oubliais le chapeau Henri IV, le vrai chapeau de la noblesse aux États généraux. Ainsi accoutré et l'épée de cour au côté, vous vous tenez aux pieds d'Ophélie, qui est, ma foi, fort gentille dans sa robe à paniers, avec sa haute coiffure à la Marie-Antoinette, que surmonte un grand panache de plumes d'autruche. Tous les autres personnages sont habillés à l'avenant. Ils assistent, avec vous, à la tragédie de *Gonzago et Baptista*. Votre beau fauteuil Louis XV est vide et laisse voir toutes les fleurs de sa tapisserie. Déjà vous rampez à terre; vous épiez sur le visage du roi l'aveu muet du crime que vous avez mission de venger. Le roi aussi porte un beau chapeau à la Henri IV, comme Louis XVI. Vous croyez sans doute que je vais sourire et me moquer, et triompher vivement du progrès de nos décors et de nos costumes. Vous vous trompez. Assurément, si vous n'êtes plus habillé à la mode de ma vieille estampe, si vous ne ressemblez plus au comte de Provence en deuil du Dauphin et si votre Ophélie n'est plus attifée comme Mesdames, je ne le regrette pas le moins du monde. Loin de là, je vous aime beaucoup mieux tel que vous êtes maintenant. Mais l'habit n'est rien pour vous; vous pouvez porter tous les costumes qu'il vous plaira; ils vous conviendront tous, s'ils sont beaux. Vous êtes de tous les temps et de tous les pays. Vous n'avez pas vieilli d'une heure en trois siècles. Votre âme a l'âge de chacune de nos âmes. Nous vivons ensemble, prince Hamlet, et vous êtes ce que nous sommes, un homme au milieu du mal universel. On vous a chicané sur vos paroles et sur vos actions. On a montré que vous n'étiez pas d'accord avec vous-même. Comment saisir cet insaisissable personnage? a-t-on dit. Il pense tour à tour comme un moine du moyen âge et comme un savant de la Renaissance; il a la tête philosophique et pourtant pleine de diableries. Il a horreur du mensonge et sa vie n'est qu'un long mensonge. Il est irrésolu, c'est visible, et pourtant certains critiques l'ont jugé plein de décision, sans qu'on puisse leur donner tout à fait tort. Enfin, on a prétendu, mon prince, que vous étiez un magasin de pensées, un amas de contradictions et non pas un être humain. Mais c'est là, au contraire, le signe de votre profonde humanité. Vous êtes prompt et lent, audacieux et timide, bienveillant et cruel, vous croyez et vous doutez, vous êtes sage et par-dessus tout vous êtes fou. En un mot, vous vivez. Qui de nous ne vous ressemble en quelque chose? Qui de nous pense sans contradiction et agit sans incohérence? Qui de nous n'est fou? Qui de nous ne vous dit avec un mélange de pitié, de sympathie, d'admiration et d'horreur : « Bonne nuit, aimable prince! »

SÉRÉNUS

Le temps est proche où Ponce-Pilate sera en grande estime pour avoir prononcé une parole qui pendant dix-huit siècles pesa lourdement sur sa mémoire. Jésus lui ayant dit : « Je suis venu dans le monde pour rendre témoignage à la vérité; quiconque est de la vérité écoute ma voix », Pilate lui répondit : « Qu'est-ce que la vérité? »

Aujourd'hui, les plus intelligents d'entre nous ne disent pas autre chose : « Qu'est-ce que la vérité? » M. Jules Lemaître vient de publier un petit conte philosophique, *Sérénus*, qui ne fut qu'un jeu pour son esprit facile et charmant, mais qui pourra bien un jour marquer dans l'histoire de la pensée du xix^e

---

1. *Sérenus*, par Jules Lemaître, in-18.

siècle, comme *Candide* ou *Zadig* marque aujourd'hui dans celle du XVIIIe.

Après M. Ernest Renan, avec quelques autres, M. Jules Lemaître répète, sous les formes les plus ingénieuses, le mot profond du vieux fonctionnaire romain : « Qu'est-ce que la vérité? » Il admire les croyants et il ne croit pas. On peut dire qu'avec lui la critique est décidément sortie de l'âge théologique. Il conçoit que sur toutes choses il y a beaucoup de vérités, sans qu'une seule de ces vérités soit la vérité. Il a, plus encore que Sainte-Beuve, de qui nous sortons tous, le sens du relatif et l'inquiétude avec l'amour de l'éternelle illusion qui nous enveloppe. Un vieux poète grec a dit : « Nous sommes agités au hasard par des mensonges; » de cette idée, M. Jules Lemaître a tiré mille et mille idées, et comme une philosophie éparse dans des feuilles détachées.

C'est la philosophie d'un honnête homme. Vous entendez bien ce mot. Quand je dis honnête homme, je dis un esprit dont le commerce est doux et sûr, une intelligence qui ne connaît point la peur, une âme souriante et pleine d'indulgence. M. Jules Lemaître est tout cela. En ajoutant qu'il a l'ironie légère et le sensualisme délicat, bien qu'un peu vif, j'aurai fait l'esquisse de son portrait. En dépit de sa belle culture classique, il ne tient pas trop au passé. Nous l'avons bien vu un jour que nous eûmes l'idée de le mener voir, aux beaux-arts, l'Hermès de Praxitèle et les frontons du Parthénon. Nous étions trois mortels devant les vrais dieux et les vraies déesses, et je fus le seul tout à fait respectueux. Il arriva ce jour-là, comme d'habitude, que l'esprit ne fut pas du côté du respect. Je ne sais pas si M. Jules Lemaître admire beaucoup son temps, mais il l'aime. Paris, tel qu'il est, lui plaît beaucoup. Il y est heureux, malgré « l'ennui commun à toute créature bien née ». Le mot n'est pas de moi; il est de Marguerite d'Angoulême, la sœur de François I*r*.

Mais pourquoi, dites-vous, s'il aime tant Paris, nous conduit-il à Rome, chez Sérénus? Je vous répondrai qu'il a choisi, pour aller à Rome, le temps où l'on avait à Rome bien des idées et bien des sentiments que l'on a aujourd'hui à Paris. Le mal de Sérénus fut l'impossibilité de croire. Sa sœur était chrétienne; elle était belle; elle avait la douceur impérieuse des saintes; elle le conduisit dans la petite église, où il éprouva des sentiments étranges et contradictoires, quelque chose de ce que sentirait un galant homme introduit dans une assemblée des spirites, si les spirites étaient des martyrs, ou dans un conciliabule de nihilistes, si les nihilistes attendaient la mort sans la donner. Il fut saisi d'une sorte d'admiration et il éprouva en même temps d'invincibles répugnances. Voici comment il rend compte lui-même de ce double sentiment. Il analyse d'abord les raisons qu'il a d'admirer et d'aimer ces braves gens :

« Toutes les vertus, dit-il, que les philosophes avaient déjà connues et prêchées, m'apparaissaient, chez les disciples de Christus, transformées par un sentiment nouveau : l'amour d'un Dieu homme et d'un Dieu crucifié, amour sensible, ardent, pleins de larmes, de confiance, de tendresse, d'espoir. Évidemment, ni les forces naturelles personnifiées ni le Dieu abstrait des stoïciens n'ont jamais inspiré rien de pareil. Et cet amour de Dieu, source et commencement des autres vertus chrétiennes, leur communiquait une pureté, une douceur, une onction et comme un parfum que je n'avais pas encore respiré. »

Voilà ce qui l'attire. Voici maintenant ce qui l'éloignerait s'il n'était retenu par le chaste attrait de Séréna :

« L'idée que mes nouveaux frères avaient de ce monde et de cette vie heurtait en moi je ne sais quel sentiment de nature... Malgré mon pessimisme persistant..., il me déplaisait que des hommes méprisassent si fort la seule vie, après tout, dont nous soyons assurés. Puis je les trouvais par trop simples, fermés aux impressions artistiques, bornés, inélégants... Un peu de souci de la patrie romaine se réveillait en moi; je m'effrayais du mal que pouvait faire à l'empire, si elle continuait de se répandre, une telle conception de la vie, un tel détachement des devoirs civils et des occupations profanes... J'étais choqué que ces saints fussent si sûrs de tant de choses, et de choses si merveilleuses, quand j'avais, moi, tant cherché sans trouver, tant douté dans ma vie, et mis finalement mon orgueil dans mon incroyance. »

Bientôt les chrétiens eurent le bonheur d'être persécutés. Sérénus, qui était homme de goût, resta parmi eux. Sa mort stoïque eut les apparences du martyre. Son corps fut enseveli parmi ceux des saints, dans le tombeau de la famille Flavia. Transporté à Beaugency-sur-Loire, en l'an de grâce 860, il ne tarda pas à opérer des miracles. Il rendit notamment la vue à un aveugle et la vie à la jument d'un prêtre.

Voilà l'histoire de Sérénus. Et remarquez bien que l'impossibilité de croire, qui est le mal de ce galant homme, ne sévit pas seulement dans la partie religieuse de son âme. Elle le dévore tout entier. En politique comme en amour, il ne croit pas. Il ne trouve de raison de se déterminer que dans un certain sentiment de l'élégance morale qui survit chez lui à toute conviction et à toute philosophie. Le malheur est qu'on cesse d'agir quand on est ainsi. Il y a lieu de s'en inquiéter. Le bonhomme Franklin n'avait pas, tant s'en faut, autant d'esprit et de goût que Sérénus; mais il possédait le sens pratique et il sut se rendre utile à ses concitoyens. Il était laborieux; il faisait sa tâche et voulait que chacun fît la sienne.

— Quand vous serez embarrassé pour prendre une décision, disait-il, allez chercher une feuille de papier blanc et divisez-la en deux colonnes. Vous écrirez dans une des colonnes toutes les raisons que vous avez d'agir, et, dans l'autre, toutes les raisons que vous avez de vous abstenir. De même qu'en algèbre on supprime les quantités semblables, vous bifferez les raisons qui se balancent, et vous vous déterminerez d'après la raison qui subsistera.

Jamais Sérénus n'emploiera cette méthode, qui n'est pas faite pour lui. Sérénus épuiserait tous les papyrus et toutes les tablettes de cire, il userait ses roseaux du Nil et son poinçon d'acier avant d'avoir épuisé les raisons que lui suggérerait son esprit subtil, et finalement il n'en trouverait aucune qui valût mieux ou moins que les autres.

Faut-il donc agir? Sans doute qu'il le faut! Rappelez-vous le premier mot prononcé, dans le second *Faust*, par le petit homme que le famulus Wagner vient de fabriquer avec ses cornues. A peine sorti de son bocal, ce petit homme s'écrie fièrement : « Il faut que j'agisse, puisque je suis. » On peut vivre sans penser. Et même c'est généralement ainsi qu'on vit. Il n'en résulte pas grand dommage pour la république. Au contraire, la patrie a besoin de l'action diverse et harmonieuse de tous les citoyens. C'est d'actes et non d'idées que vivent les peuples.

LA RÉCEPTION DE M. LÉON SAY

A L'ACADÉMIE FRANÇAISE

Nous avons entendu jeudi, à l'Institut, la fourmi faire l'éloge de la cigale. La louange était piquante, inattendue, heureuse. Il faut dire aussi que la fourmi n'est pas ce que croit le fabuliste; elle est économe de la fortune publique; c'est ce qu'on appelle économiste; elle est sage, elle est laborieuse, elle n'est point ingrate et elle sait qu'il ne faut point offenser la cigale, aimée des Muses. Cela revient à dire que M. Léon Say a parlé agréablement de ce bon Jules Sandeau, dont le souvenir est si aimable. Le nouvel académicien a dit aussi sur Edmond About des choses tout à fait intéressantes. Il s'est exprimé en homme de goût, avec une élégance naturelle et la vivacité d'une intelligence aiguë, qu'affina la pratique des des affaires. Il ne s'est pas piqué de littérature plus qu'il ne convenait. Il n'est point tombé dans le travers de Philippe, roi de Macédoine, qui voulait s'entendre en chansons mieux que les chansonniers. Il a voulu rester l'homme qui goûte et qui sent. Il a bien fait; car son goût est fin et son sentiment juste. Pourtant, je le contredirai sur deux points, parce que, s'il faut toujours dire la vérité, c'est surtout aux triomphateurs qu'on doit la faire entendre. Mon principal grief est qu'il a passé un peu lestement sur les romans de Sandeau; il n'a même pas nommé *la Maison de Penarvan*. Je reviendrai tout à l'heure sur ce sujet. Mon second reproche s'applique à un certain portrait qu'il a fait incidemment, en quelques traits rapides, d'une inexactitude que je tiens pour exemplaire. Il nous a montré « un maître charmant, plein de tact et de mesure, un poète très fin, qui dit les choses sans appuyer, laissant ainsi à l'auditoire le plaisir de croire qu'il collabore, en l'écoutant, avec l'homme d'esprit qui a écrit la pièce »... En ce maître charmant, en le fin poète, en cet homme d'esprit, il veut nous faire reconnaître M. Émile Augier. J'y éprouve, pour ma part, quelque peine, et j'affirme que le portrait manque de ressemblance. Ce n'est pas que l'auteur du *Fils de Giboyer* soit dépourvu de finesse et de mesure; mais ses qualités essentielles sont tout autres. Il ne dit pas les choses sans appuyer: il appuie au contraire avec une heureuse rudesse. Il est robuste, il est ferme ; il frappe juste et fort. Il a plus d'énergie que de grâce et plus de droiture que de souplesse. Ses créations ne laissent rien à deviner. Le maître les jette en pleine lumière. Elles n'ont rien d'inachevé, rien de mystérieux. On n'avait qu'à nommer la Vigueur et la Probité pour faire apparaître M. Émile Augier entre ses deux Muses. A Dieu ne plaise, monsieur Léon Say, que vous sachiez ces choses aussi bien que moi. A Rome, au temps de Néron, certain tribun des soldats, fils d'un honnête publicain, montrait dans l'administration militaire des talents qu'il avait précédemment exercés dans l'administration civile. Il était laborieux et sage, mais il dormait au théâtre. Il n'en parvint pas moins à la première magistrature de l'État. Je soupçonne M. Léon Say d'avoir quelquefois sommeillé de même au Théâtre-Français pendant qu'on jouait *Gabrielle* ou *les Fourchambault*. Il n'y a pas grand mal à cela et M. Émile Augier est le premier, j'en suis sûr, à lui pardonner. Les hommes d'État n'ont pas toujours le loisir de fréquenter les Muses; il faut seulement qu'il ne se brouillent pas avec elles, car ce serait se brouiller avec la grâce et la persuasion, et qu'est-ce, je vous prie, qu'un président du conseil sans la persuasion et la grâce? Il faut beaucoup de choses pour gouverner, beaucoup de bonnes choses et quelques mauvaises. Ne vous y trompez pas : il y faut du goût. Sans le goût, on choque ceux mêmes qui n'en ont pas. Mon confrère et ami M. Adolphe Racot prête au héros de son dernier roman cette idée que, pour la conduite des hommes, le goût vaut l'intelligence et la probité. Je n'irai pas jusque-là; mais il est vrai que le goût suppose la justesse de l'esprit, la délicatesse des sentiments et plusieurs fortes qualités dont il est la fleur.

M. Léon Say a du goût. Il y paraît dans l'élégante simplicité, dans la clarté abondante de sa parole.

Ses discours politiques, particulièrement ceux qui traitent de finances, sont d'un art achevé Tout y semble facile. C'est un rare plaisir que d'entendre M. Léon Say à la tribune du Sénat. La voix est claire. Au début, elle semble un peu aigre. C'est justement ce qu'il faut pour qu'on sache gré à l'orateur de l'adoucir ensuite. Dès la seconde phrase, elle ne garde d'aigu que ce qu'il faut pour bien entrer dans les oreilles. Elle les mord sans les blesser. La diction, bien qu'aisée, n'est pas coulante à l'excès. M. Léon Say n'a pas cette parole savonnée qui glisse et ne pénètre pas. Certes, la tribune n'est pas faite pour les orateurs pénibles; ceux-là font partager à leurs auditeurs la fatigue qu'ils éprouvent; par une sympathie involontaire, on souffre de leur souffrance. Mais un orateur dont la parole est trop fluide et se répand d'un cours égal n'inspire, dans une Assemblée, qu'un intérêt superficiel. Il faut que celui qui parle paraisse chercher et choisir ses idées et ses paroles. La recherche doit être rapide et le choix sûr ; encore faut-il que l'un et l'autre se sentent dans quelques inflexions de la voix et dans certains ralentissements du débit. Il faut enfin que le travail de la pensée reste sensible au milieu de l'action oratoire. M. Léon Say a ce qu'on peut appeler la parole vivante. Il anime les abstractions ; il trouve, pour amuser et soutenir l'attention, plusieurs des ressources qu'avait M. Thiers. Il explique, il compare, il cite des exemples, il raconte des historiettes, il est familier, il pénètre dans l'intimité des choses. Il a ces finesses qui font un piquant contraste avec la rondeur de sa personne. S'il ne sait point s'échauffer, il ne dit rien qui exige de la chaleur. Comme il est toujours maître de son sujet, il le renferme dans les limites de son talent et il s'arrange pour n'avoir jamais besoin des qualités qui lui manquent.

Il intéresse avec des chiffres. C'est là un grand mérite. Quant à dire, comme on le fait si souvent, que c'est un tour de force, je m'en garderai bien : la louange serait fausse. Les questions financières sont par elles-mêmes aussi intéressantes que toutes les autres grandes questions. Pour être plus abstraites que d'autres, elles n'en sont pas plus arides. L'esprit trouve à les étudier une profonde satisfaction. Elles offrent aux déductions des bases solides et larges. Elles plaisent à la raison par leur exactitude et à l'imagination par leur étendue. Enfin, elles sont chose humaine. Elles appartiennent à l'homme par leur principe et par leur fin. Elles sont donc intéres-

santes par elle-mêmes et se prêtent naturellement au
bien-dire. Il y a un bon style de finances comme il y a
un bon style littéraire.

Mais je reviens à ma querelle. Je m'y obstine d'autant plus que c'est une mauvaise querelle. J'aurais
voulu que M. Léon Say dit à Jules Sandeau, dans son
aimable langage, — pourquoi ne pas l'avouer? — tout
ce que je voudrais dire moi-même. Au fond, nous
ne reprochons jamais aux gens que de ne pas sentir
et de ne pas penser comme nous.

C'est que, pour moi, Sandeau, c'est mieux encore
qu'un délicat écrivain et qu'un romancier poëte, c'est
un souvenir d'enfance. Que de fois, en allant ou revenant du collège, je l'ai rencontré, ce brave homme
dont la bienvenue souriait à tout le monde, sur les
quais illustres où il était chez lui; car ils sont la patrie adoptive de tous les hommes de pensée et de goût.
L'excellent vieillard! On peut dire de celui-là qu'il
avait le dos bon, un de ces larges dos qui, visiblement,
ont porté avec un naïf courage le fardeau de la vie et
que les douleurs de l'âme ont courbé lentement. Il
n'était point beau, ni guère brave en ses habits. Je lui
connus longtemps un grand pardessus, devenu vert
et jaune, qui remontait par derrière et pendait en
pointe par devant. Avec cela, le chapeau sur l'oreille
et un pantalon à la hussarde; en sorte que la crânerie
se mêlait chez ce vieillard à la bonhomie. Les
braves gens ressemblent presque tous en quelque
sorte à des soldats. Sandeau, avec ses yeux limpides,

son gros nez rouge, sa rude moustache blanche, son air d'innocence, avait je ne sais quel air de capitaine en retraite. Je veux parler de ces vieux braves qui gardent dans le cœur et dans les yeux la candeur de l'enfance, parce qu'il n'ont jamais cherché à gagner de l'argent et qu'ils n'ont connu dans la vie que le devoir, le sentiment et le sacrifice. Toute la personne de Jules Sandeau respirait la bonté, et, quand la tristesse d'un deuil mortel s'imprima sur ses traits, il avait l'air encore du meilleur des hommes. Or, vous le savez, la douleur n'est bonne que chez les bons.

Pour dire vrai, si, quand j'avais quinze ans, je contemplais M. Jules Sandeau, sur les quais, avec tant d'intérêt et de curiosité, c'est qu'alors je lisais *Marianna* pendant la classe, derrière une pile de bouquins. Que l'honnête M. Chéron, mon professeur de rhétorique, me le pardonne! Pendant qu'il m'expliquait Thucydide, j'étais aux genoux de madame de Belnave. Juste ciel! quel feu s'allumait dans mes veines! J'étais bien loin, monsieur Chéron, des verges en *mi* et des années de l'octaétéride dont vous nous faisiez le compte. J'étais ravi dans les sphères de la passion idéale; j'aimais, j'aimais Marianna. Je souffrais par elle, je la faisais souffrir; mais mon mal et le sien m'étaient chers. On m'a averti depuis que *Marianna* est un livre qui enseigne le devoir; à quinze ans, il ne m'enseignait que l'amour. M. Léon Say dit que ce livre a vieilli. Il en parle avec détachement. On voit bien qu'il ne l'a pas lu, comme moi, entre les feuillets de son dictionnaire grec. Non ! non ! *Marianna* ne vieillira jamais pour moi. Mais, par prudence, je ne la relirai jamais.

Vous concevez, après ce que je viens de dire, que je ne pouvais rencontrer M. Sandeau aux abords du palais Mazarin sans frissonner des pieds à la tête. Il me semblait un être extraordinaire, marqué d'un sceau mystérieux. Ce que j'entendais chuchoter autour de moi, quand il passait, de son ardente amitié avec une femme illustre et de la mélancolie qu'il en avait gardée toute sa vie, me le rendait encore plus intéressant et plus extraordinaire. J'ouvrais de grands yeux avides pour voir cet être privilégié qui avait vécu dans des régions merveilleuses, inconnues, où je n'espérais point entrer jamais. Je reconnaissais bien qu'il n'était pas beau et qu'il avait l'air simplement d'un bon vieil homme. Pourtant, je l'admirais, J'éprouvais à le voir quelque chose comme le sentiment dont madame Bovary fut saisie en contemplant le vieillard qui avait été soixante ans auparavant l'amant de la reine. Voilà, me disais-je, voilà celui qui revient du pays de l'idéal. J'enviais ses souffrances. On est avide de souffrir à quinze ans.

Après cela, je ne dis pas qu'il ne faille donner raison à M. Léon Say. *Marianna* a vieilli et moi aussi. J'avais déjà perdu bien des illusions quand il m'arriva de lire les véritables chefs-d'œuvre de Sandeau, *Mademoiselle de la Seiglière* et *la Maison de Penarvan*. Ils ne m'ont pas troublé comme *Marianna*. La faute en est à moi et non à l'auteur. Du moins, il m'ont paru gracieux. Ce sont des poèmes intimes dont les héros flottent, entre la réalité et l'idéal, dans une région moyenne, où il est délicieux de se promener. Et remarquez qu'il y a dans cet idéalisme autant et plus de vérité que n'en peut avoir le réalisme le plus scrupuleux. Sandeau a très bien saisi le caractère de l'époque qu'il a voulu peindre; il a choisi avec un bonheur parfait ses personnages et son action. Balzac a peint aussi, et avec un génie incomparable, les types du siècle : l'acquéreur de biens nationaux, le colonel du premier empire, le vieux gentilhomme. etc., mais il ne les a pas fait mouvoir dans une action aussi simple; il ne les a pas fixés dans des formes assez pures; il ne les a pas enfermés dans un poème indestructible et parfait. Il les a éparpillés au long d'aventures infinies. Sandeau, moins puissant, a été plus heureux. S'il n'a embrassé que sous des aspects peu variés l'histoire sentimentale de l'ancien régime en face du nouveau, il a exprimé sa vision en des fables aussi aimables que sages.

Son talent lui était bien naturel et ne devait rien à l'étude. Sandeau, qui vivait dans les livres, n'en lisait guère. Ce brave homme n'était curieux que de sentir. Il y a dans l'étude des sciences un fonds d'orgueil et d'audace amère que cette âme paisible et douce ne connut jamais. On ne le voyait pas feuilleter de bouquins. Il laissait bien tranquilles ces nids à poussière dont s'échappent, comme des mites, dès qu'on les ouvre, le doute et l'inquiétude Je n'offenserai pas sa mémoire en disant que, bibliothécaire de la Mazarine, il ne connut jamais très bien sa bibliothèque. Qui lui en ferait un grief? Il avait de trop beaux livres dans la tête pour s'inquiéter de ceux qui chargeaient la salle où il siégeait à côté de Philarète Chasles.

On raconte à ce propos qu'un savant, qui travaillait à la Mazarine, consultait journellement la *Bibliohèque du père Lelong*. Il aurait pris lui-même ce livre, s'il ui avait été permis de le faire; car il en savait bien la place. C'était pour se conformer au réglement qu'il le demandait au bibliothécaire. Un jour, le malheur voulut que le bibliothécaire fut Jules Sandeau. A la demande qui lui fut faite :

— La bibliothèque du père Lelong, répondit Sandeau, ce n'est pas ici, monsieur. Ici, c'est la bibliothèque Mazarine.

— Derrière vous, s'écria l'autre en allongeant le bras vers l'in-folio qu'il était pressé d'ouvrir.

— Derrière moi, c'est le Louvre, monsieur, répliqua doucement Sandeau.

Je me hâte d'ajouter que je ne crois pas un mot de cette histoire et que je ne la conte que pour l'amusement des bibliophiles, qui sont gens de bien.

M. ALEXANDRE DUMAS

MORALISTE [1]

M. Alexandre Dumas est un moraliste aussi bien qu'un dramaturge. Voilà quinze ans qu'il partage avec M. Renan les fonctions de directeur spirituel de la foule humaine. Mais que ces deux confesseurs sont de tempérament contraire! M. Renan absout toujours. — Toutes les voies, nous dit-il, mènent au salut. — Il nous apporte chaque jour de nouvelles indulgences. N'a-t-il pas, à son dernier jubilé, le 1ᵉʳ janvier de cette année, pardonné par avance à M. Laguerre tous les maux qu'une politique étroite et violente attirera sur la France? Si nous en croyons ce paisible conduc-

---

1. A propos de *Francillon*.

teur de nos âmes, on ne peut échapper à la bonté divine et nous irons tous en paradis, à moins qu'il n'y ait pas de paradis, ce qui est bien probable.

Une telle doctrine n'a pu naître que dans un esprit large et souriant. J'en goûte la sérénité. Mais l'orgueil du commun des pécheurs s'accommode mal de tant de mansuétude. Tous tant que nous sommes, nous ne faisons bon marché ni de nos vertus ni de nos vices. Nous voulons que nos faiblesses mêmes paraissent considérables, et l'on nous fâche quand on nous dit qu'elles sont sans conséquence. Je sais des dévotes qui se flattent de donner à leur confesseur et à leur Dieu de terribles inquiétudes. Celles-là n'iront jamais à M. Renan. Il ne se trouble pas assez. Je ne lui cacherai point que son article sur Amiel lui a fait perdre, il y a deux ans, une partie de sa clientèle spirituelle. Il s'y était montré miséricordieux à l'excès. S'il ne nous demande presque rien, ont pensé les âmes pieuses, c'est qu'il ne nous croit pas capables de grand'chose. Il nous méprise. — Et il est de fait qu'on ne s'empare pas des consciences par la douceur. Il y avait, au dix-septième siècle, un chanoine de Saint-Cloud nommé Nicolas Feuillet. C'était un grand preneur d'âmes. Il s'adressait à des personnes simples et il leur persuadait qu'elles n'avaient, de leur vie, mis un pied devant l'autre ou seulement ouvert la bouche sans faire pleurer Dieu et les anges, et que leurs moindres pensées allumaient dans les légions infernales un rire inextinguible. Ces bonnes gens admiraient qu'ils eussent tant d'importance dans l'autre monde, quand on leur en donnait si peu dans celui-ci. Ils en concevaient un orgeuil et une épouvante qui les jetaient dans toutes les fureurs de l'ascétisme. M. Feuillet les expédiait au ciel en deux ou trois ans au plus. Voilà un bon directeur spirituel, ou je ne m'y connais pas !

Je ne crains pas de dire que M. Alexandre Dumas procède plus de M. Feuillet que de M. Renan. Il nous présente de nos péchés une image grossie et colorée qui nous étonne, nous intéresse et nous trouble. Il nous montre plus grands et plus forts dans le mal que nous ne sommes réellement ; c'est par cette flatterie qu'il nous prend : elle lui suffit et il se garde bien de nous en faire d'autres. Les personnes pieuses ne s'offenseront pas, j'espère, si j'ai comparé M. Alexandre Dumas au chanoine de Saint-Cloud. On reconnaît généralement que l'auteur des *Idées de Madame Aubray* est un mystique. Il a vu la Bête et soufflé l'esprit de Dieu aux comédiennes du Gymnase et de la Comédie-Française. Il est vrai qu'il n'est pas catholique et qu'il ne professe aucune religion révélée. C'est même ce qui l'empêche d'être un saint. Car, ne vous y trompez pas, il y a en cet homme l'étoffe d'un saint, et plus d'un bienheureux dont on lit le nom sur le calendrier était bâti comme lui. Je ne parle pas des saints de la dernière heure, abâtardis et crasseux, d'un curé d'Ars ou d'un saint Labre, ou d'un Louis de Gonzague, dont la modestie était si grande, au dire de son biographe, qu'il ne pouvait sans rougir rester seul enfermé dans une chambre avec la princesse sa mère. Non, non, je pense aux saints de la première heure, à ces hommes apostoliques qui annoncèrent la bonne nouvelle aux peuples et dont le souvenir est encore empreint dans l'âme des races. Je pense surtout à ceux qui répandirent leur âme et leur sang sur notre sol antique et dont la terre de France crie encore les noms : Hilaire, de Poitiers ; Martin, de Tours ; Germain, d'Auxerre ; Marcel, de Paris. Ils avaient, ceux-là, la poitrine large et le souffle puissant ; ils portaient haut la tête. Ils abattaient des chênes et disaient des choses nouvelles. Eux aussi, ils savaient tout de la vie et ils étaient mieux faits pour conduire les hommes que pour servir de modèles aux petites demoiselles. Ils ne mettaient pas leur morale en pièces de théâtre, ayant de bonnes raisons pour ne point faire de comédies. Mais leur parole était pleine d'images. Ils y joignaient l'action. C'est un avantage qu'ils doivent à la rudesse de leur temps et qui les met absolument au-dessus de M. Alexandre Dumas. Il est apôtre comme eux. Mais ils furent de plus des soldats. Cela passe tout le reste. Je dois vous le dire, monsieur Alexandre Dumas : il y a quelqu'un dans votre famille que j'estime plus haut que vous, et ce n'est point votre père. Certes, votre père fut un homme prodigieux. Il vint, comme un bon géant, apporter à pleines mains des joujoux à ces pauvres enfants que nous sommes. Il fut gai, il fut bon ; il consolait les hommes en leur contant des belles histoires qui n'en finissaient pas. C'était une âme énorme et candide. Mais vous avez su donner à votre parole un sérieux que la sienne n'eut jamais : il m'a amusé et vous m'avez instruit. Je vous dois plus qu'à lui, c'est pourquoi je vous prise davantage. Le plus grand des Dumas, ce n'est ni lui, ni vous, c'est le fils de la négresse, c'est votre grand-père, c'est le général Alexandre Dumas de la Pailleterie, le vainqueur du Saint-Bernard et du mont Cenis, le héros de Brixen. Il offrit soixante fois sa vie à la France, fut admiré de Bonaparte et mourut pauvre. Une pareille existence est un chef-d'œuvre auquel il n'y a rien à comparer. On est heureux de descendre d'un tel homme. Il y a des chances pour qu'on en garde en soi quelque chose. Je suis tenté de croire que l'énergie dans le travail, l'absolue franchise et le courage à tout dire qu'on estime chez le troisième Alexandre lui viennent du premier.

Admirez par quelles voies Dieu (me voilà devenu mystique par contagion) donna un directeur laïque aux âmes de ce temps ! Une pauvre Africaine, jetée à Saint-Domingue dans les bras d'un colon, enfante un héros qui produit à son tour un colosse dont le fils élevé dans les théâtres de Paris, y remue les consciences avec une rudesse exemplaire et une audace inouïe. — En morale, M. Alexandre Dumas fils n'a touché, il est vrai, qu'un point. Mais c'est le point d'où tout sort, c'est le principe universel. Il nous dit comment on naît et il nous montre que nous naissons mal; il nous dit comment nous donnons la vie et il nous montre que nous la donnons mal, et il annonce la fin de notre monde, si l'on ne rend pas bien vite

A l'époux sans macule une épouse impollue.

Ce qu'il combat, ce qu'il poursuit partout, c'est le trafic honteux de l'amour. A l'en croire, publique ou cachée, la prostitution a tout envahi. Elle s'étale dans nos rues. Le mariage l'a installée avec honneur au foyer du riche. Il n'y a guère que chez quelques courtisanes qu'il ne la voit pas. C'est la Bête aux sept têtes, dont les diadèmes dépassent les plus hautes montagnes.

Elle va dévorer la France, l'Europe et le monde.

Le voyant l'a regardée en face. « Cette Bête, nous dit-il, était semblable à un léopard; ses pieds étaient comme des pieds d'ours, sa gueule comme la gueule d'un lion, et le dragon lui donnait sa force. Et cette Bête était vêtue de pourpre et d'écarlate, elle était parée d'or, de pierres précieuses et de perles, elle tenait en ses mains blanches comme du lait un vase d'or, plein des abominations et des impuretés de Babylone, de Sodome et de Lesbos. Par moments, cette Bête, que je croyais reconnaître pour celle que saint Jean avait vue, dégageait de tout son corps une vapeur enivrante au travers de laquelle elle apparaissait et rayonnait comme le plus beau des anges de Dieu, et dans laquelle venaient, par milliers, se jouer, se tordre de plaisir, hurler de douleur et finalement s'évaporer les animalcules anthropomorphiques dont la naissance avait précédé la sienne. Ils s'évanouissaient alors spontanément avec une toute petite détonation. Autrement dit, ils crevaient, et il n'en restait plus rien qu'une goutte de liquide, larme ou sang, que l'air absorbait aussitôt. La Bête ne s'en rassasiait pas. Pour aller plus vite, elle en écrasait sous ses pieds, elle en déchirait avec ses ongles, elle en broyait avec ses dents, elle en étouffait sur son sein. Ceux-ci étaient les plus heureux et les plus enviés [1]... »

Voilà le monstre ! Tout ce que l'apôtre, le prophète peut dire pour nous rassurer, c'est que la Bête dévorera ce qui doit périr, ce qui est condamné à mort pour incapacité morale, et que les purs, les forts, les bons, ceux enfin qui sont dignes de vivre survivront seuls. C'est précisément ce que les darwiniens appellent la sélection naturelle. Mais elle agit lentement, et, à juger par ce quelle a produit jusqu'ici, on ne peut espérer qu'elle nous délivre prochainement des méchants et des imbéciles.

Oh ! que M. Dumas est un moins suave docteur que M. Renan ! Il ne s'attaque pas seulement à la Bête. Il en veut à l'amour lui-même, à l'amour tel que nous le menons d'ordinaire. Lebonnard conclut, dans *la Visite de Noces*, que « cela finit par la haine de la femme et le mépris de l'homme ». Et Lebonnard

---

1. A M. Cuvillier-Fleury, *Édition des Comédiens*, t. V, page 248.

n'est point un sot. M. de Ryons se montre plus cruel encore quand il dit à Madame de Simerose : « M. de Montègre va vous faire du mal, puisqu'il vous aime. » Ce M. de Ryons est très fort. Il est l'ami des femmes, ce qui veut dire qu'il ne les aime pas. « Je me suis promis, nous dit-il, de ne donner jamais ni mon cœur, ni mon honneur, ni ma vie à dévorer à ces charmants et terribles petits êtres pour lesquels on se ruine, on se déshonore et on se tue, et dont l'unique préoccupation, au milieu de ce carnage universel, est de s'habiller tantôt comme des parapluies, tantôt comme des sonnettes[1]. » A merveille ! C'est ce que le sage Épicure avait coutume d'enseigner dans des livres qui sont malheureusement perdus. Son écolier Lucrèce apprit et répéta la leçon avec ardeur. M. de Ryons est à son tour un grand philosophe. Il y a une raison à cela : c'est qu'il n'est pas amoureux. Qu'il le devienne, et voilà sa philosophie et celle d'Épicure, et celle de Lucrèce, et celle de Dumas en pleine déroute ! Notre homme fort sera un homme faible et il donnera tout ce qu'il possède en pâture à un petit être, sonnette ou parapluie.

Oh ! je vois bien le mal. Le mal est que l'Amour est le plus vieux des dieux. Les Grecs l'ont dit. Quand il est né, il n'y avait encore ni justice ni intelligence au monde. Le malheureux ne trouva pas dans la matière cosmique de quoi se faire un cerveau, ni des

---

1. *Édit. des Comédiens*, t. IV, p. 72.

yeux, ni des oreilles. Il naquit instinctif et aveugle, et tel il est né, tel il est encore, tel il restera toujours. Il travaille à tâtons. On l'a représenté comme un enfant ailé. C'est une flatterie. Sa vraie figure est celle d'un taureau acéphale. Loin d'être fils de Vénus, il en est le père. Jetez un coup d'œil sur ses travaux. Ils sont immenses. Il a tout produit, mais sans esprit, sans morale, sans intelligence. Il fabriqua d'abord des bêtes, et quelles bêtes ! des coquillages, des poissons, des reptiles. En ce temps-là, il vivait dans l'eau. Voilà comme il se préparait à ménager un jour les pudeurs et les délicatesses des jeunes filles de notre monde ! Améliorant par hasard, peu à peu, ses procédés, il obtint les marsupiaux, puis les vivipares. Les mammifères lui donnèrent beaucoup de peine et les singes restèrent longtemps son chef-d'œuvre, Pour faire l'homme après eux, il ne changea ni de nature ni de méthode. Il resta obscur, aveugle, violent et n'appela point l'esprit à son aide. Il ne l'appellera jamais. Et il aura raison, car la vie finirait bientôt s'il dépendait de l'intelligence de la semer sur la terre. Il est aveugle et il nous conduit. Tout le mal est là. Et c'est un mal éternel ; car l'amour durera autant que les mondes.

Nous faisons comme M. de Ryons, nous lui opposons notre volonté et nous le dominons quand il est plus faible que nous. Mais, chaque fois qu'il est le plus fort, il nous domine à son tour. C'est ce qu'on appelle la lutte contre la passion. L'issue en est fatale. Il en est de la volonté et de l'instinct comme des deux plateaux d'une balance. C'est le plus chargé qui penche.

Je ne sais si ma mythologie est bien claire, mais je m'entends; elle revint à dire qu'il y a dans l'homme des forces obscures qui, antérieures à lui, agissent indépendamment de sa volonté et dont il ne peut pas toujours se rendre maître. Faut-il, pour cela, prendre la vie en haine et l'homme en horreur? Non, le Taureau acéphale lui-même a du bon. Il n'en faut pas trop médire. En définitive, il a toujours fait plus de bien que de mal. Sans cela, il ne durerait pas. Il vaut ce que vaut la nature, qui, après tout, est plus indifférente que méchante. Je croirai même qu'ils ont, elle et lui, un idéal secret. Par malheur, ce n'est pas le nôtre, et j'ai tout lieu de croire qu'il est inférieur au nôtre.

Les hommes valent mieux que la nature. C'est là une vérité consolante et pleine de douceur, que je ne me lasserai jamais de répéter.

S'ils pouvaient donner au Taureau acéphale un peu de cœur et de cervelle, soyez sûrs qu'ils le feraient tout de suite.

M. Alexandre Dumas les croit pires qu'ils ne sont; il a pour cela deux bonnes raisons : il est dramaturge et prophète.

Le théâtre ne vit que de nos maux et, depuis Israël, les prophètes n'ont annoncé que des malheurs : leur éloquence est à ce prix.

S'il a raison de dire que l'homme est brutal et que la femme est absurde, on peut lui répondre, avec le Perdican de Musset, qu' « il y a au monde une chose sainte et sublime, c'est l'union de deux êtres si imparfaits ».

LA JEUNE FILLE D'AUTREFOIS

ET LA JEUNE FILLE D'AUJOURD'HUI [1]

On dit communément : Ceci ou cela est un signe des temps. Et, neuf fois sur dix, la chose qu'on croyait nouvelle est en réalité vieille comme le monde. Il est même à remarquer qu'à toutes les époques, on s'est effrayé des mêmes signes. A toutes les époques, il s'est trouvé des âmes naïves et généreuses pour gémir du déclin universel des hommes et des choses, et pour annoncer la fin du siècle. Homère a dit avant M. Henry Cochin : « Les hommes d'autrefois valaient mieux que ceux d'aujourd'hui. »

1. *Histoire d'une Grande Dame au dix-huitième siècle, la princesse Hélène de Ligne*, par Lucien Perey. — *Princesse*, par Ludovic Halévy. — *Jeanne Avril*, par Robert de Bonnières.

Quelques-uns, par une illusion contraire, proclament fortunée l'heure où ils sont nés. Ils pensent de bonne foi que le passé fut obscur et misérable, et que l'avenir sera beau, puisqu'il sortira d'eux. Et personne ne s'avise de croire qu'avant nous les choses humaines étaient mêlées de bien et de mal, qu'après nous le monde ira son train ordinaire et restera médiocre; ce qui pourtant est le plus probable. Mais nous connaissons mal notre temps et pas du tout les autres : nous les jugeons d'après nos sentiments.

Certes tout se meut et tout change. Le mouvement, c'est la vie, ou du moins c'est tout ce que nous en voyons. La figure de l'humanité ne reste pas un moment la même. Ses transformations sont continues et c'est par cela même qu'elles sont peu sensibles. Elles s'opèrent avec l'impitoyable lenteur des forces naturelles. Elles ne s'arrêtent ni ne se hâtent jamais. Les révolutions soudaines n'existent que dans notre imagination. Si nous ne sommes point tout à fait pareils à nos pères, nous leur ressemblons plus que nous ne croyons et quelquefois plus que nous ne voulons. Il est infiniment délicat de marquer les similitudes et les dissemblances par lesquelles nous nous rapprochons ou nous nous éloignons d'eux. On est tenté d'exagérer les unes ou les autres, à mesure qu'on les découvre.

Je faisais ces réflexions en lisant l'*Histoire d'une Grande Dame au dix-huitième siècle*, par Lucien

Perey. On trouve dans ce livre le journal écrit de 1772 à 1779, à l'Abbaye-au-Bois, par la jeune princesse Massalska, qui le commença à neuf ans et le continua jusqu'à sa quatorzième année. Disons tout de suite que M. Lucien Perey a complété, après de laborieuses recherches, la biographie de cette princesse, qui, devenue, par un premier mariage, la belle-fille de l'aimable prince de Ligne, épousa, après un divorce audacieux, le prince Jean Potocki, chambellan du roi de Pologne. On sait peut-être que ce nom de Lucien Perey est le pseudonyme d'une docte demoiselle qui exerce, depuis de longues années, sa pénétrante érudition sur ces vieux manuscrits où nos grands-pères et nos grand'-mères ont laissé un peu de leur âme. La figure que pseudo-Perey a cette fois fait revivre pour nous est celle d'une petite créature très jolie et très amoureuse, qui fit dans sa vie beaucoup de mal sans le moindre remords : car elle le fit par amour. Et il faut avouer que c'est une grande cause. « Nul n'a le droit de juger ceux qui aiment, » pensa la Jeanne Avril de M. de Bonnières, quand elle aima.

Hélène de Massalska écrivait très bien. La raison en est qu'elle sentait fortement et n'avait pas appris le beau style. Hélène était orpheline ; son oncle, le prince-évêque de Wilna la mit, âgée de neuf ans, à l'Abbaye-au-Bois. A cette époque, où, parmi tant de femmes, il n'y avait point de mères, le couvent servait de famille aux filles de qualité. Mademoiselle de Fresnes, petite-fille du chancelier d'Aguesseau, y fut mise à trois ans

avec sa nourrice. On y faisait ses dents. On s'y mariait
à douze ou treize ans. L'usage fréquent de ces mariages
était alors une des plaies de la société. Les fiancés,
les maris venaient au parloir. La petite princesse Massalska raconte que mademoiselle de Bourbonne revint
un jour fort triste du monde; le surlendemain, elle fit
part à ses compagnes de son mariage avec M. d'Avaux.
Elle avait à peine douze ans; elle devait faire sa
première communion dans la semaine, se marier huit
jours après et rentrer au couvent. « Elle était si excessivement mélancolique, raconte Hélène, que nous lui
demandâmes si son futur ne lui plaisait pas; elle nous
dit franchement qu'il était bien laid et bien vieux;
elle nous dit aussi qu'il devait venir la voir le lendemain. Nous priâmes madame l'abbesse de permettre
qu'on nous ouvrît l'appartement d'Orléans, qui avait
vue sur la cour abbatiale, pour que nous voyions le
futur mari de notre compagne; on nous l'accorda. Le
lendemain, à son réveil, mademoiselle de Bourbonne
reçut un gros bouquet, et, l'après-midi, M. d'Avaux
vint. Nous le trouvâmes comme il était, abominable.
Quand mademoiselle de Bourbonne sortit du parloir,
tout le monde lui disait : « Ah ! mon Dieu, que ton
» mari est laid ! Si j'étais de toi, je ne l'épouserais
» pas. Ah ! la malheureuse ! » Et elle disait : « Ah ! je
» l'épouserai, car papa le veut ; mais je ne l'aimerai
» pas, c'est une chose sûre. »

Tout cela est bien loin de nous. Si l'on compare
l'Abbaye-aux-Bois, la Présentation, Penthémont, les

dames Sainte-Marie, enfin les couvents où s'élevaient les filles nobles il y a cent ans, aux couvents qui reçoivent aujourd'hui les petites demoiselles riches, on est frappé du changement des mœurs. Certaines choses se sont perdues dans ce grand changement, qui peuvent être regrettées. On enseignait aux héritières des premières maisons de France les soins domestiques. On les employait tour à tour à la lingerie, à la bibliothèque, au réfectoire, à la cuisine et à l'infirmerie. Elles apprenaient à serrer le linge, à balayer les chambres, à servir à table, à faire la cuisine : Mademoiselle de Vogüé y avait un talent particulier; elles apprenaient à préparer les tisanes et à allumer les lampes. Cet enseignement valait bien celui de la minéralogie et de la chronologie, dont nous tirons aujourd'hui beaucoup d'orgueil. Il instruisait les riches à ne point mépriser les pauvres; il les gardait de croire que le travail des mains avilit ceux qui s'y livrent et qu'il est noble de ne rien faire. Il leur montrait le but de la vie, qui est de servir, et non point par occasion, dans d'éclatantes rencontres, mais tous les jours, à toute heure, humblement et avec simplicité. Mesdemoiselles d'Aumont, de Damas et de Mortemart savaient qu'il n'est point humiliant de laver la vaisselle. Je doute qu'on le persuade facilement aujourd'hui à mademoiselle Catherine Duval, la fille du gros marchand de papier que vous savez (*Princesse*). Nous voyons fort bien les préjugés de la vieille aristocratie : ils étaient cruels, j'en conviens, et je plains de tout mon cœur la petite mademoiselle de Bourbonne qui fut contrainte d'épouser M. d'Avaux. Mais il ne faut pas prêter à la société d'autrefois ceux que nous avons et qu'elle n'avait point. Voyez le jeune baron de Thondertentronck. Ce qui le fâche, ce n'est pas que sa sœur Cunégonde lave les écuelles chez un prince de Transylvanie, c'est qu'elle épouse Candide, lequel n'est point noble. Nous avons inventé l'aristocratie des mains blanches, et maintenant les petites filles de nos gros industriels ne comprennent pas que Peau-d'Ane fît des gâteaux, puisqu'elle était fille de roi.

Madame Duval, une bourgeoise du Marais, a voulu apprendre à sa fille le ménage et la cuisine. « Les filles de la reine d'Angleterre, lui a-t-elle dit, apprennent à se servir elles-mêmes à balayer leur chambre, à à savonner et à repasser. » Mais sa fille a résisté, et le papa, le gros papetier a été pour elle. (*Princesse.*)

Si l'on peut noter dans le journal de la princesse Massalska quelques différences de nature entre les jeunes filles de son temps et celles du nôtre, ce n'est pas toujours à l'avantage des dernières. Je me garderais bien de juger deux époques sur de trop légers indices; mais je suis tenté de reconnaître par instants dans l'âme des compagnes d'Hélène un ressort qui a fléchi depuis, une fierté, une hauteur de pensées devenues rares aujourd'hui. Chez ces enfants, déjà le caractère est ferme. Des fillettes de dix ans, de huit ans, se montrent indomptables; elles comptent pour rien les châtiments, s'ils les font souffrir sans les humilier.

Les révoltes ont, parmi elles, une force et une durée dont s'étonneraient aujourd'hui les religieuses du Sacré-Cœur ou des Oiseaux.

A douze ans, mademoiselle de Choiseul, apprenant tout à coup l'indignité de sa mère, impose le silence et le respect à ses compagnes par la généreuse fermeté de son attitude. A huit ans, mademoiselle de Montmorency est menacée pour quelque faute par mademoiselle de Richelieu, alors abbesse, qui lui dit en colère : « Quand je vous vois comme cela, je vous tuerais. » Elle répond : « Ce ne serait pas la première fois que les Richelieu auraient été les bourreaux des Montmorency. » A quinze ans, elle meurt comme une dame de Port-Royal. Ses os étaient cariés, son bras gangrené. « Voilà que je commence à mourir, » dit-elle. Elle demanda pardon à ses gens, qu'elle fit assembler, et reçut les sacrements... Quelques moments plus tard, elle tint à sa sœur ces graves propos : « Dites à toutes mes compagnes de l'Abbaye-aux-Bois que je leur donne un grand exemple du néant des choses humaines ; il ne me manquait rien pour être heureuse selon le monde, et pourtant la mort vient m'arracher à tout ce qui m'était destiné... » Elle fit un effort pour tousser et expira[1].

Ces filles des plus illustres maisons de France se distinguent par la fierté et par le courage. Leurs maîtresses, qui sont pour la plupart du même sang

---

1. *Histoire d'une Grande Dame au XVIIIe siècle*, p. 73 et suiv.

qu'elles, développent ces vertus préférablement aux autres. Elles haïssent la délation d'une haine qui, dit-on, s'est affaiblie depuis dans les couvents. Quand mademoiselle de Lévis se fait un mérite de n'avoir point été de la dernière révolte, mademoiselle de Rochechouart, sa maîtresse, lui en fait un compliment ironique. Ces femmes bien nées ont surtout l'horreur de la bassesse, très coulantes au reste sur la grammaire et même sur le catéchisme. Elles ne peuvent souffrir les momeries. On annonce à l'une d'elles, avec de grands cris, que ces demoiselles ont mis de l'encre dans le bénitier, que les religieuses s'en sont barbouillées à matines, et que le trait est noir. Elle répond tranquillement qu'il est noir en effet, à cause de l'encre.

Si les compagnes de la princesse Massalska sont plus fières, en général, que les filles de nos bourgeois, elles sont plus violentes aussi et plus brutales. Elles se frappent entre elles avec une violence extrême. Hélène, qu'on accuse de *rapporter*, est foulée aux pieds par toutes ses compagnes. « J'en étais moulue, » dit-elle. Les maîtresses l'envoient coucher[1], sans s'inquiéter davantage. Pour je ne sais quelles sottes querelles, « quand les rouges (les grandes) rencontraient les bleues (les petites), elles les tapaient comme des plâtres ». Elles étaient aussi beaucoup plus libres dans leurs paroles qu'on ne le

1. *Histoire d'une Grande Dame au XVIIIe siècle*, p. 42.

souffrirait aujourd'hui. Leur esprit se ressentait de la vie de château qu'elles menaient et qui est, en somme, une vie rustique. Il leur échappait parfois des propos salés. Hélène raconte qu'il y avait dans la classe rouge une maîtresse qu'on ne pouvait souffrir, nommée madame de Saint-Jérôme. « Comme elle avait la peau fort noire et dom Rigoley (son confesseur) aussi, quelques-unes s'avisèrent de dire que, si on les mariait ensemble, il viendrait des taupes et des négrillons. Quoique ce fût une grande bêtise, cette plaisanterie devint si fort à mode, que l'on ne parlait que de taupes et de négrillons dans toute la classe. »

Fermeté, fierté, non sans quelque rudesse, voilà ce qui gonflait en 1780 les jeunes poitrines de celles qui bientôt devaient voir sans pâlir crouler leurs maisons et finir leur monde.

Mais, à tout prendre, de nos filles aux leurs, il n'y a à cet égard que des nuances. Un trait tout autre marque la véritable différence. Nos jeunes bourgeoises sont plus inquiètes et plus troublées que ne le furent les filles nobles d'autrefois. Il ne semble pas que celles-ci eussent beaucoup de vague dans l'âme. Nos filles parfois en ont trop. Voyez la Jeanne Avril de M. Robert de Bonnières :

« Elle avait des aspirations confuses vers de grandes choses, sans savoir lesquelles. Une impatience était en elle qui l'emportait dans des régions élevées au-dessus des sages pratiques et des soucis vulgaires. » (*Jeanne Avril.*)

Si nos jeunes bourgeoises rêvent beaucoup, c'est aussi que la vie leur donne beaucoup à rêver. Elles peuvent désormais, dans la confusion des vieilles classes, dans le tumulte des mondes qui se choquent, se hausser par un mariage jusqu'à des titres et des couronnes.

C'est, en 1885, l'ambition de mademoiselle Catherine Duval. Son père, nous l'avons dit, est un gros marchand de papier du Marais. Elle veut être une grande dame. Voilà pourquoi elle rêve ; elle l'avoue ingénument. « Un seul désir m'agite, dit-elle, une seule ambition me saisit et me possède tout entière... Moi aussi, être, un jour, une de ces femmes sur lesquelles Paris a sans cesse les yeux fixés ! Et moi aussi, au lendemain d'un grand bal, délicieusement lasse, entendant encore à mon oreille le bourdonnement de déclarations aimables et tendres, sentant encore sur mes épaules la caresse et la flamme de mille regards admirateurs, moi aussi, lire dans le *Carnet d'une mondaine* ou dans les *Notes d'une Parisienne* que la plus jolie à ce bal, et la plus fêtée, et la plus entourée, et la mieux attifée, et la plus jalousée, c'était moi, moi, moi, Catherine Duval, métamorphosée en marquise ou en comtesse de je ne sais quoi. » (*Princesse*.) La vie moderne laisse une grande marge au désir. Elle permet à Jeanne Avril et à Catherine Duval de vastes espérances ; elle leur apporte des « peut-être » nouveaux. Elle excite les ambitions en multipliant les chances.

Elle est une loterie. C'est par là qu'elle énerve et déprave. C'est ainsi qu'elle fait les névrosées, les détraquées, les morphinomanes.

Pourtant, je ne suis pas bien sûr encore que ce soit là un infaillible signe des temps. Et je reviens à mes premiers doutes. Ce n'est que sage. La vérité est que la nature est toujours plus diverse que nous ne le soupçonnons. Il y a encore aujourd'hui des filles simples qui pensent fortement et ne rêvent guère. Il y eut de tout temps des névrosées. Seulement, on leur donnait un autre nom et on y prenait moins garde. Si les mœurs changent, il y a dans la femme un naturel qui ne change guère. Elle est toujours la même et toujours diverse. On ne peut pas plus la caractériser que la vie elle-même, dont elle est la source.

M. GUY DE MAUPASSANT

ET LES CONTEURS FRANÇAIS

Oui, je les appellerai tous! Diseurs de fabliaux, de lais et de moralités, faiseurs de soties, de diableries et de joyeux devis, jongleurs et vieux conteurs gaulois je les appellerai et les défierai tous! Qu'ils viennent et qu'ils confessent que leur gaie science ne vaut pas l'art savant et délié de nos conteurs modernes! Qu'ils s'avouent vaincus par les Alphonse Daudet, les Paul Arène et les Guy de Maupassant! J'appellerai d'abord les ménestrels qui, du temps de la reine Blanche, allaient de château en château, disant leur lai, comme les grues dont parle Dante dans le sixième chant de son *Enfer*. Ceux-là contaient en vers; mais leurs vers avaient moins de grâce que la prose de notre

Jean des Vignes. La mesure et la rime n'étaient pour eux qu'un aide-mémoire et un guide-âne. Ils employaient l'une et l'autre pour retenir facilement et réciter sans peine leurs petites histoires. Le vers, étant utile, pouvait alors se passer d'être beau. Au XIIIe siècle, l'un récitait *la Housse coupée en deux*, où l'on voit un seigneur qui chasse de la maison son vieux père infirme et pauvre, et qui le rappelle ensuite, de peur d'éprouver de la part de son fils un semblable traitement. L'autre disait comment le changeur Guillaume eut non seulement cent livres du moine qui pensait « decevoir » sa femme, mais encore un cochon par-dessus le marché.

En ce temps, chez les conteurs, la forme était rude et le fond à l'avenant. Çà et là toutefois naissaient quelques jolis lais, comme celui de l'oiselet, dans lequel on entend un rossignol donner à un vilain les préceptes d'une pure sagesse, ou comme le *Graélent* de Marie de France. Encore ce *Graélent* est-il mieux fait pour nous surprendre que pour nous plaire. Je vous en fais juge :

« Il y avait, dit la poétesse Marie de France, il y avait proche la ville une épaisse forêt traversée par une rivière. Le chevalier Graélent y alla pensif et dolent. Après avoir erré quelque temps sous la futaie, il vit dans un buisson une biche blanche fuir à son approche. Il la poursuivit sans penser l'atteindre, et il parvint ainsi à une clairière où coulait une fontaine limpide. Dans cette fontaine s'ébattait une demoiselle toute nue. En la voyant svelte, riante, gracieuse et blanche, Graélent oublia la biche. »

La bonne Marie conte la suite avec un naturel parfait : Graélent trouve la demoiselle à son gré et « la prie d'amour » Mais, voyant bientôt que ses prières sont vaines, « il l'entraîne de force au fond du bois, fait d'elle ce qui lui plaît et la supplie très doucement de ne point se fâcher, en lui promettant de l'aimer loyalement et de ne la quitter jamais. La demoiselle vit bien qu'il était bon chevalier, courtois et sage. — « Graélent, dit-elle, quoique vous m'ayez sur-
» prise, je ne vous en aimerai pas moins ; mais je vous
» défends de dire une parole qui puisse découvrir nos
» amours. Je vous donnerai beaucoup d'argent et de
» belles étoffes. Vous êtes loyal, vaillant et beau. » La poétesse Marie ajoute que dès lors Graélent vécut en grande joie. C'était un bel ami.

Vraiment, les conteurs du XIIIe siècle disent les choses avec une incomparable simplicité. J'en trouve un exemple dans la célèbre histoire d'*Amis et Amiles*.

« Arderay jura qu'Amiles avait déshonoré la fille du roi ; Amis jura qu'Arderay en avait menti. Ils se lancèrent l'un contre l'autre et se battirent depuis l'heure de tirce jusqu'à none. Arderay fut vaincu et Amis lui coupa la tête. Le roi était en même temps triste d'avoir perdu Arderay et joyeux de voir sa fille lavée de tout reproche. Il la donne en mariage à Amis, avec une grande somme d'or et d'argent. Amis devint lépreux par la volonté de Notre-Seigneur. Sa femme, qui se nommait Obias, le détestait. Elle avait essayé plusieurs fois de l'étrangler... »

Voilà un narrateur qui ne s'étonne de rien ! C'est à compter du quinzième siècle que nous rencontrons, non plus des chanteurs ambulants, mais de vrais écrivains, capables de faire un bon récit. Tel est l'auteur du *Petit Jehan de Saintré*. Il n'aimait pas les moines ; c'est une disposition commune à tous les vieux conteurs ; mais il savait dire. Tels sont les gentilshommes du dauphin Louis, qui composèrent à Genappe en Brabant, de 1456 à 1461, le recueil connu sous le titres des *Cent Nouvelles nouvelles du roi Louis XI*. L'invention en semble un peu maigre ; mais le style en est vif, sobre, nerveux. C'est du bon vieux français. Ces contes ne manquent pas d'esprit ; ils sont courts et il y en a bien dix au cent qui font sourire encore aujourd'hui. Ne trouvez-vous point fort agréable, par exemple, l'histoire de ce bon curé de village qui aimait tendrement son chien ? La pauvre bête étant morte, le bonhomme, sans penser à mal, la mit en terre sainte, dans le cimetière où les chrétiens du lieu attendaient en paix le jugement dernier et la résurrection de la chair. Par malheur, l'évêque en eut vent. C'était un homme avare et dur. Il manda l'ensevelisseur et lui fit de grands reproches. Il l'allait mettre en prison, quand l'autre « parla de bref » ainsi qu'il suit :

— En vérité, monseigneur, si vous eussiez connu

mon bon chien, à qui Dieu pardonne, comme j'ai fait, vous ne seriez pas tant ébahi de la sépulture que je lui ai ordonnée.

Et lors commença à dire baume de son chien :

— Ainsi pareillement s'il fut bien sage en son vivant, encore le fut-il plus à sa mort : car il fit un très beau testament, et pour ce qu'il savait votre nécessité et indigence, il vous ordonna cinquante écus d'or que je vous apporte.

L'évêque, ajoute le conteur, approuva ensemble le testament et la sépulture. Ces conteurs-là et surtout ceux qui les suivent, je ne les appelle pas pour confesser leur défaite, mais pour former un aimable et glorieux cortège aux derniers venus.

Au seizième siècle, la nouvelle fleurit, grimpe et s'épanouit dans tout le champ des lettres ; elle emplit des recueils multiples ; elle se glisse dans les plus doctes ouvrages entre des dissertations savantes et même un peu pédantes.

Béroald de Verville, Guillaume Boucher, Henri Estienne, Noël du Fail, le plus varié et le plus riche des « novellistes » d'alors, content à l'envi. La reine de Navarre fait de son *Heptaméron* le recueil « de tous les mauvais tours que les femmes ont joués aux pauvres hommes ». Je ne parle ni de Rabelais ni de Montaigne. Pourtant ils ont conté tous deux, et mieux que personne. Au dix-septième siècle, la nouvelle s'habille à l'espagnole, porte la cape et l'épée, et devient tragi-comique. Le malheureux Scarron en fit voir plusieurs ainsi équipées. Il en est chez lui deux entre autres, *les Hypocrites* et *le Châtiment de l'avarice*, dans lesquelles Molière trouva quelques traits qui ne déparent ni son *Avare* ni son *Tartufe*. Le grand homme fit au cul-de-jatte en le pillant beaucoup d'honneur. Encore l'avare espagnol de la nouvelle a-t-il un air picaresque assez plaisant : « Jamais bout de chandelle ne s'allumait dans sa chambre s'il ne l'avait volé ; et, pour le bien ménager, il commençait à se déshabiller dans la rue, dès le lieu où il avait pris la lumière, et, en entrant dans sa chambre, il l'éteignait et se mettait au lit. Mais, trouvant encore qu'on se couchait à moins de frais, son esprit inventif lui fit faire un trou dans la muraille, qui séparait sa chambre de celle d'un voisin, qui n'avait pas plutôt allumé sa chandelle que Marcos (c'est le nom de l'avare) ouvrait son trou et recevait par là assez de lumière pour ce qu'il avait à faire. Ne pouvant se dispenser de porter une épée, à cause de sa noblesse, il la portait un jour à droite, et l'autre à gauche, afin qu'elle usât ses chausses en symétrie. » Je conviens avec Racine que ce Scarron écrit comme un fiacre. Mais il sait peindre. Voici, par exemple, un trait bien jeté : Notre avare est amoureux. Il rentre au logis fort troublé, mais encore attentif à ne rien perdre. « Il tire de sa poche un bout de bougie, le pique au bout de son épée et, l'ayant allumé à une lampe qui brûlait devant le crucifix public d'une place voisine, non sans faire une oraison jaculatoire pour la réussite de son mariage, il ouvre avec un passe-partout la porte de la maison où il couchait, et se va mettre dans son méchant lit, plutôt pour songer à son amour que pour dormir. » Voilà, ce me semble, un bon motif pour un dessin à la plume de M. Henri Pille. Je ne veux m'attarder ni aux *Caquets de l'accouchée*, ni aux histoires de laquais de Charles Sorel, ni aux récits bourgeois de Furetière, ni aux contes de fées. Quant au dix-huitième siècle, c'est l'âge d'or du conte, La plume court et rit dans les doigts d'Antoine Hamilton, dans ceux de l'abbé de Voisenon, dans ceux de Diderot, dans ceux de Voltaire. *Candide* est bâclé en trois jours pour l'immortalité. Alors tout le monde conte avec esprit et philosophie. Avez-vous lu les historiettes de Caylus et connaissez-vous Galichet? Galichet était un sorcier. « C'est lui qui fit passer pour l'âme d'un jacobin une grande fille habillée de blanc, qui venait toutes les nuits voir le père procureur. C'est lui qui fit pleuvoir des chauves-souris sur le couvent des religieuses de Montereau, le jour que les mousquetaires y arrivèrent. C'est lui qui fit paraître tout les soirs un lapin blanc dans la chambre de madame l'abbesse... » Mais je crois que Galichet me fait dire des sottises. Oh! les aimables gens, et comme ils étaient intelligents et gais! Oui, gais. Et savez-vous comment s'appelle la gaieté des gens qui pensent? Elle s'appelle le courage de l'esprit. C'est pourquoi j'estime infiniment ces marquis et ces philosophes qui découvraient en souriant le néant des choses, et qui écrivaient des contes sur le mal universel. Le chevalier de Boufflers, hussard et poète, a fait pour sa part un petit conte qui est si gracieux, si philosophique, si grave et si léger, si impertinent à la fois et si indulgent, qu'on ne peut l'achever sans un sourire mouillé d'une larme. C'est *Aline reine de Golconde*. Aline était bergère; elle perdit un jour son pot au lait et son innocence, et se jeta dans les plaisirs. Mais elle devint sage quand elle fut vieille. Alors elle trouva le bonheur. « Le bonheur, dit-elle, c'est le plaisir fixé. Le plaisir ressemble à la goutte d'eau; le bonheur est pareil au diamant. » Nous voici au dix-neuvième siècle; vous désignez avec moi Stendhal, Charles Nodier, Balzac, Gérard de Nerval, Mérimée et tant d'autres dont les noms se pressent si fort, que je n'ai pas même le temps de les écrire.

Parmi ceux-là les uns ont la douceur, les autres la force. Aucun la gaieté. La révolution française a guillotiné les grâces légères, elle a proscrit le sourire facile. La litérature ne rit plus depuis près d'un siècle.

Nous avons fait à M. Guy de Maupassant un assez beau cortège de conteurs anciens et modernes. Et c'était justice.

M. de Maupassant est certainement un des plus francs conteurs de ce pays, où l'on fit tant de contes, et de si bons. Sa langue forte, simple, naturelle, a un goût de terroir qui nous la fait aimer chèrement. Il possède les trois grandes qualités de l'écrivain français, d'abord la clarté, puis encore la clarté et enfin la clarté. Il a l'esprit de mesure et d'ordre qui est celui de notre race. Il écrit comme vit un bon propriétaire normand, avec économie et joie. Madré, matois, bon enfant, assez gabeur, un peu faraud, n'ayant honte que de sa large bonté native, attentif à cacher ce qu'il y a d'exquis dans son âme, plein de ferme et haute raison, point rêveur, peu curieux des choses d'outre-tombe, ne croyant qu'à ce qu'il voit, ne comptant que sur ce qu'il touche, il est de chez nous, celui-là; c'est un pays ! De là l'amitié qu'il inspire à tout ce qui sait lire en France. Et, malgré ce goût normand, en dépit de cette fleur de sarrasin qu'on respire par toute son œuvre, il est plus varié dans ses types, plus riche dans ses sujets qu'aucun autre conteur de ce temps. On ne trouve guère d'imbéciles ni de coquins qui ne soient bons pour lui et qu'il ne mette en passant dans son sac. Il est le grand peintre de la grimace humaine. Il peint sans haine et sans amour, sans colère et sans pitié, les paysans avares, les matelots ivres, les filles perdues, les petits employés abêtis par le bureau et tous les humbles en qui l'humilité est sans beauté comme sans vertu. Tous ces grotesques et tous ces malheureux, il nous les montre si distinctement, que nous croyons les voir devant nos yeux et que nous les trouvons plus réels que la réalité même. Il les fait vivre, mais il ne les juge pas. Nous ne savons point ce qu'il pense de ces drôles, de ces coquins, de ces polissons qu'il a créés et qui nous hantent. C'est un habile artiste qui sait qu'il a tout fait quand il a donné la vie. Son indifférence est égale à celle de la nature : elle m'étonne, elle m'irrite. Je voudrais savoir ce que croit et sent en dedans de lui cet homme impitoyable, robuste et bon. Aime-t-il les imbéciles pour leur bêtise? Aime-t-il le mal pour sa laideur? Est-il gai? Est-il triste? S'amuse-t-il lui-même en nous amusant? Que croit-il de l'homme? Que pense-t-il de la vie? Que pense-t-il des chastes douleurs de mademoiselle Perle, de l'amour ridicule et mortel de miss Harriett et des larmes que la fille Rosa répandit dans l'église de Virville, au souvenir de sa première communion? Peut-être, se dit-il, qu'après tout la vie est bonne? Du moins se montre-t-il çà et là très content de la façon dont on a donne. Peut-être se dit-il que le monde est bien fait, puisqu'il est plein d'êtres mal faits et malfaisants dont on fait les contes. Ce serait, à tout prendre, une bonne philosophie pour un conteur. Toutefois, on est libre de penser, au contraire, que M. de Maupassant est en secret triste et miséricordieux, navré d'une pitié profonde, et qu'il pleure intérieurement les misères qu'il nous étale avec une tranquillité superbe.

Il est unique, vous le savez, pour peindre les villageois tels que la malédiction d'Adam les a faits et défaits. Il nous en montre un, entre autres, dans une admirable nouvelle, un tout en nez, sans joues, l'œil rond, fixe, inquiet et sauvage, la tête d'un pauvre coq sous un antique chapeau de forme haute à poil roussi et hérissé. Enfin le paysan que nous voyons tous et que nous sommes étonnés de voir près de nous, tant il nous semble différent de nous. Il y a quinze ans environ, un jour d'été, nous nous promenions, M. François Coppée et moi, sur une petite plage normande à demi déserte, sauvage, triste, où le chardon bleu des grèves séchait dans le sable. Au milieu de notre promenade, nous rencontrâmes un homme du pays, cagneux, tortu, disloqué, pourtant robuste, avec un cou pelé de vautour et un regard rond d'oiseau. En marchant, il faisait à chaque pas une grimace énorme et qui n'exprimait absolument rien. Je ne pus m'empêcher de rire ; mais, ayant interrogé d'un coup d'œil mon compagnon, je lus sur son visage une telle expression de pitié, que j'eus honte de ma gaieté si peu partagée.

— Il ressemble à Brasseur, dis-je assez platement, pour m'excuser.

— Oui, me répondit le poète, et Brasseur fait rire. Mais celui-là n'est pas laid pour rire. C'est pourquoi je ne ris pas.

Cette rencontre avait donné à mon compagnon une sorte de malaise. M. de Maupassant, qui est aussi un poète, ne souffre-t-il point de voir les hommes tels que ses yeux et son cerveau les lui montrent, si laids, si méchants et si lâches, bornés dans leurs joies, dans leurs douleurs et jusque dans leurs crimes, par une irrémédiable misère ? Je ne sais. Je sais seulement qu'il est pratique, qu'il ne baye point aux nuées, et qu'il n'est pas homme à chercher des remèdes pour des maux incurables.

J'inclinerais à croire que sa philosophie est contenue tout entière dans cette chanson si sage que les nourrices chantent à leurs nourrissons et qui résume à merveille tout ce que nous savons de la destinée des hommes sur la terre :

> Les petites marionnettes
> Font, font, font,
> Trois petits tours
> Et puis s'en vont.

LE JOURNAL
DE BENJAMIN CONSTANT[1]

J'avais l'honneur de causer hier avec un homme politique fort attaché au parti républicain modéré, qu'il honore par sa correction et sa mélancolie. Il me parla de Benjamin Constant comme d'un père, avec respect et vénération. On eût dit, à l'entendre, un sage, un Solon, presque un Lycurgue. Il ne m'appartenait pas d'en disputer avec un tel interlocuteur. D'ailleurs, on ne peut nier l'autorité de Benjamin Constant en matière de droit constitutionnel. Mais j'étais tenté de sourire intérieurement en songeant à la source de ces idées politiques dont la

---

1. *Revue internationale*, année 1886-1887.

sagesse et la gravité imposent, et en me réprésentant les faiblesses du Solon de 1828.

Né à Lausanne, d'une famille originaire de l'Artois, Benjamin Constant mêlait dans ses veines le sang des capitaines huguenots à celui des pasteurs qui chantaient des psaumes aux soldats du Seigneur, dans les batailles. Sa mère, douce et maladive, mourut en lui donnant la vie. Son père, d'un caractère ironique et timide, ne lui inspira jamais de confiance. Il fut soumis jusqu'à l'âge de quatorze ans à une éducation sévère qui desséchait son cœur en exaltant son amour-propre. Il passa deux années de son adolescence dans une université d'Allemagne, livré à lui-même, au milieu de succès qui lui faisaient tourner la tête. Il confesse y avoir fait d'énormes sottises. De seize à dix-huit ans, il étudia à Édimbourg. Puis il vint à Paris.

A dix-huit ans, ambitieux, joueur et amoureux, il nourrissait les trois flammes qui devaient dévorer lentement et misérablement sa vie. Ce fut à Coppet, le 19 septembre 1794, qu'il vit pour la première fois madame de Staël. On sait que cette rencontre décida de sa destinée et le jeta dans la politique à la suite de cette femme illustre. Il se fit connaître par plusieurs écrits et fut appelé au Tribunat après le 18 brumaire; mais son opposition à la tribune et dans le salon de madame de Staël le fit bientôt éliminer et exiler. C'est alors qu'il se rendit à Weimar, où la grande-duchesse lui fit le meilleur accueil.

J'éprouve quelque embarras à rappeler la suite d'une vie si connue. On sait que Benjamin Constant se maria une seconde fois en Allemagne et que cette seconde union, plus orageuse que la première, lui fut aussi plus supportable. Rentré en France en 1814, il se rallia à la monarchie constitutionnelle. Le 19 mars 1815, alors que Napoléon, revenu de l'île d'Elbe, était déjà à Fontainebleau, Benjamin Constant écrivit dans les *Débats*, sous une inspiration qui a été tardivement révélée, un véhément article que termine une phrase trop célèbre : « Je n'irai pas, misérable transfuge, me traîner d'un pouvoir à l'autre, couvrir l'infamie par le sophisme et balbutier des mots profanés pour racheter une vie honteuse. » Un mois s'était à peine écoulé que Benjamin Constant, conseiller d'État de l'empereur, rédigeait l'acte additionnel. Banni comme traître par la deuxième Restauration, il put rentrer en France dès 1816. En 1819, il fut envoyé à la Chambre des députés, où il resta jusqu'à la fin le chef éloquent de l'opposition constitutionnelle. La révolution de 1830, sa fille reconnaissante, l'appela à la présidence du conseil d'État. Mort le 8 décembre 1830, il eut des funérailles populaires.

Voilà les lignes principales de sa vie. Elles sont brisées et contrariées. Si l'on pénètre dans le détail des actions, si l'on entre dans l'âme, on découvre des contradictions qui étonnent, des luttes intestines dont la violence effraye, et l'on se dit : Il y avait en cet homme plusieurs hommes qui eussent fait de belles et grandes choses s'ils n'avaient été contraints, par une union intolérable et indissoluble, de s'entre-dévorer.

Celui qui devait rédiger l'acte additionnel, collaborer au *Mercure* de 1816 et, aux heures critiques, défendre la liberté à la tribune de la Chambre, celui-là n'était pas né avec un généreux amour des hommes. Il n'était lié à eux par aucune sympathie. Quand il put les connaître, il les méprisa.

« Je ménage les autres, mais je ne les aime pas. De là vient qu'on me hait peu et qu'on ne m'aime guère. — Je ne m'intéresse guère plus à moi qu'aux autres. » Sismondi lui reproche de ne jamais parler sérieusement. « C'est vrai, dit-il, je mets trop peu d'intérêt aux personnes et aux choses, dans la disposition où je suis, pour chercher à convaincre. Je me borne donc au silence et à la plaisanterie. La meilleure qualité que le ciel m'ait donnée, c'est celle de m'amuser de moi-même. » Dans ces dispositions, il lui était difficile de nourrir des illusions sur les bienfaits de la liberté. Il s'était montré favorable aux débuts de la Révolution, mais sans ardeur et sans beaucoup d'espoir. Il écrivait en 1790 : « Le genre humain est né sot et mené par les fripons. C'est la règle; mais, entre fripons et fripons, je donne ma voix aux Mirabeau et aux Barnave plutôt qu'aux Sartine et aux Breteuil. »

Ce n'est pas là certes l'accent du tribun libéral. Ce front est encore glacé. Un souffle embrasé sorti des lèvres d'une femme l'échauffera six ans plus tard.

Benjamin Constant a puisé toutes ses inspirations sur des lèvres aimées; ce sont les femmes qui ont réglé ses opinions, ses discours et ses actes. Madame de Staël est pendant dix ans sa conscience et sa lumière. C'est ensuite à madame Récamier qu'il demande vainement avec des larmes ce qu'il faut faire et ce qu'il faut croire.

Il ne prenait point les idées des femmes; il était trop intelligent pour cela. Mais, comme il les aimait, il pensait pour elles, et de la manière qu'elles voulaient. Seul, il était incapable de prendre un parti. Jamais homme ne fut plus indécis. Les idées naissaient trop nombreuses et trop agiles dans son cerveau. Elles s'y formaient, non comme une armée en solides bataillons carrés, mais en troupe légère, comme les abeilles des poètes et des philosophes attiques, ou comme les danseuses des ballets, dont les groupes se composent et se décomposent sans cesse avec harmonie. Il avait l'esprit d'imagination et l'esprit d'examen. Avec la réflexion tout devient difficile. Les politiques sont comme les chevaux, ils ne peuvent marcher droit sans œillère. Le malheur de Benjamin Constant fut de n'en avoir pas. Il le savait et il tendait le front au bandeau.

J'ai dit qu'il aimait les femmes. C'est presque vrai: il les aurait aimées s'il avait pu, et s'il n'avait été aussi incapable d'aimer que de croire. Du moins savait-il qu'elles seules donnent quelque prix à la vie et que ce monde, qui n'est que mauvais, serait, sans elles, tout à fait inhabitable. Ce sentiment, qui remplit les trois quarts de sa vie, lui fit faire des fautes éclatantes, lui dicta des pages heureuses ; et, maintenant encore, il assure à sa mémoire une sorte d'attrait auquel nous ne pouvons résister. Je ne dirai pas que Benjamin Constant s'aimait dans les femmes, car il n'avait pas plus de goût pour lui-même que pour les autres. Mais il se désennuyait en elles et, à force de chercher la passion, il faillit bien l'atteindre une fois. Ses débuts furent heureux. A dix-huit ans, il aima une femme de quarante-cinq ans qui avait de l'esprit. Il resta son ami. Une autre liaison se serait terminée avec la même douceur si madame de Staël l'avait voulu. Mais, cette fois, Benjamin eut le malheur d'être aimé encore quand il n'aimait plus. C'est là le dénoûment le plus fréquent des liaisons qui unissent les personnes sans joindre les intérêts. Car l'homme a atteint son but par la possession, tandis que la femme attend du don qu'elle a fait une reconnaissance infinie. Elle se plaint qu'on l'a trompée, comme si un homme pouvait aimer sans se tromper d'abord soi-même ! L'hôte de Coppet essuya les plus violents orages qui aient jamais fondu sur la tête d'un parjure. C'est un épisode sur lequel il ne reste plus rien à dire. Nous ne connaissons que trop ces fureurs de femme, ces déchirements, cette longue et cruelle rupture. Nous avons entendu les plaintes amères de notre malheureux héros et nous avons retrouvé, dans le roman autobiographique d'*Adolphe*, l'écho adouci de ces plaintes.

Adolphe compatit au douloureux étonnement de l'âme qu'il a trompée; il comprend qu'il y a quelque chose de sacré dans cette âme qui souffre parce qu'elle aime. Où il n'avait senti d'abord que des ardeurs importunes, il sent la chaleur auguste d'un cœur vivant et transpercé.

Lorsqu'il avait trente-cinq ans et qu'il n'aimait plus, il disait : « Mon cœur est trop vieux pour s'ouvrir à des liaisons nouvelles. » Mais, quinze ans plus tard, il se sentait jeune encore et courait aux orages. En cela, il fut semblable aux autres hommes. J'ai entendu pour ma part bien des gens s'écrier, à quarante ans, à trente ans même, qu'ils se sentaient vieux et atteints d'une caducité morale qu'ils savaient sans remède. Je les ai retrouvés, dix et vingt ans après, vantant leur jeunesse inépuisable.

J'ai dit que Benjamin Constant faillit aimer tout à fait. C'est madame Récamier, avec « sa figure d'ange et de pensionnaire », qui fit ce demi-miracle. Elle le rendit fou rien qu'en défaisant ses gants :

Facie tenerisque lacertis
Devovet...

Le fit-elle sans le vouloir? Benjamin Constant ne le croyait pas, et il est bien probable qu'il avait raison.

Il lui écrivit des lettres où l'on sent la flamme. Il lui disait : « Aimer, c'est souffrir, mais aussi c'est vivre. Et, depuis si longtemps, je ne vivais plus! » Il écrivit pour elle dans les *Débats* le fameux article du 19 mars 1815. Mais la divine Juliette avait des secrets pour transformer les amours les plus violentes en des amitiés paisibles. Elle savait, à l'exemple de sainte Cécile, faire, du canapé où le peintre David nous la montre à demi couchée, une chaire d'abstinence et changer en agneaux timides ceux qu'elle avait reçus comme des lions dévastateurs. Benjamin, après dix mois de rugissements, finit en agneau.

Ayant tenté vainement une dernière fois de masquer sous les images de l'amour l'affreuse réalité de la vie, il entra, la mort au cœur, dans sa vieillesse glacée.

« Quand l'âge des passions est passé, dit-il, que peut-on désirer, si ce n'est d'échapper à la vie avec le moins de douleur possible? »

On peut juger sévèrement cet homme, mais il y a une grandeur qu'on ne lui refusera pas : il fut très malheureux et cela n'est point d'une âme médiocre. Oui, il fut très malheureux. Il souffrit cruellement de lui-même et des autres. Et il n'était pas de ces vrais amoureux qui aiment leur mal, quand c'est une femme ou un dieu qui le leur donne. Il traîna soixante ans sur cette terre de douleurs l'âme la plus lasse et la plus inquiète qu'une civilisation exquise ait jamais façonnée pour le désenchantement et l'ennui. Il ne pouvait vivre ni avec les hommes ni seul. « Le monde me fatigue les yeux et la tête, disait-il. — Je suis abîmé d'avoir été si longtemps dans le monde.

Quel étouffoir pour toute espèce de talent! » Il s'écriait : » Solitude! solitude! plus nécessaire encore à mon talent qu'à mon bonheur. — Je ne puis dépeindre ma joie d'être seul. » Et, le lendemain, il se rejetait dans le monde, où son orgueil, la sécheresse de son cœur et la délicatesse de son esprit lui préparaient de rares tortures. Un jour, voyant clair dans l'abîme de son âme, il s'écria : « Au fond, je ne puis me passer de rien! » Il lui fallait tout, et il manquait de tout. Joie, vertu, bonheur, fierté, contentement, tout se desséchait entre ses doigts arides. Et il en avait d'étranges impatiences : « C'est trop fort de n'avoir ni le plaisir auquel on sacrifie sa dignité, ni la dignité à laquelle on sacrifie le plaisir! » Que n'a-t-il pas souhaité? Quel enchantement ce désenchanté n'a-t-il pas rêvé? Il appelle, en même temps, la gloire et l'amour. Il veut emplir le monde de son nom et de sa pensée, et, tout à coup, rencontrant, dans une petite ville d'Allemagne, un vieux moine occupé depuis trente ans à ranger des curiosités naturelles sur les planches d'une armoire, il envie la sérénité, le calme et la douceur de ce bonhomme. Il veut toutes les joies, celles des grands et celles des humbles, celles des fous et celles des sages. Le *Faust* de Gœthe lui paraît médiocre. C'est que Faust n'avait que des désirs naïfs à côté des siens et semblait raisonnable auprès de lui. Il ne croit à rien et il s'efforce de goûter les délices dont l'amour divin remplit les âmes pieuses.

Ayant conçu un livre contre toutes les religions, il compose, de bonne foi, un livre en faveur de toutes les religions. Il s'en confesse au duc de Broglie : « J'avais réuni, dit-il, trois ou quatre mille faits à l'appui de ma première thèse ; ils ont fait volte-face à commandement et chargent maintenant en sens opposé ! Quel exemple d'obéissance passive ! »

Il n'a pas de foi et il croit à tous les mystères, même à ceux qu'enseignait madame de Krudener, au temps de sa vieillesse pénitente, agitée et mystique. En 1815, il lui arrivait de passer des nuits dans le salon de cette dame, tantôt à genoux, en prière, tantôt étendu sur le tapis, en extase, demandant madame Récamier à Dieu !

Jamais homme ne fut plus exigeant envers la vie et jamais homme ne lui garda plus de rancune de l'avoir déçu. Le sentiment de l'incertitude humaine l'emplit de douleur : « Tout, dit-il, me semble précaire et prêt à m'échapper. — Une impression que la vie m'a faite et qui ne me quitte pas, c'est une sorte de terreur de la destinée. Je ne finis jamais le récit d'une journée, en inscrivant la date du lendemain, sans un sentiment d'inquiétude sur ce que ce lendemain inconnu doit m'apporter. » A trente-sept ans, il est désespéré : « Je ne serais pas fâché d'en finir tout d'un temps. Qu'ai-je à attendre de la vie ? »

Il n'avait pas l'amour de son mal, mais il en avait l'orgueil. « Si j'étais heureux à la manière vulgaire, je me mépriserais. » Et, comme il faut que tout soit ironie dans cette vie, il fit son dernier bonheur de la roulette. On le croyait méchant. Il ne l'était pas. Il était capable de sympathie et d'une sorte de pitié réfléchie. Mieux encore : il garda à Julie Talma, tant qu'elle vécut, une amitié solide ; il écrivit sur elle, quand elle fut morte, des pages exquises dont la dernière est grave et touchante. La voici :

La mort du dernier fils de Julie fut la cause de la sienne et le signal d'un dépérissement aussi manifeste que rapide... Sa santé, souvent chancelante, avait paru lutter contre la nature aussi longtemps que l'espérance l'avait soutenue, ou que l'activité des soins qu'elle prodiguait à son fils mourant l'avait ranimée ; lorsqu'elle ne vit plus de bien à faire, ses forces l'abandonnèrent. Elle revint à Paris malade, et, le jour même de son arrivée, tous les médecins en désespérèrent. Sa maladie dura environ trois mois... Lorsque des symptômes trop peu méconnaissables pour elle, puisqu'elle les avait observés dans la longue maladie de son dernier fils, jetaient à ses propres yeux une lueur soudaine sur son état, sa physionomie se couvrait d'un nuage ; mais elle repoussait cette impression ; elle n'en parlait que pour demander à l'amitié, d'une manière détournée, de concourir à l'écarter. Enfin, le moment terrible arriva... Sa maladie, qui quelquefois avait paru modifier son caractère, n'avait pas eu le même empire sur son esprit. Deux heures avant de mourir, elle parlait avec intérêt sur les objets qui l'avaient occupée toute sa vie et ses réflexions fortes et profondes sur l'avilissement de l'espèce humaine quand le despotisme pèse sur elle étaient entremêlées de plaisanteries piquantes sur les individus qui se sont le plus signalés dans cette carrière de dégradation. La mort vint mettre un terme à l'exercice de tant de facultés que n'avait pu affaiblir la souffrance physique. Dans son agonie même, Julie conserva toute sa raison. Hors d'état de parler, elle indiquait par des gestes les secours qu'elle croyait encore possible de lui donner. Elle me serrait la main en signe de reconnaissance. Ce fut ainsi qu'elle expira[1].

La souffrance humaine offensait la délicatesse de ses sens et la pureté de son intelligence. Il en avait une haine stérile, mais sincère. Malheureux aux autres et à lui-même, il n'a jamais voulu le mal qu'il a fait. Je lis dans une lettre inédite qu'il écrivait en 1815 à la baronne de Gérando : « Une singularité de ma vie, c'est d'avoir toujours passé pour l'homme le plus insensible et le plus sec, et d'avoir constamment été gouverné et tourmenté par des sentiments indépendants de tout calcul et même destructifs de tous mes intérêts de position, de gloire ou de fortune. »

Assurément il ne se gouvernait ni par intérêt ni par calcul : il ne se gouvernait pas, et c'est ce qu'on lui reprochait. Homme public, il obtint la popularité sans jamais atteindre la considération. Au terme de sa vie agitée, parfois si brillante et toujours douloureuse, il demanda un fauteuil à l'Académie ; l'Académie le lui refusa et, pour aggraver son refus, elle donna ce fauteuil à M. Viennet, qui était un sot, mais

---

[1]. *Lettre sur Julie*, à la suite d'*Adolphe*, édit. Lévy, p. 214.

qui ne manquait pas de considération. C'est ainsi que Benjamin Constant accomplit jusqu'au bout sa destinée et souffrit de ne pouvoir jamais inspirer la confiance qu'il sollicitait sans cesse. Aussi, comment se fier à un homme qui cherche éperdument la passion quand la passion le fuit, qui méprise les hommes et travaille à les rendre libres, et dont la parole n'est que le brillant cliquetis des contradictions acérées qui déchirent son intelligence et son cœur?

J'ai gardé longtemps dans mon cabinet un portrait de ce grand tribun, dont l'éloquence etait froide, dit-on, et traversée comme son âme d'un souffle de mort. C'était une simple exquisse faite dans une des dernières années de la Restauration par un de mes parents, le peintre Gabriel Guérin, de Strasbourg. Elle a été comprise, voilà cinq ans, dans un partage de famille, et je ne sais ce qu'elle est devenue. Je la regrette. Je m'étais pris de sympathie pour cette grande figure pâle et longue, empreinte de tant de tristesse et d'ironie, et dont les traits avaient plus de finesse que ceux de la plupart des hommes. L'expression n'en était ni simple ni très claire. Mais elle était tout à fait étrange. Elle avait je ne sais quoi d'exquis et de misérable, je ne sais quoi d'infiniment distingué et d'infiniment pénible, sans doute parce que l'esprit et la vie de Benjamin Constant s'y reflétaient.

Et ce n'est pas pour un être pensant un spectacle indifférent que le portrait de cet homme qui désirait les orages[1] et qui, conduit par les passions, par l'ennui, l'ambition et le hasard à la vie publique, professa la liberté sans y croire.

1. C'est son caractère propre, c'est aussi un des signes du temps. Comparez Chateaubriand : « Levez-vous vite, orages désirés qui devez emportez René ! »

UN ROMAN ET UN ORDRE DU JOUR

LE CAVALIER MISEREY[1]

Le Cavalier Miserey, 21ᵉ *chasseurs*, a fait quelque bruit ces jours-ci. C'est un roman naturaliste et ce roman naturaliste est un roman militaire. « J'essaye le premier, dit l'auteur dans sa préface, d'appliquer une vision artiste et les procédés du roman d'analyse à l'étude sur nature du Soldat... Tout un monde mis en scène dans une confusion de foule et deux personnalités essentielles campées seules en pleine lumière : l'Homme et le Régiment, — un drame très simple sous la complication des détails, jaillissant de leur antagonisme, de leur action réciproque, de leur *col-*

---

1. Un vol. in-18, Charpentier, éditeur.

lage et de leur brutale rupture, voilà tout ce livre ; en somme, rien que de la littérature construite sur la vérité. »

J'entends bien, mais il reste à savoir ce que c'est que la vérité et si celle de M. Abel Hermant est la bonne. Nous savons déjà que cette vérité n'est pas la vérité du colonel du 12e chasseurs. Si les lions savaient écrire, si le colonel du 12e faisait un roman sur son régiment, il n'y pas à douter que ce serait tout autre chose que *le Cavalier Miserey*. Je ne crains pas d'affirmer que ce roman ne serait pas naturaliste. J'ai dit que *le Cavalier Miserey* l'est. Il l'est tout à fait. On ne doit pas entendre par là qu'il soit brutal ; il semble plutôt doucereux. L'auteur a évité les grossièretés dans un sujet où on en rencontrait à tout propos ; car les chasseurs ne sont pas des demoiselles et le langage des casernes ne ressemble point à celui des salons. M. Abel Hermant ne nous apporte de l'argot des cavaliers qu'un écho adouci. Mais son livre est jeté tout entier dans le moule du roman nouveau. Chaque morceau, repris à part minutieusement, est traité selon la formule. Les descriptions, entrecoupées de bouts de dialogue, se succèdent avec une monotonie dont le lecteur éprouve, je crains, quelque fatigue. Elles sont précises, sans beaucoup d'éclat. Il y a des petits paysages aux endroits où les romanciers ont coutume d'en mettre. Bien que courts, ils sont trop longs, puisque Miserey et le régiment ne les voient pas. Bref, on sent partout la facture, et j'ai raison de dire que c'est un roman naturaliste. J'en sais de meilleurs, j'en sais de pires; je n'en vois pas de plus exemplaires. Celui-là est froid et correct comme un modèle d'école.

M. Émile Zola aussi nous donnera, tôt ou tard, un roman militaire. Il nous l'a promis. Eh bien, je gage que ce roman-là sera moins naturaliste que *le Cavalier Miserey*. Et il y a beaucoup de raisons pour que je gagne mon pari. La première est que, si M. Zola a inventé le naturalisme, d'autres l'ont perfectionné. Les machines que construisent les inventeurs sont toujours rudimentaires.

Il faut considérer aussi que M. Zola est moins fidèle à ses doctrines qu'il ne dit et qu'il ne croit. Il n'a pas réussi à étouffer sa robuste imagination. Il est poète à sa manière, poète sans délicatesse et sans grâce, mais non sans audace et sans énergie. Il voit gros; quelquefois même il voit grand. Il pousse au type et vise au symbole. En voulant copier, le maladroit invente et crée! Sa conception des *Rougon-Maquart*, qui est de montrer tous les états physiologiques et toutes les conditions sociales dans une seule famille, a en soi quelque chose d'énorme et de symétrique qui révèle chez son auteur le plus ardent idéalisme. Son point de départ n'a de scientifique que l'apparence : c'est l'hérédité. Or, les lois de l'hérédité ne sont pas connues; c'est sur une fiction qu'il a fondé son œuvre. A voir le fond des choses, il procède autant de l'auteur du *Juif-Errant* que de l'auteur de *la Cousine Bette* ; encore celui-ci n'était-il pas un réaliste. Les instincts de M. Zola répugnent à l'observation directe. De tous les mondes, c'est le sien qu'il semble connaître le moins. Il devine, et c'est dans la divination qu'il se plaît. Il a des visions, des hallucinations de solitaire. Il anime la matière inerte, il donne une pensée aux choses. Du fond de sa retraite, il évoque l'âme des foules. C'est à Médan que se cache le dernier des romantiques.

Ajoutez à cela que l'armée que nous peindra M. Zola est celle de Sébastopol, de Magenta et de Reichshoffen ; c'est une armée historique dont il ne reste plus que le souvenir, souvenir cher à la patrie, mais déjà lointain. Le cadre immense dans lequel M. Zola s'est volontairement enfermé l'attache à une époque qui n'est plus la nôtre. Ses héros appartiennent à l'histoire. M. Zola, retenu dans le second empire, est une façon de Walter Scott. Ce n'est pas moi qui en fais la remarque : c'est M. Jules Lemaître. Elle est juste. Le naturalisme de l'auteur de *Rougon-Maquart* se complique d'archaïsme. Il lui faudra bientôt recueillir ses documents humains dans les musées. Quand le temps sera venu de préparer son roman militaire, il examinera les vieux flingots des vainqueurs de Solférino, comme le romanesque Écossais contemplait une antique claymore arrachée d'un champ de bataille par le tranchant de la charrue.

Il est donc possible que M. Abel Hermant soit le

dernier naturaliste de l'armée comme il en est le premier. Il faut le souhaiter, car l'idée n'est pas bonne d'examiner un régiment à la loupe.

M. Hermant a voulu placer « l'armée très haut » et parler « du régiment avec cette espèce de religion passionnée qu'il inspire à tous ceux qui ont eu l'honneur de porter l'uniforme ». C'est lui-même qui le dit, et je le crois ; mais il est certain qu'il n'a pas réussi du tout. Et comment pouvait-il atteindre un si noble but à l'aide de la triste fable qu'il a inventée ? Le moyen de professer la religion du drapeau en contant l'histoire d'un cavalier qui déserte pour suivre une fille et puis qui vole la montre d'un camarade ? Je mettrai en scène, nous dit-il, l'homme et le régiment. Et voilà l'homme qu'il nous donne comme le type du soldat ! Quant au régiment, je reconnais qu'il a eu çà et là le sentiment de cet « organisme simple et fort » (p. 19), de « ce corps énorme, vivant d'une personnalité diffuse d'océan, où les individus se fondent et ne comptent pas plus que l'unité d'une goutte d'eau » (p. 18). Son héros, qui n'est pourtant qu'un paysan vicieux, sent, « comme ils le sentent tous, la nécessité de la loi qui expédie les conscrits d'un bout de la France à l'autre pour en faire d'un seul coup des orphelins que l'armée adopte » (p. 199). Il éprouve même « l'humble orgueil des hommes obscurs qui ont un instant la conscience nette de leur rôle utile et ignoré dans une grande œuvre » (p. 222). Mais que devient la majesté du régiment dans ces longues et pénibles scènes où se déroulent avec monotonie la timidité louche du capitaine Weber, la niaiserie et l'avilissement de capitaine du Simard, et l'enthousiasme ahuri du capitaine Ratelot, qui, après six ans d'Afrique, sait lire encore, étonné, mais ne comprend plus rien de ce qu'il lit? On a dit que ces officiers avaient été copiés malignement d'après nature dans l'état-major du régiment où l'auteur fit son volontariat. Je ne le crois pas. Ils sont inventés : je le veux. Encore sont-ce là de fâcheuses inventions.

Le tort en est à l'auteur. Le tort en est aussi au genre de littérature que le goût public lui a imposé. Ces perpétuelles analyses, ces minutieux récits, qu'on nous donne comme pleins de vérité, blessent au contraire la vérité, et avec elle la justice et la pudeur. On prétend que le roman naturaliste et une littérature fondée sur la science. En réalité, il est renié par la science, qui ne connaît que le vrai, et par l'art, qui ne connaît que le beau. Il traîne en vain de celui-ci à celle-là sa plate difformité. L'un et l'autre le rejettent. Il n'est point utile et il est laid. C'est une monstruosité dont on s'étonnera bientôt.

Tout dire, c'est ne rien dire. Tout montrer c'est ne rien faire voir. La littérature a pour devoir de noter ce qui compte et d'éclairer ce qui est fait pour la lumière. Si elle cesse de choisir et d'aimer, elle est déchue comme la femme qui se livre sans préférence. Il y a une vérité littéraire, ainsi qu'une vérité scientifique, et savez-vous le nom de la vérité littéraire? Elle s'appelle la poésie. En art tout est faux qui n'est pas beau. Chaque détail du livre de M. Abel Hermant fût-il parfaitement exact, je dirai que l'ensemble est sans vérité, parce qu'il est sans poésie. Ce n'est jamais, remarquez-le bien, par l'exactitude des détails que l'artiste obtient la ressemblance de l'ensemble. C'est, au contraire, par une vue juste et supérieure de l'ensemble qu'il parvient à une entente exacte des parties. La raison de cela est facile à concevoir: c'est que nous sommes ainsi faits, tous tant que nous sommes; que nous ne comprenons et ne sentons vraiment que la forme générale et, pour ainsi dire, l'esprit des choses, et qu'au contraire les éléments qui constituent ces choses échappent à notre observation et à notre intelligence par leur infinie complexité. Quelques lignes d'une forme entrevue suffisent parfois à nous donner un grand amour. Toutes les révélations du miscroscope n'y ajouteraient rien; ou plutôt elles seraient importunes. L'art, c'est encore l'amour. C'est pourquoi il n'y faut pas de microscope.

Ce serait me flatter, sans doute, que de croire que l'honorable colonel du 12e chasseurs s'inspirait de ces idées quand il rédigea l'ordre du jour par lequel il interdisait à ses hommes la lecture du *Cavalier Miserey*. En ordonnant que tout exemplaire saisi au quartier fût « brûlé sur le fumier », le chef du régiment avait d'autres raisons que les miennes, et je me hâte de dire que ses raisons étaient infiniment meilleures. Je les tiens pour excellentes : c'était des raisons militaires. On veut l'indépendance de l'art. Je la veux aussi; j'en suis jaloux. Il faut que l'écrivain puisse tout dire, mais il ne saurait lui être permis de tout dire de toute manière, en toute circonstance et à toutes sortes de personnes. Il ne se meut pas dans l'absolu. Il est en relation avec les hommes. Cela implique des devoirs ; il est indépendant pour éclairer et embellir la vie; il ne l'est pas pour la troubler et la compromettre. Il est tenu de toucher avec respect aux choses sacrées. Et, s'il y a dans la société humaine, du consentement de tous, une chose sacrée, c'est l'armée.

Certes, à côté de ses grandeurs, elle a, comme toutes les choses humaines, ses tristes petitesses. C'est chose souffrante, puisque c'est chose héroïque. On peut mêler quelque pitié au respect qu'elle inspire. Le poète Alfred de Vigny l'a fait en un temps qui semble lointain, il l'a fait dans toute la douceur et toute la dignité de son génie. Comme M. Abel Hermant, il avait servi, non point il est vrai un an comme soldat, mais plusieurs années comme officier. Il avait quitté le régiment avec l'épaulette de capitaine. Quelques années après, en 1836, il publia son beau livre de *Servitude et Grandeur militaires* Je ne sache point qu'aucun colonel de cavalerie ait fait brûler sur le fumier du quartier des exemplaires de cet ouvrage. Je n'ai vu nulle part que le noble écrivain ait eu la douleur de fâcher quelque ancien brigand de la Loire, irrité par l'inutilité de sa vieillesse et par le souvenir de sa gloire. Pourtant, il y a dans ces pages si graves et si tristes des hardiesses ntellectuelles auxquelles M. Abel Hermant ne s'est point haussé. On y trouve des reproches à l'armée, et un idéal souvent révolutionnaire, parfois chimérique. L'auteur y déplore l'obéissance passive du soldat et l'asservissement des volontés à la régle, dont il ne reconnaît pas assez l'impérieuse nécessité ; mais rien d'amer ni de vil ne se mêle à sa plainte. Jamais il ne cesse d'honorer ceux qu'il plaint. Il peut tout dire, parce qu'il garde dans tout ce qu'il dit l'amour des hommes et le respect des vertus ainsi que des souffrances. Dès le début, il montre la gravité paisible de son cœur et une noblesse d'âme qui semble aujourd'hui perdue. « Je ferai peu le guerrier, dit-il, ayant peu vu la guerre ; mais j'ai droit de parler des mâles coutumes de l'armée, où les fatigues et les ennuis ne me furent point épargnés, et qui trempèrent mon âme dans une patience à toute épreuve en lui faisant rejeter ses forces dans le recueillement solitaire et l'étude. » Ensuite il montre l'armée à la fois esclave et reine, et il la salue deux fois, dans sa misère et dans sa gloire. Il voudrait qu'elle pensât davantage. Je crois qu'il a tort et que l'armée ne doit pas penser, puisqu'elle ne doit pas vouloir. Mais avec quelle délicatesse il parle de l'esprit un peu paresseux et attardé de cette armée, telle qu'il l'avait connue ! « C'est, dit-il, un corps séparé du grand corps de la nation, et qui semble le corps d'un enfant. » Et comme partout il célèbre chez les chefs et chez les soldats la vertu des vertus, le sacrifice, qui est la plus grande beauté du monde et qu'il faut admirer même quand il est involontaire ! Enfin, comme il sait voir la grandeur des petits !

Voilà comment il faut toucher à l'arche, voilà comment il faut parler de l'armée ! M. Abel Hermant reconnaîtra un jour qu'il a, sans le vouloir, offensé un des sentiments qui nous tiennent le plus au cœur. Il reconnaîtra qu'il est injuste de ne montrer que les moindres côtés des grandes choses et de ne voir dans l'armée que les laides humilités de la vie de garnison. Dans une lettre adressée au ministre de la guerre, et dont on peut d'ailleurs contester l'opportunité, l'auteur du *Cavalier Miserey* a fait une déclaration qui l'honore. « J'ai assez l'esprit militaire, a-t-il dit, pour approuver absolument la mesure de police prise par le colonel du 12ᵉ chasseurs, s'il a cru voir dans mon livre une seule phrase qui fût de nature à diminuer aux yeux des hommes le prestige de leurs supérieurs. »

Pour moi, je ne connais qu'une ligne du fameux ordre que le colonel fit lire dans le quartier des Chartreux, à Rouen.

C'est celle-ci : « Tout exemplaire du *Cavalier Miserey* saisi au quartier sera brûlé sur le fumier, et tout militaire qui en serait trouvé possesseur sera puni de prison. »

Ce n'est pas une phrase très élégante, j'en conviens; mais je serais plus content de l'avoir faite que d'avoir écrit les quatre cents pages du *Cavalier Miserey*. Car je suis sûr qu'elle vaut infiniment mieux pour mon pays.

A PROPOS DU

JOURNAL DES GONCOURT[1]

On reproche aux gens de parler d'eux-mêmes. C'est pourtant le sujet qu'ils traitent le mieux. Ils s'y intéressent et ils nous font souvent partager cet intérêt. Il y a, je le sais, de fâcheuses confidences. Mais les lourdauds qui nous importunent en nous faisant leur histoire nous assomment tout à fait quand ils font celle des autres. Rarement un écrivain est si bien inspiré que lorsqu'il se raconte. Le pigeon du poète a raison de dire :

> Mon voyage dépeint
> Vous sera d'un plaisir extrême.

1. Tome I*er*, 1851-1861.

> Je dirai : « J'étais là ; telle chose m'advint : »
> Vous y croirez être vous-même.

Il est vrai qu'il dit cela à un ami, tandis que les faiseurs de mémoires écrivent pour des inconnus ; mais les hommes s'aiment entre eux, quand ils ne se connaissent pas. Tout lecteur est volontier un ami. Il n'est point de journal, de mémoires, de confessions, de confidences ni de roman autobiographique qui n'ait valu à son auteur des symphathies posthumes. Marmontel ne nous intéresse pas du tout quand il parle de Bélisaire ou des Incas ; mais il nous intéresse vivement dès qu'il nous entretient d'un petit Limousin qui lisait les *Géorgiques* dans un jardin où bourdonnaient les abeilles. Il sait alors nous toucher et nous émouvoir, parce que cet enfant, c'est lui ; parce que ces abeilles sont celles dont il mangeait le miel, celles que sa tante réchauffait dans le creux de sa main et fortifiait avec une goutte de vin, quand elle les trouvait engourdies par le froid. Son imagination, excitée par des souvenirs vivants, s'échauffe, se colore et s'anime. Comme il nous peint bien le jeune villageois qu'il était, lorsque nourri de latin, luisant de santé, il entra, au sortir du collège, dans les boudoirs des filles de théâtre ! Alors il nous fait tout voir et tout sentir, lui d'ordinaire le plus froid des écrivains. Qu'est-ce donc si un grand génie, si un Jean-Jacques Rousseau, un Chateaubriand se plaît à se peindre ?

Je ne parle point des confessions de saint Augustin :

le grand docteur ne s'y confesse pas assez. C'est un livre spirituel qui satisfait mieux l'amour divin que la curiosité humaine. Augustin se confesse à Dieu et non point aux hommes; il déteste ses péchés, et ceux-là seuls nous font de belles confessions qui aiment encore leurs fautes. Il se repent; et il n'y a rien qui gâte une confession comme le repentir. Par exemple, il dit, en deux phrases charmantes, qu'on le vit tout petit sourire dans son berceau ; et tout aussitôt il s'efforce de démontrer « qu'il y a de la corruption et de la malignité dans les enfants mêmes qui sont encore à la mamelle. » Le saint me gâte l'homme. Il conte que, dans son enfance, il y avait, auprès de la vigne paternelle, un poirier chargé de poires, et qu'un jour il alla avec une troupe de petits polissons secouer l'arbre et voler les fruits qui en tombaient. Fera-t-il à ce sujet un de ces tableaux familiers comme on en découvre avec enchantement dans les premières pages des *Confessions* de Jean-Jacques, ou, si c'est trop demander, quelque élégant et sobre récit dans le goût des petits conteurs grecs? Non! il s'écrie : « Voilà quel était, ô mon Dieu, le misérable cœur qu'il a plu à votre miséricorde de tirer du fond de l'abîme ! » Comme si, pour un gamin, c'était tomber dans un abîme que de voler quelques méchantes poires !

Il confesse ses amours, mais il ne le fait point avec grâce parce qu'il le fait avec honte. Il ne parle que des « pestilences » et des « vapeurs infernales qui sortaient du fond corrompu de sa cupidité ». Rien de plus moral, mais rien de moins élégant. Il n'écrit point pour des curieux ; il écrit contre les manichéens. Cela me fâche doublement, parce que je suis curieux et un peu manichéen. Mais, telles qu'elles sont, pleines de l'horreur de la chair et du dégoût de l'existence terrestre, les *Confessions* d'Augustin ont contribué plus que tous les autres livres de ce saint à le faire connaître et à le faire aimer à travers les siècles.

Quant à Rousseau, dont l'âme renferme tant de misères et de grandeurs, on ne peut lui reprocher de s'être confessé à demi. Il avoue ses fautes et celles des autres avec une merveilleuse facilité. La vérité ne lui coûte point à dire : il sait que, pour ignoble et vile qu'elle est, il la rendra touchante et belle : il a des secrets pour cela, les secrets du génie, qui, comme le feu, purifie tout. Pauvre grand Jean-Jacques ! Il a remué le monde. Il a dit aux mères : Nourrissez vos enfants, et les jeunes femmes sont devenues nourrices, et les peintres ont représenté les plus belles dames donnant le sein à un nourrisson. Il a dit aux hommes : Les hommes sont nés bons et heureux. La société les a rendus malheureux et méchants. Ils retrouveront le bonheur en retournant à la nature. Alors les reines se sont faites bergères, les ministres se sont faits philosophes, les législateurs ont proclamé les droits de l'homme, et le peuple, naturellement bon a massacré les prisonniers dans les prisons pendant trois jours. Mais, si Jean-Jacques a encore aujourd'hui des lecteurs, ce n'est pas pour avoir jeté par le monde, avec une éloquence enchanteresse, un sentiment nouveau d'amour et de pitié, mêlé aux idées les plus fausses et les plus funestes que jamais homme ait eues sur la nature et sur la société ; ce n'est pas pour avoir écrit le plus beau des romans d'amour ; ce n'est pas pour avoir fait jaillir des sources nouvelles de poésie, c'est pour avoir peint sa pitoyable existence, c'est pour avoir raconté ce qui lui advint en ce triste monde depuis le temps où il n'était qu'un jeune vagabond, vicieux, voleur, ingrat et pourtant sensible à la beauté des choses, rempli de l'amour sacré de la nature, jusqu'au jour où son âme inquiète sombra dans la folie noire. On n'ouvre plus guère l'*Émile* et *la Nouvelle Héloïse*. On lira toujours les *Confessions*.

De Chateaubriand aussi, on ne lit guère qu'un seul livre : celui où il s'est raconté, les *Mémoires d'outre-tombe*. Il s'était peint dans tous ses livres, dans le René des *Natchez* et dans celui d'*Amélie*, dans l'Eudore des *Martyrs* et jusque dans *le Dernier des Abencérages*. Du fond de la magnifique solitude de son génie, il ne vit jamais rien en ce monde que lui-même et son cortège de femmes. Pourtant nous préférons le livre où il se peint je ne dis pas sans apprêt, mais sans déguisement, avec un orgueil que l'ironie tempère, une sorte de bonhomie hautaine et un ennui profond qui s'amuse pourtant du jeu brillant des mots ; enfin les *Mémoires*. Pour lui comme pour Jean-Jacques, le livre posthume est le livre durable.

Oui, nous aimons toutes les confessions et tous les mémoires. Non, les écrivains ne nous ennuient pas en nous parlant de leurs amours et de leurs haines, de leurs joies et de leurs douleurs. Il y a plusieurs raisons à cela. J'en découvre deux. La première est qu'un journal, qu'un mémorial, qu'un livre de souvenirs enfin échappe à toutes les modes, à toutes les conventions qui s'imposent aux œuvres de l'esprit.

Un poème, un roman, tout beau qu'il est, devient caduc quand vieillit la forme littéraire dans laquelle il fut conçu. Les œuvres d'art ne peuvent plaire longtemps; car la nouveauté est pour beaucoup dans l'agrément qu'elles donnent. Or, des mémoires ne sont point des œuvres d'art. Une autobiographie ne doit rien à la mode. On n'y cherche que la vérité humaine. Cette remarque deviendra plus claire si je l'étends aux chroniques. Grégoire de Tours, a peint son âme et son monde dans un écrit informe et précieux. Cet écrit vit encore et nous touche. Les vers de son contemporain Fortunat n'existent plus pour nous. Ils ont péri avec la barbarie latine dont ils faisaient l'ornement.

Il faut considérer, en second lieu, qu'il y a en chacun de nous un besoin de vérité qui nous fait rejeter à certains moments les plus belles fictions. Cet instinct est profond. Il naît avec nous. Ma petite fille, quand je lui conte *Peau d'Ane*, ne manque pas de me demander s'il est vrai que la bague de la princesse était dans le gâteau, et si tout cela est arrivé, et s'il existe encore des fées.

Voilà, je crois, les deux raisons principales pour lesquelles nous aimons tant les lettres et les petits cahiers des grands hommes, et même ceux des petits hommes, lorsqu'ils ont aimé, cru, espéré quelque chose et qu'ils ont laissé un peu de leur âme au bout de leur plume. Aussi bien, si l'on y songe, c'est déjà une merveille que l'esprit d'un homme médiocre.

Il y a beaucoup à admirer chez une personne ordinaire. Sans compter que ce que nous y admirons se retrouve chez nous, et cela nous est doux. Je découragerais volontiers certains de mes amis d'écrire un drame ou une épopée ; je ne découragerais personne de dicter ses mémoires, personne, pas même ma cuisinière bretonne, qui ne sait lire que les lettres moulées de son livre de messe et qui croit fermement que ma maison est hantée par l'âme d'un sabotier qui revient la nuit demander des prières. Ce serait un livre intéressant que celui dans lequel une de ces pauvres âmes obscures s'expliquerait et expliquerait le monde avec une imbécillité dont la profondeur va jusqu'à la poésie.

Ce livre nous toucherait. Nous serions obligés, malgré la superbe de notre esprit, de reconnaître la parenté qui lie cette humble intelligence à la nôtre et de saluer en elle une aïeule. Car nous avons tous eu une grand'mère qui croyait à l'âme du sabotier. Notre science, notre philosophie sortent des contes des bonnes femmes. Mais qu'est-ce qui sortira de notre philosophie?

M. Lorédan Larchey, savant homme dont l'esprit est plein de curiosités ironiques, a publié jadis une petite collection de mémoires composés par des obscurs et des simples; je me rappelle confusément le journal d'un sergent et celui d'une vieille dame, et il me reste l'idée que c'est très curieux. Nous ne lirons jamais trop de mémoires et de journaux intimes, parce que nous n'étudierons jamais trop les hommes. Je ne suis pas du tout de l'avis de ceux qui trouvent qu'on a trop fait et trop publié en ce temps-ci d'ouvrages de ce genre, intimes et personnels.

Je ne crois pas qu'il faille être extraordinaire pour avoir le droit de dire ce qu'on est. Je crois au contraire que les confidences des gens ordinaires sont bonnes à entendre.

Quant à celles des hommes de talent, elles ont une grâce spéciale; c'est pourquoi je suis ravi, pour ma part, de la publication anticipée du *Journal des Goncourt*.

Ce journal, commencé par les deux frères le 2 décembre 1851, jour de la mise en vente de leur premier livre, fut continué, après la mort du plus jeune, par le survivant, qui ne songeait pas à le publier. Il en lut, l'an dernier, à la campagne, quelques cahiers à M. Alphonse Daudet, son ami, qui fut justement frappé de l'intérêt de ces notes brèves et sincères, de ces impressions immédiates. Il pressa M. de Goncourt de les livrer tout de suite au public, et sa douce violence eut raison des scrupules de l'auteur. Nous connaissons déjà la première partie de ce *Journal;* elle embrasse dix années et va jusqu'en 1861. La publication n'en présentait, ce me semble, aucun inconvénient grave. D'abord, on n'y parle guère que des morts. Les choses d'il y a trente ans sont des choses anciennes, hélas!

Toutes les figures qu'on revoit dans ce premier volume sont des figures d'autrefois. Gavarni, Gautier, Flaubert, Paul de Saint-Victor... On peut parler d'elles avec la liberté que nous rendent leurs ombres en fuyant. Quelques-unes s'effacent. D'autres grandissent. Gavarni devient dans le *Journal* presque l'égal des grands artistes de la Renaissance. Peintre, philosophe, mathématicien, tout ce qu'il dit est rare et profond. Il pense, et cela étonne au milieu de tout ce monde d'artistes qui se contente de voir et de sentir.

Il est à remarquer aussi que ce journal tout intime est en même temps tout littéraire. Les deux auteurs, qui n'en font qu'un, sont si bien voués à leur art, ils en sont à ce point l'hostie et la victime, ils lui sont si entièrement offerts, que leurs pensées les plus secrètes appartiennent aux lettres. Ils ont pris la plume et le papier comme on prend le voile et le scapulaire. Leur vie est un perpétuel travail d'observation et d'expression. Partout ils sont à l'atelier, j'allais dire à l'autel et dans le cloître.

On est saisi de respect pour cet obstiné travail que le sommeil interrompait à peine ; car ils observaient et notaient jusqu'à leurs rêves. Aussi, bien qu'ils missent par écrit, au jour le jour, ce qu'ils voyaient et ce qu'ils entendaient, ne peut-on les soupçonner un seul instant de curiosité frivole et d'indiscrétion. Ils n'entendaient ni ne voyaient que dans l'art et pour l'art. On ne trouverait pas facilement, je crois, un second exemple de cette perpétuelle tension de deux intelligences. L'une d'elles s'y déchira. Tous leurs sentiments, toutes leurs idées, toutes leurs sensations aboutissent au livre. Ils vivaient pour écrire. En cela, comme dans leur talent, ils sont bien de leur temps. Autrefois, on écrivait par aventure. Certaines personnes vivaient de leur plume, comme l'abbé Prévost, er écrivant beaucoup, mais sans dépense excessive et constante de force nerveuse. D'ordinaire, les pensions aidant, le métier d'homme de lettres était un métier fort doux.

Le dix-neuvième siècle changea cet usage. C'est alors que les hommes de lettres organisèrent toute leur existence en vue de la production littéraire. Balzac, Gautier, Flaubert prirent d'instinct des dispositions héroïques et traversèrent le monde comme d'incompréhensibles étrangers. Mais les Goncourt firent mieux encore. Sans se distinguer par aucune marque extérieure de la société dans laquelle ils étaient nés, sans affectation, simplement, fermement, ils vécurent une vie particulière, spéciale, faite de rigoureuses observances, de dures privations, de pénibles pratiques, comme ces personnes pieuses qui, mêlées à la foule et habillées comme elle, observent les règles monastiques de la congrégation à laquelle elles sont secrètement affiliées. A cet égard, le *Journal des Goncourt* est un document unique. Je ne veux point examiner ici si cet ascétisme littéraire n'a pas, au point de vue de la conception et de l'exécution des livres, de sérieux inconvénients. Mais on comprend mieux, quand on a lu le *Journal* de 1851 à 1861, comment une culture excessive de l'appareil nerveux, une tension constante de l'œil et du cerveau a produit « cette écriture artiste » que M. Edmond de Goncourt se reconnaît justement, et cette notation minutieuse des sensations qui est le caractère le plus saillant de l'œuvre des deux frères. Leur pensée et leur style, créés dans une atmosphère spéciale, n'ont pas la gaieté du grand air et la joie facile des formes que mûrit le soleil. Mais c'est chose rare et c'est chose respectable ; car l'un d'eux est mort de l'avoir trouvée. Le *Journal* nous explique comment.

M. LECONTE DE LISLE

A L'ACADÉMIE FRANÇAISE

Je ne connais pas, je ne dois pas connaître le discours que M. Leconte de Lisle prononcera jeudi prochain à l'Académie française. Mais j'imagine que ce sera une noble chose, une harangue grave, de style ample et hautain, un bloc d'esthétique éloquente. Je serais bien surpris s'il s'y trouvait des anecdotes, des digressions, des curiosités, des familiarités et si l'on y rencontrait la moindre négligence. On y contemplera le portrait idéal du poète ou plutôt le portrait du poète idéal. M. Victor Hugo y sera dignement et largement loué, avec une inflexibilité dogmatique qui rappellera ces vies de saints écrites en latin par les grands abbés du xi⁰ siècle, dans un absolu mépris des choses temporelles et transitoires, et dans l'unique souci de l'orthodoxie. C'est que M. Leconte de Lisle est un prêtre de l'art, l'abbé crossé et mitré des monastères poétiques. Mieux que cela encore. N'est-ce pas M. Paul Bourget qui l'a appelé un pape en exil ?

Son discours à l'Académie sera plein de certitude et d'infaillibilité. Il y faudra admirer l'ampleur imposante des formes liturgiques, et l'autorité que donne la foi quand on y joint l'exemple de toute une vie. Voilà l'horoscope que je tire. Tenez-le pour certain, car je suis astrologue. Je connais les cieux et j'y ai observé M. Leconte de Lisle.

Je ne crains point de prédire, en outre, qu'il y aura dans le discours du poète un morceau sur le moyen âge. Je devine que ce morceau sera concis et violent. Je le ferais, au besoin, et il n'y manquerait que le talent. M. Leconte de Lisle poursuit le moyen âge de sa haine. Et, comme c'est une haine de poète, elle est très grande et très simple. Elle ressemble à l'amour. Elle est féconde comme lui ; des poèmes magnifiques en sont sortis (*le Corbeau, un Acte de charité, les Deux Glaives, l'Agonie d'un saint, les Paraboles de Don Guy, Hieronymus, le Lévrier de Magnus*). Mais je crois que cette haine, qui est bonne pour faire des vers, serait mauvaise pour faire de l'histoire. M. Leconte de Lisle ne voit dans le moyen âge que les famines, l'ignorance, la lèpre et les bûchers. C'est assez pour écrire des vers admirables quand on est un poète tel que lui. En réalité, il y a bien autre chose, dans ces temps qui nous sembleraient moins obscurs si nous les connaissions mieux. Il y a des hommes qni firent sans doute beaucoup de mal, car on ne peut vivre sans nuire, mais qui firent plus de bien encore, puisqu'ils préparèrent le monde meilleur dont nous jouissons aujourd'hui. Ils ont beaucoup souffert, ils ont beaucoup aimé. Ils ont procédé, dans des conditions que les invasions et le mélange des races rendaient très difficiles, à une organisation nouvelle de la société humaine, qui représente une somme de travail et d'efforts dont on reste étonné. Ils portèrent au plus haut degré de l'héroïsme les vertus militaires, qui sont les vertus fondamentales sur lesquels tout l'ordre humain repose encore aujourd'hui. Ils apportèrent au monde ce qui l'honore peut-être le plus : l'esprit chevaleresque. Je sais bien qu'ils étaient violents; mais j'admire les hommes violents qui travaillent d'un cœur simple à fonder la justice sur la terre et servent à grands coups les grandes causes.

Il y eut, à côté des chevaliers, des juristes pleins de science et d'équité. L'œuvre législative du XIIIe siècle est admirable. Nous avons de fortes raisons de croire qu'au début de la guerre de Cent ans la condition des paysans était généralement bonne en France. La féodalité donna d'excellents résultats avant d'en produire de mauvais ; à cet égard, son histoire est celle de toutes les grandes institutions humaines. Je me garderai bien d'esquisser en quelques traits un tableau du moyen âge. Si M. Leconte de Lisle l'a fait en trente-six vers (*Siècles maudits* dans les *Poèmes tragiques*,) c'est là un de ces raccourcis audacieux qui ne sont permis qu'aux poètes. Mais, tandis que j'écris, mille images éparses de la vie de nos pères brillent et s'agitent à la fois dans mon imagination ; j'en vois de terribles et j'en vois de charmantes. Je vois de sublimes artisans qui bâtissent des cathédrales et ne disent point leur nom ; je vois des moines qui sont des sages, puisqu'ils vivent cachés, un livre à la main, *in angello cum libello* ; je vois des théologiens qui poursuivent, à travers les subtilités de la scolastique, un idéal supérieur ; je vois un roi et sa chevalerie conduits par une bergère. Enfin je vois partout les saintes choses du travail et de l'amour, je vois la ruche pleine d'abeilles et de rayons de miel. Je vois la France et je dis : Mes pères, soyez bénis ; soyez bénis dans vos œuvres qui ont préparé les nôtres, soyez bénis dans vos souffrances qui n'ont point été stériles, soyez bénis jusque dans les erreurs de votre courage et de votre simplicité. S'il est vrai, comme je le crois, que vous valiez moins que nous ne valons, je ne vous en louerai que davantage. On juge l'arbre à ses fruits. Puissions-nous mériter la même louange ! Puisse-t-on dire un jour que nos enfants sont meilleurs que nous !

Il peut arriver que M. Leconte de Lisle montre, dans son discours, quelque dédain de la poésie de ces vieux âges. Or, dans ce cas, que j'ose prévoir, je lui représenterai respectueusement que cette poésie fut belle en sa fraîche nouveauté, quelle eut, à son heure, les formes et les couleurs si douces de la jeunesse, qu'alors elle aidait les hommes à supporter l'ennui de vivre, qu'elle donnait à chacun la petite part de beauté dont tous avaient besoin et qu'enfin ces vieilles chansons de geste sont des *Iliades* barbares. Après quoi je ne ferai pas difficulté de reconnaître qu'à la poésie des trouvères, et à celle des diseurs de lais et de fabliaux, je préfère la poésie moderne, celle de Lamartine, par exemple, et aussi celle de M. Leconte de Lisle.

On sera surpris, sans doute, que je rapproche ces deux noms. Car il est vrai que ce n'est point l'usage. Et il est vrai aussi que rien ne ressemble moins aux vers de Lamartine que les vers de Leconte de Lisle. Dans ceux-ci on admire un art incomparable. Des autres on a dit justement qu'on ne sait pas comment c'est fait. Leconte de Lisle veut tout devoir au talent. Lamartine ne demandait rien qu'au génie. Enfin les contrastes sont tels qu'il serait superflu et même ridicule de les marquer davantage. Pourtant je les admire l'un et l'autre bien sincèrement. Je le fais malgré moi, par plaisir et, comme dit la Fontaine, « pour que cela m'amuse »; mais n'y serais-je pas amené par une naturelle inclination, que je voudrais le faire encore par hygiène intellectuelle.

Cela me paraît un bon exercice pour l'esprit. Il me semble qu'on a moins de chances de se tromper tout à fait dans son admiration quand on admire des choses très diverses. Je puis l'avouer sans crainte, après l'avoir si peu caché : je suis sûr de très peu de choses en ce monde. Je ne parle que de ce monde, ayant de bonnes raisons pour ne rien dire des autres. Or, une des choses qui me semblent le plus échapper sur la terre à la certitude humaine, c'est la qualité d'un vers. J'en fais une affaire de goût et de sentiment. Je ne croirai jamais qu'il y ait rien d'absolu à cet égard. M. Leconte de Lisle le croit.

C'est d'ailleurs un sceptique. Il a sur le monde et la vie des idées très arrêtées. Sa philosophie, qui sut tant de fois, et avec une tristesse si magnifique, inspirer ses vers, est une philosophie pyrhonienne dans laquelle il n'y a pas de place pour une seule affirmation. Je ne sais si je suis, puisque je ne sais pas ce que c'est qu'être, dit-il constamment. L'illusion m'enveloppe de toutes parts. La vie est un rêve, amusé par des images qui n'ont point de signification possible :

> Éclair, rêve sinistre, éternité qui ment,
> La Vie antique est faite inépuisablement
> Du tourbillon sans fin des apparences vaines.

Eh bien, ce philosophe qui nie si fermement l'absolu, qui croit que tout est relatif, que ce qui est bon pour l'un est mauvais pour l'autre, et qu'enfin les choses ne sont que ce qu'on les voit, ce même esprit change brusquement de manière de voir quand

Il s'agit de son art. Il ne sait s'il existe lui-même, mais il sait à n'en point douter, que ses vers existent absolument.

Il professe que les qualités des choses sont des apparences comme les choses elles-mêmes sont des illusions, mais il ne doute pas que telle rime ne soit bonne d'une absolue bonté. Il a de la poésie une conception dogmatique, religieuse, autocratique. Il déclare qu'un beau vers restera beau quand le soleil sera éteint et qu'il n'y aura plus d'hommes en qui cette beauté puisse encore se connaître. Il juge les plus vieux poèmes d'après des règles qu'il tient pour immuables et divines. Enfin, ce philosophe incrédule devient, quand il s'agit de son art, le fidèle et zélé croyant, le grand abbé, le pape que je vous montrais tout à l'heure dans l'attitude d'un éloquent et fanatique défenseur de l'orthodoxie du vers.

Et si vous croyez que je l'en blâme, si vous croyez que je prends plaisir, en faisant cette remarque, à relever les contradictions d'un esprit supérieur, vous me rendez peu de justice et devinez mal ma pensée. Je tiens au contraire cette inconséquence pour la chose la plus heureuse et la meilleure. Elle suffirait à prouver que l'auteur des *Poèmes barbares* est plus poète que philosophe, qu'il est poète d'instinct, de nature, poète avec plénitude, et que tout son être est poète. Il oublie tout, même ses raisons et sa raison, quand il s'agit de son art. Cela est heureux et excellent, J'ajouterai que cela est naturel. Quels que soient nos doutes philosophiques, nous sommes bien obligés d'agir dans la vie comme si nous ne doutions pas. Voyant une poutre lui tomber sur la tête, Pyrrhon se serait détourné, encore qu'il tînt la poutre pour une vaine et inintelligible apparence. Il aurait craint naturellement de prendre du coup l'apparence d'un homme écrasé. Eh bien, pour M. Leconte de Lisle, l'action, ce sont les vers. Quand il pense, il doute. Dès qu'il agit, il croit. Il ne se demande pas alors si un beau vers est une illusion dans l'éternelle illusion, et si les images qu'il forme au moyen des mots et de leurs sons rentrent dans le sein de l'éternelle Maïa avant même d'en être sortis. Il ne raisonne plus; il croit, il voit, il sait. Il possède la foi et avec elle l'intolérance qui la suit de près.

On ne sort jamais de soi-même. C'est une vérité commune à tout le monde, mais qui paraît plus sensible dans certaines natures, dont l'originalité est nette et le caractère arrêté. La remarque est intéressante à faire à propos de l'œuvre de M. Leconte de Lisle. Ce poète impersonnel, qui s'est appliqué avec un héroïque entêtement à rester absent de son œuvre, comme Dieu de la création, qui n'a jamais soufflé mot de lui-même et de ce qui l'entoure, qui a voulu taire son âme et qui, cachant son propre secret, rêva d'exprimer celui du monde, qui a fait parler les dieux, les vierges et les héros de tous les âges et de tous les temps en s'efforçant de les maintenir dans leur passé profond, qui montre tour à tour, joyeux et fier de l'étrangeté de leur forme et de leur âme, Bhagavat, Cunacepa, Hypatie, Niobé, Tiphaine et Komor, Naboth, Qaïn [1], Néférou-ra, le barde de Temrah, Angantyr, Hialmar, Sigurd, Gudrune, Velléda, Nurmahal, Djihan-Ara, dom Guy, Mouça-el-Kébyr, Kenwarc'h, Mohâmed-ben-Amar-al-Mançour, l'abbé Hiéronymus, la Xiména, les pirates malais et le condor des Cordillères, et le jaguar des pampas, et le colibri des collines, et les chiens du Cap, et les requins de l'Atlantique, ce poète finalement ne peint que lui, ne montre que sa propre pensée, et, seul présent dans son œuvre, ne révèle sous toutes ces formes qu'une chose : l'âme de Leconte de Lisle.

Mais c'est assez. Les plus grands n'ont pas fait davantage. Ils n'ont parlé que d'eux. Sous de faux noms, ils n'ont montré qu'eux-mêmes. L'historien d'Israël, le nouveau traducteur de la Bible, M. E. Ledrain, a dit un jour dans la *Revue positive* que M. Renan faisait son portrait dans toutes ses histoires et qu'il s'était représenté notamment, dans *l'Antéchrist*, sous les traits de Néron. M. Renan n'en reste pas moins le plus sage des hommes. Il faut entendre la proposion de M. Ledrain dans un sens tout à fait philosophique et esthétique. En ce sens, je répète que M. Leconte de Lisle s'est peint dans toutes ses figures et surtout dans son Qaïn. Et.

---

1. C'est l'orthographe que donne la dernière édition des *Poèmes barbares*. Les précédentes portent *Kain*.

qu'est-ce en effet le Qaïn des *Poèmes barbares*, sinon un homme farouche, solitaire, timide, irrité, faible, parfois délicieusement attendri, mais cachant ses larmes sous un souci orgueilleux, un esprit violent, qui se représente la vie et les hommes avec une ample simplicité, qui raisonne avec une logique étroite mais sûre, un philosophe pessimiste pour qui Dieu est le principe du mal puisqu'il est le principe de la vie et que la vie est tout entière mauvaise, un artiste dédaigneux des nuances, sonore et abondant en images éclatantes, un poète ?

Mais alors pourquoi, dira-t-on, pourquoi notre poète chercha-t-il si loin, dans le nord scandinave et dans l'antique Asie, des formes et des couleurs. Pourquoi ? Parce que sans doute ces couleurs et ces formes étaient les vêtements nécessaires de sa pensée et le vrai corps de son âme poétique. Y a-t-il donc du mal à se vêtir et à s'incarner de la sorte ? N'est-ce pas plutôt un heureux instinct qui pousse le poète dans les pays lointains et dans les âges reculés ? Il y trouve le mystère et l'étrangeté, dont il a tant besoin, car il n'y a de poésie que dans ce que nous ne connaissons pas. Il n'y a de poésie que dans le désir de l'impossible ou dans le regret de l'irréparable.

M. Leconte de Lisle a au plus haut degré le don du rythme et de l'image. Quand à l'émotion, il la possède sous la forme la plus noble et la plus haute : il est riche en émotions intellectuelles. Il nous trouble avec de pures pensées. Mais il y a pour le cœur de l'homme des émotions plus intimes et plus douces; et celles-là, quoi qu'on dise et quoi qu'il dise, ne sont pas absentes de son œuvre. Je n'aurais pas grand'peine à prouver que parfois M. Leconte de Lisle est un élégiaque. Pour cela, je rappellerais *le Manchy* :

> Tu t'en venais ainsi, par ces matins si doux,
> De la montagne à la grand'messe,
> Dans ta grâce naïve et ta rose jeunesse,
> Au pas rythmé de tes Hindous.
>
> Maintenant, dans le sable aride de nos grèves,
> Sous les chiendents, au bruit des mers,
> Tu reposes parmi les morts qui me sont chers
> O charme de mes premiers rêves.

Ces vers sont voisins de la jeunesse du poète. On en trouve l'écho pur et clair dans un poème tout récent, *l'Illusion suprême*.

> O chère vision, toi qui répands encore,
> De la plage lointaine où tu dors à jamais,
> Comme un mélancolique et doux reflet d'aurore
> Au fond d'un cœur obscur et glacé désormais!
>
> Les ans n'ont pas pesé sur ta grâce immortelle,
> La tombe bienheureuse a sauvé ta beauté;
> *Il* te revoit avec tes yeux divins, et telle
> Que tu lui souriais en un monde enchanté.
> . . . .

L'âme et la voix du poète ont gardé, après tant d'années, leur pureté première. Si M. Leconte de

— Lisle se montre surtout héroïque et descriptif, certains de ses vers, les plus beaux peut-être, trahissent un élégiaque timide et fier, un héroïque, un descriptif et un méditatif.

SUR LE QUAI MALAQUAIS

M. ALEXANDRE DUMAS ET SON DISCOURS

 Jeudi, à quatre heures, comme nous sortions de l'Institut, un gai soleil de printemps éclairait les quais et leur noble horizon de pierre. Quelques nuages, qui coulaient dans le ciel donnaient à la lumière du jour la mobilité charmante d'un sourire. Ce sourire s'arrêtait avec joie sur les chapeaux étincelants, sur les nuques dorées et sur les visages clairs des femmes. Mais il devenait moqueur en passant sur les livres poudreux étalés le long des parapets. Oh! comme il révélait ironiquement la vétusté misérable des bouquins, ce sourire dans lequel brillait l'éternelle jeunesse de la nature! Alors, tandis que s'écoulait la foule des lettrés et des mondaines, je m'abandonnai à des rêveries vagues et douces. Laissez-moi vous dire que je ne passe jamais sur ces quais sans éprouver un trouble, plein de joie et de tristesse, parce que j'y suis né, parce que j'y ai passé mon enfance et que les figures familières que j'y voyais autrefois sont maintenant à jamais évanouies. Je conte cela malgré moi, par habitude de dire seulement ce que je pense et ce à quoi je pense. On n'est pas tout à fait sincère sans être un peu ennuyeux. Mais j'ai l'espoir que, si je parle de moi, ceux qui m'écouteront ne penseront qu'à eux-mêmes. De la sorte, je les contenterai en me contentant. J'ai été élevé, sur ce quai, au milieu des livres, par des humbles et des simples dont je suis seul à garder le souvenir. Quand je n'existerai plus, ils seront comme s'ils n'avaient jamais été. Mon âme est toute pleine de leurs reliques. Ces pieux restes, dont elle est sanctifiée, font des miracles. A ce signe, je reconnais que ceux-là que j'ai perdus furent de saintes gens. Leur vie était obscure, leur âme était naïve. Leur souvenir m'inspire la joie du renoncement et l'amour de la paix. Un seul des vieux témoins de mon enfance mène encore sur le quai sa pauvre vie. Il n'était ni des plus intimes ni des plus chers. Pourtant, je le revois toujours avec plaisir. C'est le pauvre bouquiniste que voici se chauffant devant ses boîtes à ce clair soleil de printemps. Il est devenu tout petit avec l'âge. Chaque année il diminue, et son pauvre étalage se fait aussi plus mince et plus léger chaque année. Si la mort oublie quelque temps encore mon vieil ami, un coup de vent l'emportera un jour avec les derniers feuillets de ses bouquins et les grains d'avoine que les chevaux de la station, paissant à son côté, laissent échapper de leur musette grise. En attendant, il est presque heureux. S'il est pauvre, c'est sans y penser. Il ne vend pas ses livres, mais il les lit. Il est artiste et philosophe.

Quand il fait beau, il goûte la douceur de vivre en plein air. Il s'installe sur l'extrémité d'un banc avec un pot de colle et un pinceau, et, tout en réparant ses bouquins disloqués, il médite sur l'immortalité de l'âme. Il s'intéresse à la politique, et ne manque guère, s'il rencontre un client sûr, de lui faire la critique du régime actuel ! Il est aristocrate et même oligarque. L'habitude de voir devant lui, de l'autre côté de la Seine, le palais des Tuileries, lui a inculqué une sorte de familiarité à l'égard des souverains. Sous l'Empire, il jugeait Napoléon III avec la sévérité d'un voisin à qui rien n'échappe. Maintenant encore, il explique, par la conduite du gouvernement, les vicissitudes de son commerce. Je ne me dissimule pas que mon vieil ami est un peu frondeur.

Il m'aborde et me dit, en homme qui a lu son journal du matin :

— Vous venez de l'Académie. Ces jeunes gens ont-ils bien parlé de M. Hugo ?

Puis, clignant de l'œil il me coule ce mot à l'oreille :

— Un peu démagogue, monsieur Hugo !

C'est ainsi que mon ami le bouquiniste ramena ma pensée sur la séance académique où M. Leconte de Lisle et M. Alexandre Dumas ont prédit tous deux l'immortalité à Victor Hugo. Mais, tandis que l'auteur des *Poèmes barbares* expédiait tout d'un bloc aux âges à venir les œuvres complètes du maître, le philosophe du théâtre donnait à entendre que la postérité ferait un choix sévère.

Il a prononcé un excellent discours, M. Alexandre Dumas, et je n'en suis pas surpris. Cet homme est doué pour parler au monde. Il pense et il dit ce qu'il pense. En cela, il est à peu près unique, du moins dans les lettres. On retrouve dans sa réponse à M. Leconte de Lisle cette absolue sincérité et cette expérience des choses qui donnent tant d'autorité à sa parole. Il a rendu à Victor Hugo, à Lamartine et à Musset ce qui leur était dû. Et, près d'achever son honnête et forte harangue, il s'est demandé ce qu'il allait maintenant advenir de l'œuvre du plus laborieux de ces trois poètes.

« Il en adviendra, a-t-il répondu à sa propre question, ce qu'il advient de toutes les œuvres de l'esprit humain. Le temps ne fera pas plus d'exception pour celles-là que pour les autres; il respectera et affirmera ce qui sera solide; il réduira en poussière ce qui ne le sera pas. Tout ce qui est de pure sonorité s'évanouira dans l'air; ce qui est fait pour le bruit est fait pour le vent. Mais il ne m'appartient pas de préparer ici le travail de la postérité. Il n'y a, d'ailleurs, à l'influencer ni pour ni contre; elle sait son métier de postérité; elle a le sens mystérieux et implacable des conclusions infaillibles et définitives. »

C'est sur ce point que je me permettrai de présenter à l'écrivain que j'admire infiniment quelques observations humbles mais fermes. Je crois que la postérité n'est pas infaillible dans ses conclusions. Et la raison que j'ai de le croire, c'est que la postérité, c'est moi, c'est nous, c'est des hommes. Nous sommes la postérité pour une longue suite d'œuvres que nous connaissons fort mal. La postérité a perdu les trois quarts des œuvres de l'antiquité; elle a laissé corrompre effroyablement ce qui reste. M. Leconte de Lisle nous parlait jeudi avec une noble admiration d'Eschyle; mais il n'y a pas dans le texte du *Prométhée* qui nous est parvenu deux cents vers qui ne soient altérés. La postérité des Grecs et des Latins a gardé peu de chose, et, dans le peu qu'elle a gardé, il se trouve des ouvrages détestables, qui n'en sont pas moins immortels. Varius était, dit-on, l'égal de Virgile. Il a péri. Élien était un imbécile; il dure. Voilà la postérité! On me dira qu'elle était barbare en ce temps-là et que c'est la faute des moines. Mais qui nous assure que nous n'aurons pas, nous aussi, une postérité barbare? Savons-nous dans quelles mains passera l'héritage intellectuel que nous léguons à l'avenir! A supposer, d'ailleurs, que ceux qui viendrons après nous soient plus intelligents que nous-mêmes, ce qui n'est pas impossible, est-ce une raison pour proclamer d'avance leur infaillibilité? Nous savons par expérience que, même dans les âges de haute culture, la postérité n'est pas toujours équitable. Il est certain qu'elle n'a point de règles fixes, point de méthodes sûres pour juger les actions. Comment en aurait-elle pour juger l'art et la pensée? Madame Roland, qui fit d'assez mauvaise politique, mais qui avait le cœur d'une héroïne, écrivit des mémoires dans la prison d'où elle ne devait sortir — elle le savait — que pour monter sur l'échafaud. Elle traça de sa main virile sur la première page du cahier ces mots : *Appel à l'impartiale postérité*. La postérité ne lui a encore répondu, après un siècle, que par un murmure contradictoire de louanges et de réprobation. La muse des Girondins était bien naïve de croire à notre sagesse et à notre équité. Je ne sais si le roi Macbeth eut, en son temps, une pareille illusion. En ce cas, il aurait été bien trompé. C'était, en réalité, un excellent roi, habile et probe. Il enrichit l'Écosse en y favorisant le commerce et l'industrie. Le chroniqueur nous le montre comme un prince pacifique, le roi des villes, l'ami des bourgeois. Les clans le haïssaient parce qu'il était bon justicier. Il n'assassina personne. On sait ce que la légende et le génie ont fait de sa mémoire.

Loin d'être infaillible, la postérité a toutes les chances de se tromper. Elle est ignorante et indifférente. Je vois passer en ce moment sur le quai Malaquais la postérité de Corneille et de Voltaire. Elle se promène, égayée par le soleil d'avril. Elle va, la voilette sur le nez ou le cigare aux lèvres, et je vous assure qu'elle se soucie infiniment peu de Voltaire et de Corneille. La faim et l'amour l'occupent assez. Elle pense à ses affaires, à ses plaisirs, et laisse aux savants le soin de juger les grands morts. Je distingue précisément parmi cette postérité qui sort de l'Institut un joli visage coiffé d'un chapeau couleur du temps. C'est celui d'une jeune femme qui me demandait, un soir de cet hiver, à quoi servaient les poètes. Je lui répondis qu'ils nous aidaient à aimer; mais elle m'assura qu'on aimait fort bien sans eux. La vérité est que les professeurs et les savants forment à eux seuls toute la postérité. Ce sont donc les savants que vous croyez infaillibles. Mais non, car vous savez bien que la poésie et l'art ne relèvent que du sentiment, que la science ne connaît point la beauté et qu'un vers tombé aux mains d'un philologue est comme une fleur entre les doigts d'un botaniste.

Ah! certes, les conclusions de la postérité ne sont point infaillibles; elles dépendent beaucoup du hasard. J'ajouterai qu'elles ne sont jamais définitives, quoi qu'en ait dit M. Alexandre Dumas.

Et comment le seraient-elles, puisque la postérité n'est jamais close et que les générations nouvelles remettent sans cesse en question ce qui a été précédemment jugé?

Le dix-septième siècle a condamné Ronsard; le dix-huitième siècle a confirmé ce jugement; le dix-neuvième l'a cassé. Qui sait comment jugera le vingtième ? Dante et Shakspeare furent méprisés pendant longtemps avant d'être admirés comme ils le sont aujourd'hui. Racine fut outragé après un siècle de gloire. Il ne l'est plus. Mais la langue change vite ; il faut déjà être un lettré pour bien comprendre les vers de *Phèdre* et d'*Athalie*.

J'ai entendu un excellent poète reprocher à Racine des impropriétés d'expression. Il ne voulait pas convenir que la langue eût changé depuis deux siècles, afin, peut-être, de ne pas s'avouer qu'elle changerait encore, et cette fois à son préjudice. Corneille et Molière lui-même sont mal compris ; les comédiens qui les jouent y font à chaque instant des contresens. On parle communément de Rabelais, mais comme de la reine Berthe, sans savoir le moins du monde ce que c'est. Il y a des gloires qui s'éteignent. Celle du Tasse est mourante. Du Bartas fut, de son vivant, plus célèbre que Ronsard. Qui nous assure que sa gloire ne renaîtra pas ? Gœthe le considérait comme le plus grand des poètes français, et nos jeunes symbolistes l'aiment beaucoup. Il y a vingt ans, Lamartine était déjà abandonné, tandis que Musset restait l'objet d'une ferveur qui s'est peu à peu refroidie. Tous deux retrouvent aujourd'hui des fidèles. Ainsi la postérité ballotte les épaves du génie.

Victor Hugo gardera-t-il mort la place qu'il a occupée vivant ? M. Alexandre Dumas est sage d'en douter. Il est sage aussi de ne pas faire d'avance la part de la destruction. Quel jugement l'avenir portera-t-il sur Victor Hugo ? C'est ce que personne n'est en état de deviner. Nous ne pouvons savoir ce que pensera la postérité, puisque nous ne savons ce qu'elle sera. Il est vain de vouer les gloires contemporaines soit à l'immortalité, soit à l'onbli.

On peut dire seulement que la gloire du poète dont on a mené hier la dernière pompe funèbre traverse un moment difficile et critique. L'enthousiasme, lassé par un excessif effort de quinze années, retombe. Certaines illusions se dissipent. On croyait qu'un si grand poète avait pensé davantage.

Il faut bien reconnaître qu'il a remué plus de mots que d'idées. C'est une souffrance que de découvrir qu'il donna pour la plus haute philosophie un amas de rêveries banales et incohérentes. Enfin on est attristé, en même temps qu'effrayé, de ne pas rencontrer dans son œuvre énorme, au milieu de tant de monstres, une seule figure humaine.

Les Grecs l'ont dit : l'homme est la mesure de toutes choses. Victor Hugo est demesuré parce qu'il n'est pas humain. Le secret des âmes ne lui fut jamais entièrement révélé. Il n'était pas fait pour comprendre et pour aimer. Il le sentit d'instinct. C'est pourquoi il voulut étonner; il en eut longtemps la puissance. Mais peut-on étonner toujours ? Il vécut ivre de sons et de couleurs, et il en soûla le monde. Tout son génie est là : c'est un grand visionnaire et un incomparable artiste. C'est beaucoup. Ce n'est pas tout.

Quant à la postérité, elle sera ce qu'elle pourra ; elle aimera ce qu'elle voudra. C'est une grande duperie de travailler pour elle. Elle garde peu de chose de tout ce qu'on lui envoie, et elle préfère souvent un ouvrage de circonstance aux œuvres qu'on lui destinait spécialement. Loin de l'en blamer, je l'en loue de tout mon cœur. Peut-être, après tont, saura-t-elle à la longue son métier aussi bien que le dit M. Alexandre Dumas. Mais, s'il n'arrive pas quelque catastrophe qui détruise les bibliothèques, un jour viendra où elle sera terriblement encombrée, et il n'est pas impossible que, ce jour-là, elle prenne en dégoût tout le papier noirci que nous lui préparons. J'éprouve moi-même, à vrai dire, quelque pressentiment de ce dégoût en voyant poudroyer au soleil les boîtes de bouquins de mon vieil ami

L'HYPNOTISME DANS LA LITTÉRATURE

MARFA

On a beau être raisonnable et n'aimer que le vrai, il y a des heures où la réalité commune ne vous contente plus et où l'on voudrait sortir de la nature. Nous savons bien que c'est impossible, mais nous ne le souhaitons pas moins. Les désirs les plus irréalisables ne sont-ils pas les plus ardents? Sans doute — et c'est notre grand mal — nous ne pouvons sortir de nous-mêmes. Nous sommes condamnés irrévocablement à voir les choses se refléter en nous avec une morne et désolante monotonie. C'est pour cela même que nous avons soif de l'inconnu et que nous aspirons

1. *Marfa. le Palimpseste,* par Gilbert-Augustin Thierry, 1 vol. in-18.

à ce qui est au delà. Il nous faut du nouveau. On nous dit : « Que voulez-vous? » Et nous répondons : « Je veux autre chose. » Ce que nous touchons, ce que nous voyons n'est plus rien : nous sommes attirés par l'intangible et l'invisible. Pourquoi s'en défendre? N'est-ce pas là un naturel et légitime sentiment. C'est peu de chose que l'univers sensible, oui, peu de chose, puisque chacun de nous le contient en soi. Sans manquer de respect à la physique et à la chimie, on peut deviner qu'elles ne sont rien à côté de l'ultra-physique et de l'ultra-chimie, que nous ne connaissons pas. Oh! comme j'admire M. William Crookes et comme je l'envie! C'est un savant et c'est un poète. Il étudia les propriétés du spectre solaire et du spectre terrestre, il imagina d'ingénieux appareils pour mesurer et, si j'ose dire, pour peser la lumière; il photographia la lune, il trouva un métal, il crut même trouver une apparence nouvelle des choses, un quatrième état de la matière, qu'il nomma l'état radiant. Pourtant il était triste; il sentait douloureusement tout ce qu'il y a de médiocre et de pitoyable à n'être qu'un homme : il souffrait de cet ennui commun, a-t-on dit, à toute créature bien née. Il soupirait après un idéal sans nom. Il poursuivait un rêve. Ce rêve était impossible à réaliser. Et il le réalisa. Il vit un esprit, il le toucha; il le nomma Katie King et il l'aima. Oui, M. William Crookes, membre de la Société royale de Londres, vécut pendant six mois dans le commerce d'un fantôme délicieux. Il entretint des relations intimes et pleines de respect avec une jeune personne d'une essence mystérieuse, qui joignait au charme féminin la majesté de la mort. Il aima un démon qui, paraissant à son appel, agitait pour lui les parfums de sa chevelure blonde et lui faisait sentir à travers sa tiède poitrine les battements de son cœur angélique. Le doux démon consentit à être photographié par son terrestre et savant ami, qui obtint quarante-quatre clichés. A en juger par le portrait que j'ai sous les yeux, l'esprit de Katie King savait s'envelopper d'une forme charmante. On ne peut qu'admirer l'expression intelligente et triste de son jeune visage, la grâce de sa joue ronde et pure, la chasteté de ses draperies blanches. Encore M. William Crookes nous apprend il que cela n'est rien auprès de ce qu'il a vu, entendu et touché, et que Katie King était incomparablement plus belle que l'image qui nous en reste. « La photographie peut, dit-il, donner un dessin de sa pose; mais comment pourrait-elle reproduire la pureté brillante de son teint ou l'expression sans cesse changeante de ses traits si mobiles, tantôt voilés de tristesse, lorsqu'elle racontait quelque amer événement de sa vie passée, tantôt souriant avec toute l'innocence d'une jeune fille, lorsqu'elle avait réuni mes enfants autour d'elle et qu'elle les amusait en leur racontant des épisodes de ses aventures dans l'Inde. Autour d'elle, elle créait une atmosphère de vie. Ses yeux semblaient rendre l'air lui-même plus brillant; ils étaient si doux, si beaux et si pleins de tout ce que nous pouvons imaginer des cieux; sa présence subjuguait à tel point, que vous n'auriez pas trouvé que ce fût de l'idolâtrie de se mettre à ses genoux. » On a raillé ce généreux Crookes; on l'a plaint d'être le jouet de quelque petite effrontée. Pour moi, je le proclame heureux, et je l'admire moins pour avoir découvert le thallium et construit le radiomètre que pour avoir su voir Katie King.

Tous tant que nous sommes, nous voudrions bien évoquer aussi Katie King. J'avoue que j'en meurs d'envie. Nous ne pouvons pas. Et, pour nous consoler, nous nous disons que, si nous ne la voyons pas, c'est parce que nous avons trop de bon sens; mais nous nous flattons; c'est en réalité parce que nous n'avons pas assez d'imagination. C'est faute d'espérance et de foi, c'est faute de vertu. Aussi suis-je infiniment reconnaissant aux artistes prestigieux, aux menteurs bienfaisants qui, par la magie de leur art, me font croire que j'ai entrevu un pan de la robe blanche, un pli du sourire, un éclair de l'œil de l'éternelle Katie King que je poursuis sans cesse et qui me fuit toujours.

Il y a des esprits qui habitent naturellement les confins mystérieux de la nature. Ils ont pour mission de nous montrer des prodiges. Leur tâche est devenue bien difficile aujourd'hui. Elle était facile dans le monde romain, au temps des premiers césars. Alors les prodiges de l'Inde, les enchantements de la Thessalie, les merveilles de l'Afrique, mère féconde des monstres, les pratiques italiotes du néo-pythagorisme se mêlaient, se confondaient. Il s'en dégageait une sorte de vapeur bizarre qui, étendue sur le monde, voilait et déformait toute la nature. Les esprits étaient encore soumis à une culture savante. Mais des connaissances variées et une intelligence subtile ne servaient qu'à imaginer des impossibilités et à multiplier les superstitions. De toutes parts, aux oreilles, aux yeux troublés, se manifestaient des mystères, des oracles, des œuvres de magie. Les sophistes, les rhéteurs, avidement écoutés, entretenaient le délire des esprits. Tous leurs discours, comme il a été dit de ceux de Dion, répandaient un parfum semblable à l'odeur qui s'exhale des temples.

L'Ane d'or d'Apulée nous est parvenu comme un témoignage de ce délire. Le malheur est qu'il a perdu sa puissance magique. Il ne touche plus que notre curiosité. Il fut merveilleux; il est devenu absurde et nous n'y croyons pas. Nous ne croyons pas non plus aux diableries dont le moyen âge était plein. Les moines vécurent jusqu'au quinzième siècle dans un sortilège perpétuel. Ils assistaient à des miracles simples et naïfs, mais qui du moins rompaient la lourde monotonie de leur existence. Ils voyaient les lampes du sanctuaire se rallumer d'elles-mêmes, et les rameaux de l'églantier enlacer, en une nuit, les tombes des époux restés vierges. Je ne vois que le dix-septième siècle français et cartésien qui se soit passé volontiers et sans peine de tout merveilleux. La raison dominait alors les esprits. Elle les domina encore au temps de Voltaire. Mais bientôt elle parut sèche, et les années qui précédèrent la Révolution virent renaître de toutes parts des prodiges. La religion n'en produisait plus; la science en enfanta.

C'est une grande erreur de croire que la superstition est exclusivement religieuse. Il y a des temps où elle devient laïque. Si la science un jour règne seule, les hommes crédules n'auront plus que des crédulités scientifiques. N'oublions pas que ce sont des philosophes qui ont fait la fortune des Saint-Germain et des Cagliostro. Un de leurs adeptes, le baron de Gleichen, confesse bien joliment dans ses *Souvenirs* le plaisir qu'il avait d'être trompé par ces vendeurs de songes et le regret qu'il éprouva quand il ne lui fut pas possible de s'abuser davantage. « Le penchant pour le merveilleux, dit-il, inné à tous les hommes en général, mon goût particulier pour les impossibilités, l'inquiétude de mon scepticisme habituel, mon mépris pour ce que nous savons et mon respect pour ce que nous ignorons, voilà les mobiles qui m'ont engagé à voyager durant une grande partie de ma vie dans les espaces imaginaires. Aucun de mes voyages ne m'a fait autant de plaisir; j'ai été absent pendant des années et suis très fâché de devoir maintenant rester chez moi. »

Pendant que le bon Gleichen, vieilli et attristé, les pieds sur les chenets, rassemblait ses anciens rêves, faute d'en pouvoir former de nouveaux, la pauvre humanité courait après d'autres chimères et le spiritisme naissait. Je suis comme le baron de Gleichen : je veux qu'on m'amuse et je crois qu'il n'y a pas de bonheur sans illusion. Mais le spiritisme met, en vérité, trop peu d'art à nous séduire. Il nous fait converser avec les morts dans des entretiens si plats, qu'on en sort plus dégoûté encore de l'autre monde que de celui-ci. Passe encore pour saint Louis, qui, logé dans une table, répondit aux questions du médium comme un ignorant. Il ne connaissait ni la reine Blanche, ni le pont de Taillebourg, ni Damiette, ni les Quinze-Vingts, ni la Sainte-Chapelle, ni Étienne Boileau, ni Charles d'Anjou, ni Joinville, ni Tunis, ni rien. Jamais pied de table n'avait étalé une si sotte ignorance. Pourtant le guéridon se donnait pour l'esprit de Saint-Louis et n'en démordait pas. Le médium en demeurait stupide. Enfin, se frappant le front : « Tout s'explique, s'écria-t-il ; c'est saint Louis de Gonzague ! » — C'était saint Louis de Gonzague. J'admets l'explication. Mais j'ai lu des dictées spirites de Bossuet qui étaient aussi dans l'esprit de saint Louis de Gonzague. Et cela ne s'explique pas. Quant à Katie King, je l'attends encore. On ne manquera pas de vous dire que le spiritisme est remplacé par l'occultisme et qu'une sonnette invisible tinte sur la tête de madame Blavatsky, ce qui est en effet merveilleux, je le sais, et que les cigarettes de madame Blavatsky font des miracles, et que madame de Blavatsky est en correspondance avec un mage nommé Kout-Houmi, qui possède une science surnaturelle et qui rend aux dames les broches qu'elles ont perdues. C'est présicément ce sage Kout-Houmi qui me gâte l'occultisme. Ne s'est-il pas avisé, lui qui sait tout, de copier sans le dire, dans une de ses lettres magiques, une conférence faite à Lake-Pleasant, le 15 août 1880, par un journaliste américain nommé Kiddle? Kiddle s'en plaignit amèrement, et Kout-Houmi répondit à ces plaintes qu'un sage pouvait bien oublier une paire de guillemets. J'admire la sérénité de cette réponse, mais le doute s'est glissé malgré moi dans mon cœur et il ne m'est plus possible de croire en Kout-Houmi. La vérité est que le monde inconnu, c'est, non pas aux magiciens et aux spirites, mais aux romanciers et aux poètes qu'il faut en demander le chemin. Eux seuls possèdent l'aiguille aimantée qui se tourne vers le pôle enchanté ; eux seuls ont la clef d'or du palais des rêves. Et, puisque nous avons besoin de magies et d'évocations, c'est à de nouveaux Apulées, c'est aux Hoffmann et aux Edgar Poë que nous demanderons l'initiation aux mystères. Les poètes, du moins, ne trompent pas, puisqu'on sait qu'ils mentent, et puisqu'ils ne mentent que par générosité.

M. Gilbert-Augustin Thierry doit être compté au premier rang parmi les esprits doués du sens des choses étranges et mystérieuses. Neveu de l'illustre aveugle qui, comme Homère et Milton, sut voir tant de choses, fils d'Amédée Thierry, qui poussa si loin, dans ses *Récits de l'histoire romaine*, l'art de la composition historique, l'écrivain qui m'a inspiré les réflexions déjà trop longues qu'on vient de lire, reçut dès l'enfance la forte éducation qui devait le faire historien, si l'imagination ne l'avait pas emporté dans d'autres voies. Il débuta avec autorité par un roman qui présente l'étude d'une maladie mentale dans un milieu historique, l'*Aventure d'une âme en peine*. Plus récemment M. Gilbert-Augustin Thierry donna *le Capitaine sans façon*, tableau vigoureux d'une insurrection de paysans du bas Maine en 1843. Mais déjà il avait composé deux histoires « de morts et de vivants », *la Rédemption de Larmor* et *Rediviva*. Déjà il était emporté dans ce monde mystérieux où le bon Gleichen passa le meilleur de sa vie. *Marfa*, qui paraît aujourd'hui, marque le troisième pas dans cette voie. Ce roman ou, pour mieux dire, cette nouvelle, qui forme à elle seule un volume, a été insérée tout récemment dans la *Revue des Deux Mondes*, sous un titre qui ne subsiste dans le livre que comme sous-titre, *le Palimpseste*. L'éditeur a craint avec raison que ce mot de palimpseste ne parlât pas à l'imagination des lectrices aussi vivement qu'à celle des lettrés et des savants, à qui ce terme rappelle, si je puis le dire, des émotions intellectuelles d'une vivacité presque dramatique. On nomme palimpsestes comme chacun sait, les manuscrits d'auteurs anciens que les copistes du moyen âge ont effacés puis recouverts d'une seconde écriture, sous laquelle on peut faire reparaître parfois les premiers caractères. Le palimpseste a donc par lui-même l'attrait du mystère ; il cache un secret. Ce sont les chimistes du commencement de ce siècle qui ont trouvé les réactifs propres à faire revivre le texte primitif sur le parchemin lavé par les moines au lait de chaux. Mais déjà les humanistes, lors de la Renaissance, tentaient de lire l'écriture effacée des palimpsestes. Ils y mettaient, à défaut de science et de méthode, une amoureuse ardeur. Michelet a retracé avec beaucoup de poésie l'émotion et la tristesse de ces déchiffrements inspirés par tant de piété et si vainement essayés.

« Chaque fois, a-t-il dit, que l'on découvrait sous quelque antienne insipide un mot des grands auteurs perdus, on maudissait cent fois ce crime, ce vol fait à l'esprit humain, cette diminution irréparable de son patrimoine. Souvent la ligne commencée mettait sur la voie d'une découverte, d'une idée qui semblait féconde ; on croyait saisir de profil la fuyante nymphe ; on y attachait les yeux, mais en vain ; l'objet désiré rentrait obstinément dans l'ombre ; l'Eurydice ressuscitée retombait au sombre royaume et s'y perdait pour toujours. »

Aujourd'hui, la nymphe, l'Eurydice revit sous de puissants réactifs, ou du moins on retrouve quelques lambeaux de son corps ; car les moines non seulement grattaient les manuscrits grecs et latins, mais encore ils les dépeçaient et ils en éparpillaient les feuilles. *Le Palimpseste* que M. Gilbert-Augustin Thierry nous fait connaître est un psautier du xe siècle, en minuscules carolines, incomplet et tronqué, ne comprenant que les psaumes 114, 119, 120, 129, 137 et 145, qui sont ceux de l'office des morts. M. Stéphane Cheraval, archiviste paléographe, a reçu du gouvernement français la mission de le rechercher et de l'acquérir pour le compte de l'État. Et quel texte se cache sous ces carolines que M. Léopold Delisle contemplerait avec ravissement? Un texte en caractères de la belle époque, *la Milésienne* de Lucius de Patras, « ce chef-d'œuvre disparu, dont *l'Ane d'or* d'Apulée n'est qu'une copie si misérable... cette œuvre étrange et merveilleuse — le livre des morts — qui ravit d'admiration et frappa d'épouvante le monde oriental du IIe siècle ». (*Marfa*, pages 29 et 189.) C'est au château de Doremont (Haute-Saône), dans la bibliothèque du feu prince Volkine, que M. Stéphane Cheraval découvre ce vénérable codex, cette gemme non pareille de l'écrin paléographique, ce trésor qu'il faudrait confier tout de suite au grand helléniste Henri Weil. Si la nouvelle de M. Gilbert-Augustin Thierry contenait pour tout drame la découverte inattendue et la perte définitive de *la Milésienne* de Patras, le public s'y plairait sans doute beaucoup moins que je ne fais; mais M. Stéphane Cheraval ne trouve pas seulement un manuscrit à Doremont, il y rencontre aussi la princesse Volkine, une jeune serve que le vieux prince, bibliophile et nihiliste, avait épousée dans sa vieillesse et instituée héritière de son nom et de ses biens. « Mignonne, petite et **frêle** avec des cheveux très blonds, des yeux très noirs, une peau très blanche, cette femme n'était pourtant pas jolie. Un front bombé, des lèvres épaisses, un nez trop court la faisaient presque laide. Mais sa laideur rayonnait de beauté, de cette beauté dont Dieu illumine toute créature ici-bas quand elle aime et qu'elle se sent aimée » (p. 37). Marfa, en effet, aime et elle est aimée. Lucien de Hurecourt, fils d'un juge de paix franc-comtois, l'a aimée jusqu'au crime. Étant consul de France à Kherson, il a tué le mari, le vieux prince, par une nuit de neige, dans un traîneau et il l'a jeté aux loups qui poursuivaient l'attelage. C'est de cette situation que jaillit un drame étrange, puissant et si neuf qu'il était inpossible de le concevoir il y a seulement cinq ans. Volkine, frappé par Lucien d'une balle de revolver, n'est pas mort sans parler. Il s'est accroché tout sanglant au meurtrier, il l'a saisi de ses deux mains ; l'une s'est portée sur le front, l'autre a serré la nuque, et il a dit : « Tu n'épouseras point Marfa. Le jour de vos noces, toi-même, tu raconteras tout aux juges de ton pays. Je veux... » Puis il est tombé. Or, ce mourant qui parlait ainsi, ce vieillard énergique, savant, bizarre, mystérieux, était, en physiologie, un disciple du docteur Charcot et de l'école de Nancy. Il pratiquait l'hypnotisme et connaissait sa propre puissance suggestive; il savait que son meurtrier était, au contraire, un sujet nerveux, sensible, faible et facile à hypnotiser. Il était sûr, par conséquent, que ce qu'il avait *voulu* s'accomplirait et qu'il serait vengé.

Il laissait, d'ailleurs, auprès de Marfa un être extraordinaire, capable de seconder inconsciemment son action suggestive. C'était un pope, de la secte des Silipovetz, « volontaires expiateurs des crimes de la terre, disciples toujours sanglants de l'agneau égorgé » (p. 65), qui enseignent que Jésus, en voulant mourir sur la croix, donna l'exemple salutaire du suicide. Celui-là, nommé Popof, suivait partout la jeune princesse Volkine, qui le considérait comme un saint. Il allait, sa robe de pope en haillons, rampant dans la poussière et se meurtrissant le visage aux cailloux des routes.

La suggestion imposée par le vieux Volkine eut son effet, sous les yeux de M. Stéphane Cheraval, le jour même que Lucien et Marpha avaient fixé pour leurs noces. Lucien alla chercher le juge d'instruction du ressort, le pria d'être son témoin, le mena devant un autel de fleurs élevé la veille par le prêtre de l'expiation et de la mort volontaire, et, là, il fit, sous l'empire de l'hypnose, l'aveu de son crime. Quand il eut achevé, Popof donna, avec une joie religieuse, du poison à Lucien et à Marfa, pour qui Lucien avait péché. Sûr alors de leur félicité, il songea à son propre salut et se pendit. Le palimpseste disparut dans cette catastrophe.

Je n'ai pas analysé la nouvelle de M. Gilbert-Augustin Thierry, j'en ai seulement indiqué la donnée sans faire pressentir suffisamment la solidité avec laquelle elle est construite et l'impression de terreur qu'elle produit. Je la signale comme une œuvre originale et forte.

Elle est d'ordre extranaturel et répond au sentiment du merveilleux qui est inné en nous, et que ni l'esprit scientifique ni les spéculations métaphysiques ne détruisent entièrement. Pourtant, elle ne choque aucune de nos idées modernes, n'est en contradiction absolue avec aucune de nos doctrines. Loin d'être en désaccord avec la science, elle semble s'appuyer sur elle. L'auteur s'est hardiment porté, pour l'établir, sur les travaux avancés de la physiologie. J'ignore si ces points stratégiques seront un jour abandonnés ou définitivement conquis. De hardis neurologistes les défendent actuellement. Cela suffit à la vraisemblance et partant à l'intérêt du récit de M. Gilbert-Augustin Thierry. Je n'en conclus pas que tous les faits qu'il expose soient possibles. Loin de là. Le docteur Brouardel a écrit pour l'excellent livre du docteur Gilles de la Tourette sur l'*Hypnotisme* une préface dans laquelle je lis quelques lignes qui pourraient bien s'appliquer à *Marfa, le Palimpseste*. « Encouragés par les littérateurs, certains médecins, dit M. Brouardel, ont trop oublié les règles essentielles de la critique scientifique. Ils se sont laissé entraîner à répéter, devant des juges incompétents, les phénomènes de l'hypnotisme, de la catalepsie, du somnambulisme, les suggestions les plus bizarres. Les littérateurs, conviés à de pareils spectacles, ont accepté pour vrai ce que leur disait ou montrait un médecin de bonne foi en qui ils devaient avoir confiance, et ils ont versé dans leur écrits, en les embellissant par leur imagination, toutes les singularités dont ils avaient été les témoins. » Ce pourrait bien être le cas de l'auteur de *Marfa*. Après tout, qu'importe ? Ce que M. Gilbert-Augustin Thierry demandait à la science, c'était non des vérités, mais des apparences, des ombres, des fantômes de vérités. S'il avait fait une histoire scientifique, il n'aurait pas fait une histoire merveilleuse, et ce serait dommage.

Il est une autre question que soulève la lecture de *Marfa*; celle-là, très importante, ne saurait être traitée convenablement en quelques lignes. Je me contenterai de l'indiquer. Les doctrines nouvelles de l'hérédité morale et de la suggestion par l'hypnose n'ont pas laissé intact le vieux dogme de la liberté humaine. En cela, elles ont atteint la morale traditionnelle et causé quelque inquiétude au philosophe comme au légiste. Peut-on, par contre, dégager de la science nouvelle une nouvelle morale ? M. Gilbert-Augustin Thierry le croit, il ne le prouve pas. Il a visé haut et voulu aborder de grands problèmes scientifiques et moraux. Il a réussi du moins à faire une œuvre d'art d'un ordre supérieur, un beau conte. C'était là l'essentiel. Le reste lui sera peut-être donné par surcroît; car il y a dans un beau conte d'abord ce que l'auteur y a mis et ensuite ce que le lecteur y ajoute.

LE PRINCE DE BISMARCK

Ce matin, à six heures, le ciel est sombre. Tandis qu'une lourde pluie, lancée par le vent, sonne la charge contre les vitres, la tempête souffle dans les cheminées comme dans d'énormes flûtes mélancoliques, et courbe sur l'avenue un grand peuplier qui semble ainsi l'arc de Nemrod. Les jeunes feuilles des tilleuls ont froid et n'osent s'ouvrir. Les oiseaux se taisent. A vrai dire, c'est un temps qui convient à mes pensées. J'ai dévoré hier une biographie du prince de Bismarck, écrite avec beaucoup de talent par Mme Marie Dronsart ; j'en reste oppressé, et voici que j'ai dans l'âme autant de souffles et de nuées qu'en

1. *Le Prince de Bismarck, sa vie et son œuvre*, par madame Marie Dronsart, 1 vol. in-18, Calmann Lévy, éditeur.

chasse devant moi le ciel agité. Otto de Bismarck ! Quel homme ! quelle destinée !

Il est né, on le sait, au cœur de la Prusse, sur cette vaste plaine de sable où règnent de rudes et longs hivers, et qui nourrit de sombres forêts. Il est junker, c'est-à-dire gentilhomme campagnard, issu d'une longue lignée de cavaliers, grands chasseurs, grands buveurs, fortes têtes. L'un d'eux, Rulo, fut excommunié en 1309 pour avoir ouvert une école laïque. Le fils de celui-là fut un grand politique. On grava sur sa tombe cette simple épitaphe : *Nicolaus de Bismarck, miles*. Soldats, ils le sont tous. Ils sont cuirassiers, dragons, carabiniers. Au reste, aussi aptes à négocier qu'à se battre. Avec une main de fer, ils ont l'esprit délié. Ils sont violents et rusés. Ce double caractère se retrouve dans le plus grand d'entre eux. Otto de Bismarck montra dès la jeunesse un esprit indomptable. Envoyé par son père en 1832 à l'Université de Gœttingue, il n'était pas arrivé depuis vingt-quatre heures qu'il avait déjà fait mille extravagances. Cité devant le recteur, il se présenta dans un costume désordonné, en compagnie d'un dogue féroce et démuselé. A Berlin, où il alla ensuite, il n'entendit aucun professeur et ne suivit pas même le cours de droit de l'illustre Savigny. Il passait son temps à boire, à fumer et à se battre au sabre. Il lui arriva de se battre vingt-huit fois en trois semestres. Chaque fois, il toucha son adversaire et ne reçut lui-même qu'une seule blessure, dont il porte encore une cicatrice à la joue. C'est à ce jeu qu'il prit en lui-même une confiance insolente. Il est soldat comme ses aïeux; mais c'est, comme eux, pour commander, non pour obéir. Entré, en 1838, dans les cuirassiers de la garde, il ne put supporter la discipline. Un de ses chefs lui fit faire antichambre. « J'étais, venu lui dit M. de Bismarck, pour vous demander un congé. Mais, pendant cette longue heure, j'ai réfléchi. Je vous offre ma démission. » Il porte dans la vie publique la même impatience, que l'âge n'a pas calmée. En 1863, à la Chambre, rappelé à l'ordre par le président, il répond : « Je n'ai pas l'honneur d'être membre de cette Assemblée; je n'ai pas fait votre règlement; je n'ai pas pris part à l'élection de votre président; je ne suis donc pas soumis aux règles disciplinaires de la Chambre. Le pouvoir de M. le Président a pour limite la place que j'occupe ici. Je ne reconnais d'autorité supérieure à la mienne que celle de Sa Majesté le roi... Je parle ici en vertu, non pas de votre règlement, mais de l'autorité que Sa Majesté m'a conférée et du paragraphe de la Constitution qui prescrit que les ministres, en tout temps, devront obtenir la parole, s'ils la demandent, et être écoutés. »

A ce moment, des murmures s'élèvent dans l'Assemblée. Il les domine :

— Vous n'avez pas le droit de m'interrompre.

En 1865, ministre, il garde l'humeur batailleuse d'un étudiant. En pleine Chambre, il propose à un brave homme de savant, M. de Virchow, d'aller ensemble dans un pré se couper la gorge.

L'âge même n'a pas raison de sa violence. Si le seul maître qu'il reconnaisse, le souverain, lui résiste, il contient mal sa colère. Un jour, en sortant du cabinet de l'empereur, il tire la porte de telle façon, que le bouton lui reste dans la main. Il le lance dans la pièce voisine contre un vase de porcelaine qui se brise avec fracas. Alors il pousse un soupir de soulagement et murmure :

— Maintenant, ça va mieux !

Tour à tour, la violence sauvage de son humeur le retient au milieu des hommes pour les conduire ou les combattre et le pousse dans la solitude des bois, des champs paternels, que son âme démesurée emplit toute. A Varzin, il pratique sincèrement la vie rustique. Il a besoin d'air et d'espace. Il fallut longtemps à ses muscles puissants des exercices terribles. C'est un cavalier digne des vieux centaures de l'Elbe dont il descend. Son père, le voyant à cheval, disait :

— Il est tout comme Pluvinel.

Mais, à la vérité, le maître classique qui enseigna l'équitation française à Louis XIII n'aurait jamais avoué pour son élève ce chevaucheur furieux qui crève sa bête et mène, à travers plantations, taillis et fondrières, le train du cavalier fantôme.

Comme ses pères, M. de Bismarck est grand chasseur. Quarante ans il poursuivit le cerf, l'élan, le moufflon, le daim, l'ours, le chamois, le renard et le loup. Il a goûté plus qu'aucun autre gentilhomme campagnard cette joie de détruire qui ajoute, dit-on, à la joie de vivre, et qui entretient en santé les rudes veneurs. Il y a peu de temps, sentant son déclin et la vanité de l'effort, une image familière lui vint à l'esprit; son œuvre politique lui apparut comme un long hallali, et il se compara lui-même à « un chasseur épuisé de fatigue ». Il nage comme il chasse. Il se plonge dans l'eau des fleuves, des lacs et des océans avec délices. Il semble que la mer soit la grande volupté de ce géant chaste. Il lui donne les noms de belle et de charmante. « J'attends avec impatience, écrit-il un jour, le moment de presser son sein mouvant sur mon cœur. » Il a pour sa terre un amour de propriétaire campagnard.

En 1870, il disait un matin, à Versailles : « J'ai eu cette nuit, pour la première fois depuis longtemps, deux heures de bon sommeil réparateur. Ordinairement je reste éveillé, l'esprit rempli de toutes sortes de pensées et d'inquiétudes; puis Varzin se présente tout à coup, parfaitement distinct, jusque dans les plus petits détails, comme un grand tableau avec toutes ses couleurs. Les arbres verts, les rayons de soleil sur l'écorce lisse, le ciel bleu au dessus. Impossible, malgré mes efforts, d'échapper à cette obsession... » Aujourd'hui, dit-on, le prince de l'empire n'est jamais si heureux que lorsqu'il parcourt ce rustique domaine « en grandes bottes bien graissées ». Il goûte la campagne en homme pratique, se préoccupant des gelées, des bœufs malades, des moutons

morts ou mal nourris, des mauvais chemins, de la
rareté des fourrages, de la paille, des pommes de
terre, du fumier; il aime aussi la nature pour le
mystère infini qui est en elle. Il a le sentiment de la
beauté des choses. En 1862, pendant le séjour à
jamais funeste qu'il fit en France, il visita la
Touraine. En revenant de Chambord, il écrivit à la
princesse de Bismarck : « Tu ne peux te faire une
idée, d'après les échantillons de bruyère que je
t'envoie, du violet rosé que revêt dans ce pays ma
fleur préférée. C'est la seule qui fleurisse dans le
jardin royal, comme l'hirondelle est la seule créature
vivante qui habite le château. Il est trop solitaire pour
le moineau. » Chez lui, la machine animale est d'une
force prodigieuse; elle est aussi d'une capacité et
d'une exigence peu communes. M. de Bismarck est un
des plus grands buveurs de son temps. Bière, vin de
Champagne, vin de Bourgogne, vin de Bordeaux,
tout lui est bon. Il étonna les cuirassiers de Brandebourg en vidant d'un trait le hanap du régiment, qui
contenait une bouteille. Un jour, à la chasse, il avala
d'une haleine ce que contenait de champagne une
énorme corne de cerf percée des deux bouts.
Étant à Bordeaux, en 1862, il fit grand honneur aux
crus du Médoc et puis s'en vanta justement. « J'ai bu,
écrivit-il, du laffitte, du pichon, du mouton, du latour, du margaux, du saint-julien, du brame, du
laroze, de l'armaillac et autres vins. Nous avons à
l'ombre 30 degrés et au soleil 55, mais on ne pense

pas à cela quand on a du bon vin dans le corps. » S'il boit beaucoup, il mange à l'avenant. Pendant la guerre de 1870-71, sa table ne cesse d'être abondamment fournie en pâtés, venaisons et poitrines d'oie fumées. « Nous avons toujours été grands mangeurs dans la famille, disait-il devant ces victuailles. S'il faut que je travaille bien, il faut que je sois bien nourri. Je ne peux faire une bonne paix si l'on ne me donne pas de quoi bien manger et bien boire. »

Par un contraste qui fait sa force, cet homme violent, aux appétits impérieux, sait quand il veut se contenir et feindre. Il sait boire, il sait tout aussi bien faire boire les autres. Il aimait les cartes dans sa jeunesse, mais il cessa de jouer après son mariage. « Cela ne convenait pas à un père de famille. » Le jeu ne fut plus pour lui qu'un moyen de tromper son monde. M. Busch nous a conservé à ce sujet un intéressant propos de table : « Dans l'été de 1865, pendant que je négociais la convention de Gastein avec Blome, le diplomate autrichien, je me livrai au *quinze* avec une folie apparente, qui stupéfia la galerie. Mais je savais très bien ce que je faisais. Blome avait entendu dire que ce jeu fournissait la meilleure occasion de découvrir la nature vraie d'un homme, et il voulait l'expérimenter sur moi.. « Ah ! c'est ainsi, pensai-je. Eh bien, voilà pour vous ! » Et je perdis quelques centaines de thalers, que j'aurais vraiment pu réclamer, comme ayant été dépensés au service de

Sa Majesté. J'avais mis Blome sur une fausse piste ; il me prit pour un casse-cou et s'égara. »

Sa puissance de travail est prodigieuse et ne peut être comparée qu'à celle de Napoléon. M. de Bismarck trouve, au milieu des grandes affaires, le temps de lire. En 1866, le 2 juillet, la veille de Sadowa, il visita le champ de bataille de Sichrow, couvert de cadavres, de chevaux éventrés, d'armes et de caissons. Au retour, il écrivit à la comtesse : « Envoyez-moi un pistolet d'arçon et un roman français. » Il sait par cœur Shakspeare et Gœthe. Il a une connaissance approfondie de l'histoire universelle. Il sent la musique, surtout celle de Beethoven. Il lui arriva d'emprunter au poëme du *Freyschütz* un de ses effets oratoires les plus heureux. C'était en 1848. Les libéraux offraient à Frédéric-Guillaume IV la couronne impériale. L'altier junker, leur ennemi, s'écria : « C'est le radicalisme qui apporte au roi ce cadeau. Tôt ou tard, le radicalisme se dressera devant le roi, réclamera sa récompense et, montrant l'emblème de l'aigle sur le drapeau impérial, il lui dira : « Pensais-tu que cette aigle fût un don gratuit ? » Ces paroles sont exactement celles que prononce le diable quand il réclame l'âme de Max pour prix des balles enchantées.

Sa parole est rude et savoureuse. Elle abonde en images pittoresques et en expressions créées. Un jour, il parle d'un débat sincère à la tribune. « C'est, dit-il, la politique en caleçon de bain. » Il vante Lassalle, dont l'esprit lui plaisait. « Je l'aurais voulu pour voisin de campagne. » Il s'entretient avec un socialiste éloquent et entêté : « J'ai trouvé une borne-fontaine de phrases. »

Je partage, pour ma part, le goût que M. J.-J. Weiss trouve à la savoureuse éloquence du chancelier. Ce n'est pas, si vous voulez, un bel orateur. — Il manque tout à fait de rhétorique. Mais il a, ce qui vaut mieux, l'image soudaine et l'expression vivante. Voici un exemple, pris entre mille, de cette causerie imagée qui lui est naturelle.

C'était au début de la session de 1884-1885. Plusieurs députés avaient déposé une proposition tendant à allouer aux membres du Reichstag une indemnité pécuniaire, à l'exemple de la France, où les députés comme les sénateurs reçoivent, on le sait, un traitement. C'est là une disposition démocratique. Comme telle, elle devait déplaire à M. de Bismarck, qui y fit en effet le plus mauvais accueil. Il la considéra comme inspirée par les socialistes du Parlement et, non content de la combattre, il se donna la satisfaction de combattre ceux de qui elle semblait émaner.

Il leur reprocha d'attaquer tous les systèmes de gouvernement sans avoir eux-mêmes un système à proposer. « Ils étaient six avant les élections, dit-il. Ils sont douze aujourd'hui. J'espère bien qu'ils seront dix-huit à la prochaine législature et qu'ils s'estimeront assez nombreux alors pour porter leur Eldorado sur le bureau de la Chambre. Alors on connaîtra l'inanité de ce qu'ils veulent et ils perdront leurs partisans. En attendant ils ont encore le voile du prophète — de ce prophète dont le visage était si affreux, qu'il ne le montrait à personne. Comme lui, ils se gardent de soulever le voile. » Cette image du prophète voilé, dont il a fait usage plusieurs fois, est frappante. Elle ne lui appartient pas, il est vrai. Elle est tirée d'un poème de Thomas Moore (*the veiled prophet*). C'est un emprunt. Mais de telles citations, amenées aussi naturellement, relèvent la pensée et donnent au discours une force inattendue.

Ce qu'est M. de Bismarck, on le voit. Ce qu'il a dit, on l'a entendu. Ce qu'il a fait, on le sait trop. Mais que pense-t-il? que croit-il? Quelle idée se fait-il de lui-même, de la vie et de la destinée de l'homme? Personne peut-être ne le sait. Et ce serait pourtant une chose curieuse à connaître que la philosophie du prince de Bismarck.

On a dit que cet esprit si fort confessait la foi religieuse de la multitude, et que même il y mêlait des superstitions antiques et grossières : que, par exemple, il tenait pour funestes certains jours et certaines dates. Il s'en est défendu. « Je prendrai place, a-t-il dit, à une table de treize convives aussi souvent qu'il vous plaira, et je m'occupe des affaires les plus importantes le vendredi ou le 13 du mois, si c'est nécessaire. » Soit! A cet égard, il a l'esprit libre. Par contre, il avoue avoir été frappé d'une terreur superstitieuse quand le roi lui conféra le titre de comte.

C'est une vieille croyance, en Poméranie, que toutes les familles qui reçoivent ce titre s'éteignent promptement. « Je pourrais en citer dix ou douze, disait longtemps après M. de Bismarck ; je fis donc tout pour l'éviter ; il fallut bien enfin me soumettre. Mais je ne suis pas sans inquiétude, même maintenant. »

Il ne paraît pas que ce soit là une pure plaisanterie. On dit aussi qu'il vit des fantômes dans un vieux château du Brandebourg. Quant à sa croyance en Dieu, elle semble profonde. La foi chrétienne a même arraché à ce superbe des accents d'humilité. N'a-t-il pas écrit publiquement : « Je suis du grand nombre des pécheurs auxquels manque la gloire de Dieu. Je n'en espère pas moins, comme eux, que, dans sa grâce, il ne voudra pas me retirer le bâton de l'humble foi, à l'aide duquel je cherche ma voie au milieu des doutes et des dangers de mon état. » Je ne suis pas tenté de suspecter outre mesure la sincérité du sentiment qu'expriment ces paroles piétistes. Il n'est pas surprenant que M. de Bismarck soit un esprit religieux, puisqu'il joint à beaucoup d'imagination un dégoût instinctif des sciences naturelles et positives. De tout temps, il a volontiers consulté « la Bible et le Ciel étoilé », et fait comme un autre son roman de l'idéal.

On le dit triste, et je l'en félicite. Il méprise les hommes, et pourtant leur inimitié lui pèse. Il s'écrie amèrement : « J'ai été haï de beaucoup et aimé d'un petit nombre (1866). — Il n'y a pas d'homme si bien détesté que moi de la Garonne à la Néva (1874). » Il sait qu'en Prusse même, il serait maudit si la victoire n'avait asssuré ses desseins. « Que nous soyons vaincus, disait-il avant Sadowa, et les femmes de Berlin me lapideront à coups de torchons mouillés. »

Pour comble de misère, cet homme qui a tant agi ne découvre plus, à la réflexion, de raisons d'agir en ce monde. Il ne trouve même plus un sens possible à la vie. « Que la volonté de Dieu soit faite ! écrit-il en 1856. Tout n'est ici-bas qu'une question de temps ; les races et les individus, la folie et la sagesse, la paix et la guerre vont et viennent comme les vagues, et la mer demeure. Il n'y a sur la terre qu'hypocrisie et jonglerie ! Que ce masque de chair nous soit arraché par la fièvre ou par une balle, il faut qu'il tombe tôt ou tard ; alors apparaîtra entre un Prussien et un Autrichien une ressemblance qui rendra très difficile de les distinguer l'un de l'autre. »

Vingt ans plus tard, dans une heure intime et solennelle, il sentit lui monter au cœur l'épouvante et l'horreur de son œuvre. C'était à Varzin. Le jour tombait. Le prince, selon son habitude, était assis après son dîner, près du poêle, dans le grand salon où se dresse la statue de Rauch : *la Victoire distribuant des couronnes*. Après un long silence, pendant lequel il jetait de temps à autre des pommes de pin dans le feu et regardait droit devant lui, il commença tout à coup à se plaindre de ce que son activité politique ne lui avait valu que peu de satisfaction et encore moins d'amis. Personne ne l'aimait pour ce qu'il avait accompli. Il n'avait fait par là le bonheur de personne, ni de lui-même, ni de sa famille, ni de qui que ce fût.

Quelqu'un lui suggéra qu'il avait fait celui d'une grande nation.

— Oui ; mais le malheur de combien ? répondit-il. Sans moi, trois grandes guerres n'auraient pas eu lieu, quatre-vingt mille hommes n'auraient pas péri ; des pères, des mères, des frères, des sœurs, des veuves ne seraient pas plongés dans le deuil. J'ai réglé tout cela avec mon créateur ; mais je n'ai récolté que peu ou pas de joie de toutes mes œuvres.

Jamais M. de Bismarck ne s'était montré si grand que ce soir-là.

BALZAC[1]

Un jour que je bouquinais chez un libraire du quartier latin, je remarquai dans un coin de la boutique un homme à longs cheveux, jeune encore, qui paraissait d'humeur expansive. Sa figure m'était connue sans qu'il me fût possible d'y mettre un nom. Il feuilletait un livre; son regard, son sourire, les plis mobiles de son front, ses gestes ouverts, tout parlait en lui avant qu'il eût trouvé à qui parler. Il n'y avait pas besoin de beaucoup d'instinct pour flairer un bavard. Je sentis qu'il fallait fuir ou devenir sa proie.

1. *Répertoire de la Comédie humaine de H. de Balzac*, par Anatole Cerfberr et Jules Christophe, avec une introduction de Paul Bourget, in-8°, Calmann Lévy, éditeur. — *Histoire des œuvres de M. H. Balzac*, par le vicomte de Spoelberch de Lovenjoul (Charles de Lovenjoul); 2° édition, in-8°, Calmann Lévy, éditeur.

Pourtant je restai. Sophocle eut raison de dire que nul ne peut éviter sa destinée. J'en ai fait une longue épreuve dans ma vie. Je ne sais résister ni aux mauvaises fortunes ni aux bonnes. Mais les mauvaises sont naturellement les plus fréquentes. A vrai dire, ce bouquineur ne m'était point antipathique. Il avait cette physionomie heureuse, cet air aisé des pauvres qui ne sentent pas leur pauvreté et des paresseux qui rêvent sans cesse. Ses vêtements, plus négligés que malpropres, ne me semblaient poudreux que de la noble poussière des bibliothèques. Il les portait sans souci et sans curiosité. Seul, le chapeau, dont les bords étaient étrangement larges et la soie hérissée, trahissait un goût, une volonté, peut-être même une esthétique. Ne vivant que par le cerveau, cet homme ne s'inquiétait sans doute que de vêtir sa tête. Les autres habits ne lui étaient de rien. J'ai le regret de dire qu'il avait les mains sales. Mais nous savons par tradition que le prince des bibliothécaires, le vieux Weiss, de Besançon, trahissait pareille négligence. Il en était de ses mains comme de celles de lady Macbeth. Elles restaient noires après le bain, et M. Weiss en donnait pour raison qu'il lisait dans sa baignoire.

L'homme au livre, sitôt qu'il me vit, s'avança vers moi et, frappant sur mon bouquin :

— Lisez, me dit-il. C'est la loi sainte, la loi du Seigneur.

Il tenait une vieille Bible de Sacy, ouverte au chapitre XX de l'Exode, et son doigt me montrait le verset 4 : « Vous ne ferez point d'images taillées. »

— L'humanité, ajouta-t-il, périra dans la démence pour avoir transgressé ce commandement.

Je vis que j'avais affaire à un fou. Je n'en fus pas fâché. Les fous sont quelquefois amusants. Je ne prétends pas qu'ils raisonnent mieux que les autres hommes, mais ils raisonnent autrement, et c'est ce dont il faut leur savoir gré. Je ne craignis pas de contrarier un peu celui-ci.

— Excusez-moi, lui dis-je, je suis idolâtre et j'adore les images.

— Et moi, me répondit-il, je les ai aimées à la folie. J'en ai souffert mille morts. C'est pourquoi je les déteste et les tiens pour diaboliques. N'avez-vous point lu l'histoire véritable de cet homme que la Joconde de Léonard rendit insensé et qui, un jour, en sortant du Salon carré, se jeta dans la Seine? Ne vous souvient-il pas de ce que dit Lucien de Samosate d'un jeune Grec à qui la Vénus de Cnide inspira un amour sacrilège et funeste? Ignorez-vous que le marbre de l'Hermaphrodite du Louvre a été usé par les caresses des visiteurs, et que l'administration des musées a dû protéger par une barrière cette figure monstrueuse et charmante? Vous échappe-t-il que les Christs en croix et les Vierges peintes sont dans toute la chrétienté les objets de la plus grossière idolâtrie? Il faut dire d'une manière générale que les tableaux et les statues troublent les sens, égarent l'esprit, inspirent le dégoût et l'horreur de la réalité, et rendent les hommes mille fois plus malheureux qu'ils n'étaient dans leur barbarie primitive. Ce sont des œuvres impies et abominables.

J'objectai timidement que la part de la statuaire et de la peinture est bien petite, en somme, dans les troubles de la chair et du sang qui agitent les hommes, et que l'art, au contraire, ravit ses amants dans des régions sereines où ils goutent seulement des voluptés paisibles.

Mon interlocuteur ferma sa vieille petite Bible et poursuivit sans daigner me répondre :

— Il y a des images plus funestes mille fois que les images taillées et peintes dont Iaveh voulut préserver Israël : ce sont les images par excellence, les images idéales que conçoivent les romanciers et les poètes. Ce sont les types et les caractères, ce sont les personnages des romans. Ces figures-là vivent d'une vie active : elles sont des âmes, et il n'est que juste de dire que leurs malins auteurs les jettent parmi nous comme des démons pour nous tenter et pour nous perdre. Et comment leur échapper, puisqu'elles habitent en nous et nous possèdent? Gœthe lance Werther dans le monde : aussitôt les suicides se multiplient. Tous les poètes, tous les romanciers sans exception troublent la paix de la terre. L'*Iliade* d'Homère et le *Germinal* de M. Zola ont également enfanté des crimes. L'*Émile* fit des terroristes et des égorgeurs de ceux que Jean-Jacques voulait ramener à la nature. Les plus innocents, comme Dickens, sont encore de grands coupables; ils détournent vers des êtres imaginaires notre tendresse et notre pitié, qui seraient mieux placées sur la tête des vivants dont nous sommes entourés. Tel romancier produit des hystériques, tel autre des coquettes, un troisième des joueurs ou des assassins. Mais le plus diabolique de tous, le Lucifer de la littérature, c'est Balzac. Il a imaginé tout un monde infernal, que nous réalisons aujourd'hui. C'est sur ses plans que nous sommes jaloux, cupides, violents, injurieux et que nous nous ruons les uns sur les autres, avec une furie homicide et ridicule, à la conquête de l'or, à l'assaut des honneurs. Balzac est le prince du mal et son règne est venu. Pour tous les sculpteurs, pour tous les peintres, pour tous les poètes, pour tous les romanciers qui, depuis les premiers temps du monde jusqu'à cette heure, firent du mal à l'humanité, que Balzac soit maudit!

Il s'arrêta pour souffler.

— Hélas! monsieur, lui dis-je, ce que vous dites n'est pas sans quelque raison (il était convenable de le flatter); mais les hommes n'ont point attendu les artistes pour être violents et débauchés. Attila et Gengis-Khan, qui n'avaient point lu Homère, furent des guerriers plus destructeurs qu'Alexandre. Les Fuégiens et les Boschimans sont dépravés, et ils ne savent ni lire ni dessiner. Les paysans assassinent leurs vieux parents sans aucun souvenir romanesque. La concurrence vitale était meurtrière avant Balzac. Il y eut des grèves devant que *Germinal* fût écrit.

Les arts vous inspirent trop de haine, et je crains, monsieur, que vous ne soyez un moraliste partial.

Il me tira son large chapeau et me dit :

— Je ne suis pas moraliste, monsieur; je suis sculpteur, poète et romancier.

Quand il fut parti :

— C'est un homme qui a beaucoup d'esprit, monsieur, me dit le bouquiniste; mais il n'est pas heureux, et Balzac lui a fait perdre la tête.

Je n'ai pas revu depuis ce jour l'homme au grand chapeau. Mais le souvenir de cette conversation me revient à l'esprit tandis que je parcours le *Répertoire de la Comédie humaine,* que M. Calmann Lévy vient de m'envoyer. Ce répertoire a été dressé soigneusement par deux balzaciens enthousiastes, MM. Anatole Cerfberr et Jules Christophe.

Il contient la biographie sommaire des deux mille personnages que Balzac a conçus, enfantés et dessinés dans son œuvre énorme. En feuilletant ce Vapereau d'un nouveau genre, je suis confondu de la puissance créatrice de Balzac, et je suis presque tenté de crier à l'impie, comme faisait l'homme au chapeau. Je demeure stupide et j'admire, C'est un monde! Il est inconcevable qu'un homme ait suivi, sans les brouiller, les fils de tant d'existences. Je ne veux pas me faire plus balzacien que je ne suis. J'ai une préférence secrète pour les petits livres. Ce sont ceux-là que je reprends sans cesse. Mais, quand Balzac me ferait un peu peur, et si même je trouvais qu'il a parfois la pensée lourde et le style épais, il faudrait bien encore reconnaître sa puissance. C'est un dieu. Reprochez-lui après cela d'être quelquefois grossier : ses fidèles vous répondront qu'il ne faut pas être trop délicat pour créer un monde et que les dégoûtés n'en viendraient jamais à bout.

Une des qualités de ce grand homme me frappe particulièrement. Quand il est bon, quand il ne tombe pas dans le chimérique et le romanesque, il est un historien perspicace de la société de son temps. Il en révèle tous les secrets. Il nous fait comprendre mieux que personne le passage de l'ancien régime au nouveau, et il n'y a que lui pour bien montrer les deux grandes souches de notre nouvel arbre social : l'acquéreur de biens nationaux et le soldat de l'Empire. Il n'a jamais trouvé, ni sans doute cherché, pour faire valoir ses fortes études, quelque cadre étroit et charmant, comme celui que Jules Sandeau donna, par exemple, à *Mlle de la Seiglière,* quand il fit des portraits et des scènes de l'époque si bien comprise par Balzac. Sandeau avait un goût et une mesure que l'autre ne posséda jamais. Comme encadreur, Sandeau vaut infiniment mieux. Comme peintre, c'est tout le contraire. Pour le relief et la profondeur, Balzac ne peut être comparé à personne. Il a, plus que tout autre, l'instinct de la vie, le sentiment des passions intimes, l'intelligence des intérêts domestiques.

Les romans de Balzac servent d'autant mieux à

l'histoire qu'ils ne contiennent, pour ainsi dire, ni faits ni personnages historiques. Ceux-là, hommes et choses, ne peuvent que s'altérer et se dénaturer en passant de l'histoire dans le roman. Le romancier bien inspiré prend pour ses héros les inconnus que l'histoire dédaigne, qui ne sont personne et qui sont tout le monde, et dont le poète compose des types immortels. C'est ainsi qu'un poème ou un roman peut nous faire voir le peuple, la nation et la race, cachés souvent dans l'histoire par un rideau de personnages publics. Obéissant à un sentiment très sûr des lois de son art, Balzac se refuse à entraîner les hommes historiques dans le cercle de ses créations et à leur attribuer des actions imaginaires. C'est ainsi que l'homme qui domine le siècle, Napoléon, ne figure que six fois dans toute *la Comédie humaine*, et de loin, dans des circonstances tout à fait accessoires. (Voy. le livre de MM. Cerfberr et Christophe. page 47). Balzac, mêle à ses deux mille personnages imaginaires un très petit nombre de personnages réels. MM. Cerfberr et Christophe indiquent indifféremment les uns et les autres. J'aurais souhaité qu'ils distinguassent les noms réels par un astérisque ou par tout autre signe. Cette distinction est peu utile, j'en conviens, pour Napoléon, Louis XVIII, madame de Staël ou même pour madame Falcon, Hyde de Neuville et madame de Mirbel, dont je relève les noms dans le livre que j'ai sous les yeux. J'allais ajouter Marchangy, qui est aussi connu comme magistrat servile que comme écrivain ridicule; mais je m'aperçois qu'il a été omis dans le répertoire, bien qu'il figure dans la belle scène de la réhabilitation de César Birotteau[1].

Tout le monde, par contre, ne sait peut-être pas que Barchou de Penhoen, pour ne citer que lui, a réellement existé et composé de gros livres. Jugez, par la finesse de cette minutieuse critique, si je ne deviens pas à mon tour un pur balzacien. Que dis-je! Je me sens, pour le moment, d'humeur à renchérir de balzacisme sur MM. Cerfberr et Christophe eux-mêmes. Je souhaite ardemment qu'ils ajoutent bientôt à leur répertoire un peu de statistique. La statistique est une belle science qui, appliquée à la société créée par Balzac, ne manquera pas de donner d'inté-

---

1. J'ai reçu la lettre suivante :

Paris, 3 juin.

Monsieur et cher confrère,

Quel monde, ce Balzac, ainsi que l'établit fort bien l'exquise chronique, consacrée par vous à notre *Répertoire de la Comédie humaine*, et dont nous vous remercions infiniment! Il éblouit, il étourdit, et il trompe, avec son océan de détails, le lecteur le plus avisé. En voulez-vous une preuve? La voici :

Vous avez raison et tort de nous reprocher l'absence de Marchangy dans *Birotteau*. Sans doute, il figure sur l'édition Houssiaux, datée de 1853; mais toutes les éditions ultérieures lui substituent Granville, et nous adoptons ces derniers textes comme base unique. Cela nous contraint encore de négliger Victor Hugo, primitivement désigné (Voir *la Peau de chagrin*, édition Charpentier), puis remplacé par Cazalis.

Agréez, s'il vous plaît, monsieur et cher confrère, nos compliments les plus empressés.

ANATOLE CERFBERR. — JULES CHRISTOPHE.

ressants résultats. J'ai dit que les personnes de cette société sont au nombre de deux mille. C'est un chiffre approximatif. On préférerait peut-être le chiffre exact. On serait curieux, j'imagine, de savoir le nombre des adultes et des enfants, des hommes, des femmes, des célibataires et des gens mariés. On aimerait à connaître leur nationalité. Des tables de mortalité ne seraient pas déplacées. Il ne serait point indifférent non plus de joindre à l'ouvrage un plan de Paris et une carte de France, pour l'intelligence des œuvres d'Honoré de Balzac. La géographie de *la Comédie humaine* présenterait autant d'intérêt que la statistique.

MM. Cerfberr et Christophe ne nous donnent pas cela; mais ils nous donnent, ce qui vaut mieux encore, une belle introduction critique où M. Paul Bourget se montre une fois de plus ce qu'il fut tant de fois, habile et élégant historien des affaires de l'esprit

TROIS POÈTES

SULLY-PRUDHOMME — FRANÇOIS COPPÉE
FRÉDÉRIC PLESSIS

Grâces au ciel, nous avons des poètes ; nous en aurons longtemps encore, nous en aurons toujours. On peut douter qu'il en vienne bientôt d'héroïques. Le cycle de l'épopée m'a tout l'air d'être clos pour longtemps. Mais les poètes élégiaques et les poètes philosophes ne sont pas près de se taire au milieu de l'indifférence. Nous les écouterons volontiers tant que l'amour et le doute agiteront nos âmes. Un savant qui a gardé la pure fraîcheur du sentiment et qui joint à la connaissance des vieilles formes littéraires le goût de la poésie nouvelle, M. Gaston Paris, disait un jour, dans un banquet, à M. Sully-Prudhomme, son ami : « Vous avez mérité la sympathie et la reconnaissance de tous ceux qui lurent vos vers dans leur jeunesse : vous les avez aidés à aimer. » C'est à cela que servent les poètes. Et c'est pour cela qu'ils nous sont chers. Ils mettent la lumière en même temps que la parole sur nos joies confuses et sur nos obscures douleurs ; ils nous disent ce que nous sentons vaguement ; ils sont la voix de nos âmes. C'est par eux que nous prenons une pleine conscience de nos voluptés et de nos angoisses. M. Sully-Prudhomme a accompli cette mission délicate avec un bonheur mérité. Il avait, pour y réussir, non seulement les dons mystérieux du poète, mais encore une absolue sincérité, une inflexible douceur, une pitié sans faiblesse et cette candeur, cette simplicité sur lesquelles son scepticisme philosophique s'élève comme sur deux ailes dans les hautes régions où jadis la foi ravissait les mystiques. On chercherait en vain un confident plus noble et plus doux des fautes du cœur et de l'esprit, un consolateur plus austère et plus tendre, un meilleur ami. Son athéisme est si pieux, qu'il a semblé chrétien à certaines personnes croyantes. Son désespoir est si vertueux, qu'il ressemble à l'espérance pour ceux qui font de l'espérance une vertu. C'est une heureuse illusion que celle des âmes simples qui croient que ce poète est religieux ; n'a-t-il pas gardé de la religion la seule chose essentielle, l'amour et le respect de l'homme ?

Sa pensée, suivant son cours naturel, a passé du sentiment à la réflexion, de l'amour à la philosophie, de l'élégie au poème didactique, et le poète du *Vase brisé* est devenu le poète de *la Justice*. Il ne pouvait se flatter d'être suivi jusqu'au bout par tous ceux qui d'abord lui avaient fait cortège. Beaucoup qu'il avait aidés à aimer ne lui demandèrent pas qu'il les aidât à penser. Comment s'en étonner, puisque tous nous sommes si bien faits pour sentir et si mal pour comprendre ? La poésie philosophique n'est pas bonne pour le grand nombre. Les trois quarts d'entre nous sont comme ce prince de la comédie de Shakspeare qui voulait que tous les livres de sa bibliothèque fussent bien reliés et qu'ils parlassent d'amour. C'est pourquoi *la Justice* n'est pas, comme les *Stances et Poèmes*, dans tous les cœurs généreux et sur toutes les lèvres aimantes. Pourtant, quel beau manuel de philosophie ! Jamais le mal universel n'avait été envisagé d'un cœur aussi pur, enseigné d'une voix aussi douce. M. Sully-Prudhomme laisse le blasphème aux enfants. Il ne déclame jamais. Sa tristesse est infinie et sereine comme la nature qui la cause. Il semble que le poète se soumette aux harmonies de la douleur universelle avec une sorte de joie, parce que ce sont des harmonies encore. N'en fait-il pas la plus concise et la plus noble des idylles dans les dix vers que voici :

> **La nymphe bat le vieux Silène**
> Avec un sceptre d'églantier
> Qu'un zéphir bat de son haleine,
> Et dont la fleur bat le sentier

> Et Silène à trotter condamne
> Son baudet tardif et têtu;
> Il le bat, et, du pied de l'âne,
> Le gazon naissant est battu.
>
> Et personne, églantiers, zéphirs,
> Bêtes ni gens, n'en est surpris.
>
> . . . .

Je crois que *le Bonheur* entrera plus vite et plus profondément que *la Justice* dans la conscience du monde intelligent. Le poëte, à en juger par les fragments déjà publiés, s'y révèle avec une aisance nouvelle et dans toute sa plénitude. Et puis le sujet est heureux et nous touche profondément. Nous nous soucions en somme assez peu de la justice. Au sens philosophique du mot, ce n'est rien; au sens vulgaire, c'est la plus triste des vertus. Personne n'en veut. La foi lui oppose la grâce, et la nature l'amour. Il suffit qu'un homme se dise juste pour qu'il inspire une véritable répulsion. La justice est en horreur aux choses et aux êtres. Dans l'ordre social, elle n'est qu'une machine, indispensable sans doute, et par là respectable, mais cruelle à coup sûr, puisqu'elle n'a d'autre fonction que de punir et qu'elle met en œuvre les geôliers et les bourreaux. Le poëte, je n'ai pas besoin de le dire, ne s'inquiétait nullement de celle-là. Il cherchait la plus illustre des inconnues, la justice de Dieu. C'est elle qu'il poursuivit à travers les générations des hommes, des animaux et des plantes, et par delà la cellule germinative jusque dans la nébuleuse originelle. Vaine poursuite, qui fatigua plus d'un lecteur! On se résigne, de guerre lasse, à ne pas saisir cette fugitive plus rapide que la lumière, qu'on annonce partout et qu'on ne trouve nulle part, pas même dans les cieux, théâtre éternel de carnage et de mort, où l'astronomie nous montre l'action impitoyable de ces mêmes lois de la vie par lesquelles le mal se perpétue sur la terre. La justice éternelle, je ne l'ai vue, pour ma part, que sur la toile fameuse de Prud'hon. Elle a les traits d'une femme. Sa robe, noblement drapée, révèle une poitrine et des flancs puissants; elle pourrait être amante et mère, c'est-à-dire deux fois humaine, deux fois injuste. C'est l'image de l'injustice sublime, jetée sur la toile par le pinceau-poète du plus suave des artistes... Mais, si nous, nous résignons volontiers à ignorer à jamais la justice, nous voulons connaître le bonheur. Il nous fuit comme elle; cependant, à certaines heures, nous entrevoyons son ombre, et elle nous semble si belle, que nous ne pouvons nous défendre de la poursuivre les bras ouverts. C'est quelque chose, quoi qu'on dise, que d'embrasser une ombre charmante. Aussi le nouveau poème de M. Sully-Prudhomme serait-t-il bien venu. Eût-il, comme je le crois pour conclusion le néant du bonheur, nous enseignât-il que l'art d'être heureux est l'art de souffrir et qu'il n'est de volupté vraie que dans le sacrifice, nous en goûterions avec délices la beauté sérieuse et profonde.

Le Bonheur nous viendra cet hiver; en attendant, nous avons, pour charmer notre printemps mouillé, des vers d'amour de M. François Coppée. Celui-là aussi a beaucoup aidé à aimer. Ce n'est pas par méprise qu'on l'a admis dans l'intimité des cœurs. C'est un poète vrai. Il est naturel. Par là, il est presque unique, car le naturel dans l'art est ce qu'il y a de plus rare ; je dirai presque que c'est une espèce de merveille. Et, quand l'artiste est, comme M. François Coppée, un ouvrier singulièrement habile, un artisan consommé qui possède tous les secrets du métier, ce n'est pas trop, en voyant une si parfaite simplicité, que de crier au prodige. Ce qu'il peint de préférence ce sont les sentiments les plus ordinaires et les mœurs les plus modestes. Il y faut une grande dextérité de main, un tact sûr, un sens raisonnable. Les modèles étant sous tous les yeux, la moindre faute contre le goût ou l'exactitude est aussitôt saisie. M. François Coppée garde presque toujours une mesure parfaite. Et, comme il est vrai, il est touchant. Voilà pourquoi il est chèrement aimé. Je vous assure qu'il n'use pas d'autre sortilège pour plaire à beaucoup de femmes et à beaucoup d'hommes. S'il suffit d'une médiocre culture pour le comprendre, il faut avoir l'esprit raffiné pour le goûter entièrement. Aussi son public est-il très étendu. Comme il a du tact, il sait parler de lui-même fort agréablement, et c'est là, pour un poète, un singulier avantage ; car, en faisant leurs confidences, les poètes font les nôtres et, cela nous flatte. Pendant qu'ils nous content joliment les affaires de leur cœur, nous croyons entendre celles de notre propre cœur et nous sommes ravis. Ils ne pensent qu'à eux, nous ne pensons qu'à nous; c'est une excellente disposition pour s'entendre. Il fut un temps où je flânais tous les jours avec délices. J'ai souvent écouté, en ce temps-là, les conversations des bonnes gens sur les bancs des jardins publics. J'en ai surpris de fort douces et même d'un peu attendries.

Celles-là consistaient en des confidences alternées dont l'interlocuteur n'entendait que le murmure en songeant à ce qu'il allait dire. Toutes les répliques commençaient par ces mots : « Vous dites bien, c'est comme moi... » Ils ne s'ennuyaient pas l'un l'autre. C'est pourquoi le doux murmure des poètes intimes ne nous ennuie pas non plus. C'est pourquoi plus d'une jeune femme, en finissant de lire *Olivier* ou *l'Exilée*, murmure : « C'est comme moi... », et reste pensive. Si sa rêverie a été profonde et douce, elle dira: « M. François Coppée est un bon poète. »

Aujourd'hui, il nous donne en cinquante pages ses feuilles d'automne. Un mince cahier de vers d'amour, qu'il intitule : *Arrière-saison*. Il y montre avec une douce mélancolie ses cheveux qui grisonnent aux tempes. Il est jeune encore, puisqu'il dit qu'il vieillit. Ce n'est pas que je le soupçonne de quelque affectation. Je suis persuadé, au contraire, qu'il sent l'âge venir et qu'il en est attristé. Quoi de plus naturel? La vieillesse ne se sent vivement que par avance. L'on en goûte le frisson et les affres avant d'y être entré. Le crépuscule de la jeunesse est l'heure la plus mélancolique de la vie. Il faut du courage ou de l'étourderie pour le passer sans trop rechigner. M. Coppée n'est point un étourdi, pourtant il ne rechigne pas, et, s'il lui échappe quelque plainte, on y sent autant de résignation que de tristesse. C'est un moment à passer. Il est probable que, quand on est vraiment vieux, on ne s'en aperçoit pas. Du moins, on n'en avise pas les autres. M. Coppée verra cela plus tard. Je n'espère pas le consoler en lui disant que nous le verrons ensemble. *Arrière-saison* forme comme les *Élégies* de Parny ou l'*Intermezzo* de Heine, une sorte de roman d'amour très simple et d'autant plus intéressant. L'héroïne en est une jeune ouvrière, mise en apprentissage à seize ans,

> Qui rentrait à la hâte et voulait rester sage.

Mais fille du peuple, sans mère et sans foyer, elle n'évita point ce qui ne pouvait être évité.

> En mai, sous le maigre feuillage,
> Chantaient les moineaux des faubourgs.
> N'est-ce pas? le vague ennui, l'âge?...

Qu'importe le passé? Elle est « douce, triste et jolie ». Il est « tendre et clément ». Ils s'aiment. L'été, ils vont ensemble à la campagne. Elle prend

> Sa robe la plus claire et sa plus fraîche ombrelle.

Ils se promènent dans les bois. Ils dînent à l'auberge du bourg, où ils trouvent sur la nappe grossière la vaisselle de faïence, les couverts d'étain

> Et des cerneaux tout frais dans une assiette à fleurs.

L'hiver, il quitte pour elle le monde, où il s'ennuie. Tous ses projets sont faits ; ils ne se sépareront pas, elle lui fermera les yeux. Les vers du poète seront à demi oubliés. C'est lui qui le dit, et il ajoute :

> Oh ! si par bonheur doit survivre
> Un humble poème de moi,
> Qu'il soit donc choisi dans ce livre
> Que j'ai, mignonne, écrit pour toi.

Ce n'est là ni le pompeux orgueil avec lequel Ronsard annonçait sa gloire posthume à l'ingrate Cassandre, ni la bonhomie grivoise de Béranger, disant à Lisette :

> Vous vieillirez, ô ma belle maîtresse !

C'est un sentiment nouveau, plus simple, plus délicat, plus affectueux.

Cet amour d'*arrière-saison* se résume à peu près à ce que je viens de dire. C'est assez pour qu'il soit charmant. Quand le poète compare les désirs d'automne à un dernier vol d'hirondelles, on se dit : « C'est cela ! » et on est saisi de je ne sais quel attendrissement tranquille et doux. C'est du vrai Coppée, et du meilleur.

Je ne parle aujourd'hui que pour ceux qui aiment les vers, moins encore pour ceux qui les aiment beaucoup que pour ceux qui les aiment bien. Je promets à ceux-là un plaisir digne d'eux s'ils lisent *la Lampe d'argile*, de M. Frédéric Plessis. J'entends, par aimer bien les vers, en aimer peu, n'en aimer que d'exquis et sentir ce qu'ils contiennent d'âme et de destinée ; car les plus belles formes ne valent que par l'esprit qui les anime. Que ceux que aiment ainsi les vers lisent le livre de M. Frédéric Plessis. Ils y embrasseront la plus heureuse partie d'une vie, la fleur de quinze années d'études, de rêves et d'amour.

L'auteur, aujourd'hui maître de conférences dans une de nos facultés, s'est révélé poète à dix-sept ans. Il sortait d'une vieille petite ville bretonne où il avait été élevé avec une tendresse grave, quand il parut, presque enfant encore, dans le cercle des poètes parnassiens, chez l'éditeur Alphonse Lemerre. Il était notre cadet. Mais, laborieux et rêveur, il montrait déjà ce doux entêtement et cet idéalisme sincère qui caractérisent sa race et constituent le fond même de sa nature. A vrai dire, comme M. Renan, il n'est qu'à demi Breton, et compte par sa mère des ancêtres provençaux. « C'est pourquoi, a-t-il dit lui-même,

> Né parmi les barbares du Nord,
> Sous leur ciel gris hanté par le dieu de la mort,
> J'aime de tant d'amour la vie et la lumière !
> Et je retiens en moi, d'une souche première,
> Une sève inconnue aux lieux où j'ai grandi,
> La sève qui fermente au soleil du Midi.
> Je suis resté ton fils, ô province romaine,
> Et le vieux sang latin bleuit encor ma veine.

Il est permis de croire que c'est grâce à cette double origine qu'il unit, selon une expression qui lui appartient et que je veux lui appliquer,

> La kymrique rudesse aux grâces d'Ausonie.

Il fut partagé de bonne heure entre le sentiment de la nature, qui troublait son âme pensive, et l'étude des lettres, qui donnait à l'activité de son esprit un but précis.

Son goût se fixa de bonne heure sur les poètes antiques, et particulièrement sur les latins, dont il discerna tout de suite le sérieux, la gravité et ce que j'appellerai la probité sublime. C'est avec Virgile, Ovide et Lucain qu'il fit son droit à Paris. Il feignit plus tard d'avoir eu besoin d'un guide et d'un initiateur, et cette illusion, à demi volontaire, lui inspira des vers délicieux :

> O poète, c'est toi, c'est ta mémoire agile
> Qui, se jouant aux vers relus et médités,
> D'abord me fit connaître Euripide et Virgile,
> Et m'ouvrit le trésor des deux antiquités.
>
> C'est toi qui me menas vers le docte Racine
> Formé, dès son enfance, à la langue des dieux.
> Je marchais alté:é... la source était voisine...
> A peine un clair rideau la voilait à mes yeux.
>
> Mais il fallut ta main pour m'écarter les branches
> Et, prolongeant sous bois un facile sentier,
> Pour me faire entrevoir le chœur des formes blanches,
> Amours du vieux Ronsard et du jeune Chénier!

La vérité est que de secrètes affinités, un irrésistible instinct l'attiraient vers la muse antique. Il eut pour elle toutes les curiosités minutieuses de l'amour. Il ne s'arrêta pas à l'érudition, il poussa jusqu'à la philologie. Sa thèse sur *Properce*, dans laquelle l'élégiaque latin est compris à l'aide de toutes les ressources de la science, avec les intuitions du cœur et l'édition de ce poète qui doit prendre place, à côté du *Virgile* du regretté Benoist, dans une collection savante, sont les fruits de ces labeurs. Il ne faut donc pas être surpris si l'on rencontre de nombreuses études d'après l'antique sous cette enseigne de *la Lampe d'argile*. Ceux qui aiment les petits tableaux d'André Chénier prendront sans doute plaisir à visiter ce musée, plein de figures de héros et de nymphes. Mais ce qui donne à ce livre le plus grand prix, ce qui le met à côté des meilleurs, ce sont les onze poèmes de *la Muse nouvelle*. Là est la vraie flamme de *la Lampe d'argile*; c'est une flamme amoureuse, et combien forte, et paisible, et douce! Tout le sérieux du poète breton se retrouve uni à une grâce irrésistible dans ces vers à celle par qui « tous ses jours sont fleuris »,

> Qui près de *lui* le soir travaille sous la lampe.

Par là, par ces nobles élégies, l'illustrateur de Properce se montre un nouveau Properce, moins majestueux, moins ample, mais plus sincère peut-être et plus pur que le premier.

MARIE BASHKIRTSEFF[1]

Marie Bashkirtseff, dont on vient de publier le *Journal*, mourut à vingt-quatre ans, le 31 octobre 1884, laissant plusieurs toiles et quelques pastels qui témoignent d'un sentiment sincère de la nature et d'un amour ardent de l'art. Petite-fille d'un des défenseurs de Sébastopol, le général Paul Grégorievitch Bashkirtseff, elle se vantait d'avoir, par sa mère, du vieux sang tartare dans les veines. Elle avait le teint blanc, les cheveux d'un roux magnifique, les pommettes saillantes, le nez court, un regard profond et des lèvres enfantines. Elle était petite et parfaitement bien faite. C'est pour cela sans doute qu'elle aimait beaucoup à regarder les statues. A Rome, âgée de

1. Son *Journal*, 2 vol. in-18.

seize ans, elle passait de longues heures devant les marbres du musée du Capitole. Il ne faut pas s'étonner si elle fut ravie dans le même temps d'une amazone « en drap noir, faite d'une seule pièce par Laferrière... une robe princesse collante partout ». Ses mains, fines et très blanches, n'étaient pas d'un dessin très pur ; mais un peintre a dit que c'était une beauté que la façon dont elles se posaient sur les choses. Marie Bashkirtseff en avait le culte. Elle se savait jolie ; pourtant elle se décrit assez peu dans son journal intime. J'ai noté seulement, à la date du 17 juillet 1874, ce portrait, fort joliment arrangé : « Mes cheveux, noués à la Psyché, sont plus roux que jamais. Robe de laine de ce blanc particulier, seyant et gracieux ; un fichu de dentelle autour du cou. J'ai l'air d'un de ces portraits du premier empire ; pour compléter le tableau, il me faudrait être sous un arbre et tenir un livre à la main. » Et elle ajoute qu'elle aime la solitude devant une glace.

Elle était plus vaine de sa voix que de sa beauté. Cette voix s'étendait à trois octaves moins deux notes. Un des premiers rêves de Marie Bashkirtseff fut de devenir une grande cantatrice.

Elle a voulu se montrer dans son *Journal* telle qu'elle était, avec ses défauts et ses qualités, sa mobilité constante et ses perpétuelles contradictions. M. Edmond de Goncourt, du temps qu'il écrivait l'histoire de Chérie, demandait aux jeunes filles et aux femmes des confidences et des aveux. Marie Bashkirtseff a fait les siens. Elle a tout dit, s'il faut l'en croire ; mais elle n'était pas d'humeur à s'adresser à un seul confesseur, si distingué qu'il fût ; sa vanité ne pouvait s'accommoder que d'une confession publique, et c'est à la face du monde qu'elle a ouvert son âme.

Qui ne prendrait en pitié et en grâce cette pauvre enfant dont le malheur fut de n'avoir pas eu d'enfance ? Ce n'est, sans doute, la faute de personne, mais Marie Bashkirtseff ne fut jamais semblable à ceux que le Dieu qu'elle priait tous les jours désignait comme seuls dignes d'entrer dans le royaume des cieux. Elle ne connut jamais l'ineffable douceur d'être humble et petite. A quinze ans, elle eut des ailes sans le souvenir du nid. Ce qui lui manqua toujours, c'est l'allégresse naïve et la simplicité.

Les premières confidences qu'elle nous fait sont celles d'une petite intrigue qu'elle noua pendant le carnaval, à Rome, et qui n'eut d'autre dénouement qu'un baiser sur les yeux. La jeune fille y déploya beaucoup de coquetterie et de manège.

« — Vous ne m'aimez pas, soupira un jour le jeune neveu de cardinal qu'elle avait pris pour *patito* ; hélas ! vous ne m'aimez pas !

» — Non.

» — Je ne dois pas espérer ?

» — Mon Dieu, si ! Il faut toujours espérer. L'espérance est dans la nature de l'homme ; mais, quant à moi, je ne vous en donnerai pas. »

Le neveu du prêtre se montrait très tendre, mais

Marie Bashkirtseff ne s'y laissa pas prendre. « Je serais au comble de la joie si je le croyais, dit-elle ; mais je doute, malgré son air vrai, gentil, naïf même. *Voilà ce que c'est que d'être soi-même une canaille.* »

Et elle ajoute :

« D'ailleurs, cela vaut mieux. »

Elle n'avait pas la moindre envie d'épouser le pauvre Pietro.

« Si j'étais sa femme, pensait-elle, les richesses, les villas, les musées des Ruspoli, des Doria, des Torlonia, des Borghèse, des Chiara m'écraseraient. Je suis ambitieuse et vaniteuse par-dessus tout. Et dire qu'on aime une pareille créature, parce qu'on ne la connaît pas ! Si on la connaissait, cette créature... Ah ! baste ! on l'aimerait tout de même. » Se montrer, paraître, briller, voilà son rêve perpétuel. L'orgueil la dévore. Elle répète sans cesse : « Si j'étais reine ! » Elle s'écrie, en se promenant dans Rome : « Je veux être César, Auguste, Marc-Aurèle, Néron, Caracalla, le diable, le pape ! » Elle ne trouve de beauté qu'aux princes, au duc de H..., au grand-duc Wladimir, à don Carlos. Le reste ne vaut pas un regard.

Les idées les plus incohérentes se mêlent dans sa tête. C'est un étrange chaos. Elle est très pieuse ; elle prie Dieu matin et soir ; elle lui demande un duc pour mari, une belle voix et la santé de sa mère. Elle s'écrie, comme le Claudius de Shakspeare : « Il n'y a rien de plus affreux que de ne pouvoir prier. » Elle a une dévotion spéciale à la sainte Vierge : elle pratique la religion orthodoxe et elle lit l'avenir dans un miroir brisé, où elle découvre une multitude de petites figures, un plancher d'église en marbre blanc et noir, et peut-être un cercueil. Elle consulte le somnambule Alexis, qui voit dans son sommeil le cardinal Antonelli ; elle se fait dire pour un louis la bonne aventure par la mère Jacob. Elle a toutes les superstitions : elle est persuadée que le pape Pie IX a le mauvais œil. Elle craint un malheur parce qu'elle a vu la nouvelle lune de l'œil gauche. Ses idées changent à tout moment. A Naples, tout à coup, elle se demande ce que c'est qu'une âme immortelle qui se replie devant une indigestion de homard. Elle ne conçoit pas qu'un malaise de l'estomac puisse faire envoler la céleste Psyché, elle en conclut qu'il n'y a pas d'âme, que c'est « une pure invention ». Quelques jours plus tard, elle se met un chapelet au cou, pour ressembler à Béatrix, dit-elle, et aussi parce que « Dieu, dans sa simple grandeur, ne suffit pas. Il faut des images à regarder, des croix à baiser ». Elle est coquette, elle est folle ; mais cette tête de linotte est meublée comme celle d'un vieux bibliothécaire. A dix-sept ans, Marie Bashkirtseff a lu Aristote, Platon, Dante et Shakspeare. Les récits de l'histoire romaine d'Amédée Thierry la captivent. Elle se rappelle avec plaisir « un ouvrage intéressant sur Confucius ». Elle sait par cœur Horace, Tibulle et les sentences de Publius Syrus. Elle sent profondément la poésie d'Homère. « Personne, il me semble, ne peut, dit-elle, échapper à cette adoration des anciens... Aucun drame moderne, aucun roman, aucune comédie à sensation de Dumas ou de George Sand ne m'a laissé un souvenir aussi net et une impression aussi profonde, aussi naturelle que la description de la prise de Troie. Il me semble avoir assisté à ces horreurs, avoir entendu les cris, vu l'incendie, été avec la famille de Priam, avec ces malheureux qui se cachaient derrière les autels de leurs dieux, où les lueurs sinistres du feu qui dévorait leur ville allaient les chercher et les livrer... Et qui peut se défendre d'un léger frisson en lisant l'apparition du fantôme de Créuse ? » Son esprit est un magasin où elle fourre pêle-mêle la *Corinne* de madame de Staël, l'*Homme-Femme* de M. Alexandre Dumas fils, *Roland furieux*, les romans de M. Zola et ceux de George Sand. Elle voyage sans cesse allant de Nice à Rome, de Rome à Paris, de Paris à Pétersbourg, à Vienne et à Berlin. Sans cesse errante, elle s'ennuie sans cesse. Sa vie lui semble amère et vide. « Dans ce monde, dit-elle, tout ce qui n'est pas triste est bête, et tout ce qui n'est pas bête est triste. » Elle manque de tout parce qu'elle veut tout. Elle est dans une affreuse détresse, elle pousse des cris d'angoisse. Et pourtant elle aime la vie. « Je la trouve bonne, dit-elle. Le croira-t-on ? Je trouve tout bon et agréable, jusqu'aux larmes, jusqu'à la douleur. J'aime pleurer, j'aime me désespérer. J'aime à être chagrine et triste... et j'aime la vie malgré tout. Je veux vivre. Ce serait cruel de me faire mourir quand je suis si accommodante. » A certaines heures, elle a l'obscure et terrible conscience du mal qu'elle couve. Dès le printemps de 1876, elle se sent touchée. « Tout à l'heure, écrit-elle à la date du 3 juin, en sortant de mon cabinet de toilette, je me suis superstitieusement effrayée. J'ai vu à côté de moi une femme vêtue d'une longue robe blanche, une lumière à la main, et regardant, la tête un peu inclinée et plaintive, comme ces fantômes des légendes allemandes. Rassurez-vous, ce n'était que moi réfléchie dans une glace. Oh! j'ai peur qu'un mal physique ne procède de toutes ces tortures morales. »

En 1877, une passion unique s'empara de cette âme en peine : Marie Bashkirtseff se consacra tout entière à la peinture. Elle rassembla enfin les trésors épars de son intelligence. Tous ses rêves de gloire se fondirent en un seul et elle ne vécut plus que pour devenir une grande artiste. Elle étudia avec ardeur dans l'académie de Julian, dont elle devint bientôt une des meilleures élèves. Ce fut, si j'ose dire, une de ces conversions subites dont les vies de saints offrent tant d'exemples et qui révèlent une nature sincère, excessive, instable. Dès lors, les princes ne lui furent plus rien. Elle devint républicaine, socialiste et même un peu révolutionnaire. Elle ne mit plus d'amazones de chez Laferrière et porta gaiement le sarreau noir des femmes artistes. Elle découvrit la beauté des misérables. C'était une créature nouvelle. Au bout de six mois, elle tenait la tête de la classe avec mademoiselle Breslau. Elle a tracé de sa rivale un portrait qui, sans doute, n'est pas flatté : « Breslau est maigre, biscornue, ravagée, quoique avec une tête intéressante, aucune grâce, et garçon, et seule ! » Elle se flatte que, si elle avait le talent de mademoiselle Breslau, elle s'en servirait d'une manière plus féminine. Alors elle serait unique à Paris. En attendant, elle travaille avec acharnement. C'est le 21 janvier 1882 qu'elle vit pour la première fois Bastien Lepage, dont elle admirait et imitait la peinture. « Il est tout petit, dit-elle, tout blond, les cheveux à la bretonne, le nez retroussé et une barbe d'adolescent. » Il était déjà frappé du mal dont il devait bientôt mourir. Elle-même se sentait profondément atteinte. Depuis deux ans, elle était secouée par une toux déchirante. Elle maigrissait. Elle devenait sourde. Cette infirmité là désespérait. « Pourquoi, disait-elle, pourquoi Dieu fait-il souffrir ? Si c'est lui qui a créé le monde, pourquoi a-t-il créé le mal, la souffrance, la méchanceté ?... Je ne guérirai jamais... Il y aura un voile entre moi et le reste du monde. Le vent dans les branches, le murmure de l'eau, la pluie qui tombe sur les vitres, les mots prononcés à voix basse, je n'entendrai rien de tout cela ! » Bientôt elle apprend qu'elle est poitrinaire et que le poumon droit est pris. Elle s'écrie : « Qu'on me laisse encore dix ans, et, pendant ces dix années, de la gloire et de l'amour ! et je mourrai contente à trente ans. S'il y avait avec qui traiter, je ferais un marché : — Mourir à trente ans passés, ayant vécu. »

La phtisie suit son cours fatal. Marie Bashkirtseff écrit, le 29 août 1883 :

« Je tousse tout le temps, malgré la chaleur ; et, cet après-midi, pendant le repos du modèle, m'étant à moitié endormie sur le divan, je me suis *vue* couchée et un grand cierge allumé à côté de moi...

» Mourir? J'en ai très peur. »

Maintenant que la vie lui échappe, elle l'aime éperdument. Arts, musique, peinture, livres, monde, robes, luxe, bruit, calme, rire, tristesse, mélancolie, amour, froid, soleil, toutes les saisons, les plaines calmes de la Russie et les montagnes de Naples, la neige, la pluie, le printemps et ses folies, les tranquilles journées d'été et les belles nuits avec des étoiles, elle adore, elle admire tout ! Et il faut mourir. « Mourir, c'est un mot qu'on dit et qu'on écrit facilement, mais penser, *croire* qu'on va mourir bientôt? Est-ce que je le crois? Non, mais je le *crains*. »

Et, quelques jours plus tard, écartant ces illusions, si obstinées à s'asseoir au chevet des phtisiques, elle voit distinctement la mort :

« La voilà donc la fin de toutes nos misères ! Tant d'aspirations, tant de désirs, de projets, tant de... pour mourir à vingt-quatre ans au seuil de tout. »

Pendant qu'elle se mourait, Bastien Lepage mourant se faisait porter presque chaque jour chez elle. Le journal s'arrête au lundi 20 octobre. Ce jour-là encore Bastien Lepage était venu, soutenu par son frère, au chevet de la malade. Marie Bashkirtseff s'éteignit onze jours après, « par une journée de brume, dit M. André Theuriet, pareille à celle qu'elle avait peinte dans un de ses derniers tableaux, *l'Allée*. »

C'est toujours un spectacle touchant quand la nature, par un terrible raccourci, nous montre l'un près de l'autre l'amour et la mort ; mais il y a dans la vie si courte de Marie Bashkirtseff je ne sais quoi d'âcre et de désespéré qui serre le cœur. On songe, en lisant son *Journal*, qu'elle a dû mourir inapaisée et que son ombre erre encore quelque part, chargée de lourds désirs.

En pensant aux agitations de cette âme troublée, en suivant cette vie déracinée et jetée à tous les vents de l'Europe, je murmure avec la ferveur d'une prière ce vers de Sainte-Beuve :

Naître, vivre et mourir dans la même maison !

LES FOUS

DANS LA LITTÉRATURE [1]

Un Français, qui fit le voyage de Londres, alla voir un jour le grand Charles Dickens. Il fut reçu et s'excusa sur son admiration de venir ainsi prendre quelques minutes d'une existence si précieuse.

— Votre gloire, ajouta-t-il, et la sympathie universelle que vous inspirez vous exposent, sans doute, à d'innombrables importunités. Votre porte est sans cesse assiégée. Vous devez recevoir tous les jours des princes, des hommes d'État, des savants, des écrivains, des artistes et même des fous.

— Oui! des fous, des fous, s'écria Dickens, en se

---

1. *L'Inconnu*, par Paul Hervieu. 1 vol. in-18. — *Le Horla*, par Guy de Maupassant. 1 vol. in-18.

levant avec cette agitation à laquelle il était souvent en proie dans les derniers temps de sa vie, des fous ! Ceux-là seuls m'amusent.

Et il poussa dehors par les épaules le visiteur étonné.

Les fous, Charles Dickens les aima toujours, lui qui décrivit avec une grâce attendrie l'innocence de ce bon M. Dick. Tout le monde connaît M. Dick, puisque tout le monde a lu *David Copperfield.* Tout le monde en France : car il est aujourd'hui de mode en Angleterre de négliger le meilleur des conteurs anglais. Un jeune esthète m'a confié tantôt que *Dombey and Son* n'était lisible que dans les traductions. Il m'a dit aussi que lord Byron était un poète assez plat, quelque chose comme notre Ponsard. Je ne le crois pas. Je crois que Byron est un des plus grands poètes du siècle, et je crois que Dickens exerça plus qu'aucun autre écrivain la faculté de sentir; je crois que ses romans sont beaux comme l'amour et la pitié qui les inspirent. Je crois que *David Copperfield* est un nouvel évangile. Je crois enfin que M. Dick, à qui j'ai seul affaire ici, est un fou de bon conseil, parce que la seule raison qui lui reste est la raison du cœur et que celle-là ne trompe guère. Qu'importe qu'il lance des cerfs-volants sur lesquels il a écrit je ne sais quelles rêveries relatives à la mort de Charles Ier ! Il est bienveillant; il ne veut de mal à personne, et c'est là une sagesse à laquelle beaucoup d'hommes raisonnables ne s'élèvent point comme lui.

C'est un bonheur pour M. Dick d'être né en Angleterre. La liberté individuelle y est plus grande qu'en France. L'originalité y est mieux vue, plus respectée que chez nous. Et qu'est-ce que la folie, après tout, sinon une sorte d'originalité mentale ? Je dis la folie et non point la démence. La démence est la perte des facultés intellectuelles. La folie n'est qu'un usage bizarre et singulier de ces facultés.

J'ai connu dans mon enfance un vieillard qui était devenu fou en apprenant la mort d'un fils unique, enseveli, à vingt ans, sous une avalanche du Righi. Sa folie consistait à s'habiller de toile à matelas. A cela près, il était parfaitement sage. Tous les petits polissons du quartier le suivaient dans la rue en poussant des cris sauvages. Mais, comme il joignait à la douceur d'un enfant la vigueur d'un colosse, il les tenait en respect, leur faisant assez de peur sans leur faire aucun mal. En cela, il donnait l'exemple d'une excellente police. Quand il entrait dans une maison amie, son premier soin était de dépouiller l'espèce de souquenille à grands carreaux qui le rendait ridicule. Il l'arrangeait sur un fauteuil de manière qu'elle semblât autant que possible recouvrir un corps humain. Il y plantait sa canne comme une sorte de colonne vertébrale, puis il coiffait la pomme de cette canne avec son grand chapeau de feutre, dont il rabattait les bords et qui prenait sous ses doigts un aspect fantastique. Quand cela était fait, il contemplait un moment sa défroque de l'air dont on regarde un vieil ami malade qui dort, et aussitôt il devenait l'homme le plus raisonnable du monde, comme si en vérité ce fût sa propre folie qui sommeillât devant lui dans un habit de carnaval. Il lui restait un vêtement de dessous très décent, une sorte de grand gilet noir à manches, assez semblable à ce qu'on nommait une veste sous Louis XVI. Que de fois j'ai pris plaisir à le voir et à l'entendre ! Il parlait sur tous les sujets avec beaucoup de raison et d'intelligence. C'était un savant, nourri de tout ce qui peut faire connaître le monde et les hommes. Il avait notamment dans la tête une riche bibliothèque de voyages, et il était sans pareil pour raconter le naufrage de *la Méduse* ou quelque aventure de matelots en Océanie.

Je serais impardonnable d'oublier qu'il était excellent humaniste : car il m'a donné, par pure bienveillance, plusieurs leçons de grec et de latin qui m'ont fort avancé dans mes études. Son zèle à rendre service s'exerçait en toute rencontre. Je l'ai vu interrompre des calculs compliqués dont un astronome l'avait chargé et fendre du bois pour obliger une vieille servante. Sa mémoire était fidèle ; il gardait le souvenir de tous les évènements de sa vie, hors de celui qui l'avait bouleversée. La mort de son fils semblait tout à fait sortie de sa mémoire ; du moins, on ne lui entendit jamais prononcer un seul mot qui pût faire croire qu'il se rappelait en quoi que ce fût ce terrible malheur. Il était d'humeur égale, presque gaie, et reposait volontiers son esprit sur des images douces, affectueuses, riantes. Il recherchait la compagnie des jeunes gens. Son esprit avait pris dans leur fréquentation un tour pédagogique très prononcé. J'ai pensé à lui depuis lors en lisant l'excellent *Traité des études* de Rollin. Il n'entrait guère, je dois le dire, dans la pensée de ses jeunes amis; il suivait la sienne d'un cours obstiné que rien ne pouvait rompre. Mais j'ai remarqué une disposition analogue chez toutes les personnes véritablement supérieures qu'il m'a été donné de fréquenter. Après s'être vêtu pendant une vingtaine d'années, été comme hiver, d'un surtout de toile à matelas, il parut un jour avec une veste à petits carreaux qui n'était pas ridicule. Son humeur était changée comme son costume, mais il s'en fallait de beaucoup que ce changement fût aussi heureux. Le pauvre homme était triste, silencieux, taciturne. Quelques mots, à peine intelligibles, qui lui échappaient, trahissaient l'inquiétude et l'épouvante. Son visage, qui avait toujours été fort rouge, se couvrait de larges plaques violettes. Ses lèvres étaient noires et tombantes. Il refusait toute nourriture. Un jour, il parla du fils qu'il avait perdu. On le trouva, le lendemain matin, pendu dans sa chambre. Le souvenir de ce vieillard m'inspire une véritable sympathie pour les fous qui lui ressemblent. Mais je crois que c'est le petit nombre. Il en est des fous comme des autres hommes : les bons sont rares, et l'on visiterait bien des maisons de santé sans trouver un second vieillard à la toile à matelas ou un autre M. Dick. M. Paul Hervieu n'est pas éloigné de penser, comme Dickens, que les fous sont seuls intéressants. Il nous raconte, dans *l'Inconnu*, une terrible histoire de folie qui finalement se trouve n'être qu'un rêve, mais bien le plus effrayant et le mieux suivi des rêves : le rêve d'un fou. Il n'est tel qu'un fou pour conduire un cauchemar dans la perfection. C'est ce que M. Paul Hervieu a montré avec un rare talent. Cartésien à rebours, il nous a apporté les raisons de la folie. Il a suivi dans ses détraquements successifs la machine à penser, avec l'intérêt qu'un horloger pervers doit porter à l'examen d'une montre extraordinairement mauvaise. Son livre est bien curieux et tout à fait original. Il produit deux effets : il fait peur et donne à réfléchir. La peur, je vous l'épargnerai, non sans motifs. Il me faudrait avoir tout le talent de M. Paul Hervieu et en faire l'usage qu'il en a fait pour vous communiquer le frisson dont il m'a secoué. Quant aux réflexions que son livre inspire, elles sont nombreuses. C'est le moins qu'il m'en échappe une. Il est si agréable de philosopher ! Pendant que j'écris, un acacia balance à ma fenêtre ses branches légères et fleuries, et je me répète à moi-même ce distique d'un poète de l'Anthologie : « Asseyons-nous sous ce bel arbre : il sera doux de converser à son ombre. » Un bel arbre et de calmes pensées, qu'y a-t-il de meilleur au monde ? Mon acacia, que la brise agite doucement, répand jusque sur ma table la neige parfumée de ses fleurs. Sous cette agréable influence, il m'est impossible de me défendre d'une véritable sympathie pour les fous qui ne font pas beaucoup de mal. Quant à n'en pas faire du tout, cela est bien défendu aux hommes, fous ou sensés. Il n'existe aucun moyen de vivre sans nuire. Il ne faut point haïr les fous. Ne sont-ils pas nos semblables ? Qui peut se flatter de n'être fou en rien ? Je viens de chercher dans le *Dictionnaire* de Littré et de Robin la définition de la folie, et je ne l'ai point trouvée ; du moins celle qu'on y lit est-elle à peu près dénuée de sens. Je m'y attendais un peu : car la folie, quand elle n'est caractérisée par aucune lésion anatomique, demeure indéfinissable. Nous disons qu'un homme est fou quand il ne pense pas comme nous. Voilà tout. Philosophiquement, les idées des fous sont aussi légitimes que les nôtres. Ils se représentent le monde extérieur d'après les impressions qu'ils en reçoivent. C'est exactement ce que nous faisons, nous qui passons pour sensés. Le monde se réfléchit en eux d'une autre façon qu'en nous. Nous disons que l'image que nous en recevons est vraie et que celles qu'ils en reçoivent est fausse. En réalité, aucune n'est absolument fausse et aucune n'est abolument vraie. La leur est vraie pour eux ; la nôtre est vraie pour nous. Écoutez cette fable : Un jour, un miroir dont la surface était parfaitement plane rencontra, dans un jardin, un miroir convexe.

— Je vous trouve bien impertinent, lui dit-il, de représenter la nature comme vous faites. Il faut que vous soyez fou pour donner à toutes les figures un gros ventre avec des pieds et des têtes grêles, et changer toutes les lignes droites en lignes courbes.

— C'est vous qui déformez la nature, répondit avec humeur le miroir convexe; votre plate personne s'imagine que les arbres sont tout droits parce qu'elle les fait tels, et que tout est plan hors de vous comme en vous. Les troncs des arbres sont courbes. Voilà la vérité. Vous n'êtes qu'un miroir trompeur.

— Je ne trompe personne, reprit l'autre. C'est vous, compère convexe, qui faites la caricature des hommes et des choses.

La querelle commençait à s'échauffer quand un géomètre passa par là. C'était, dit l'histoire, le grand d'Alembert.

— Mes amis, vous avez raison et tort tous deux, dit-il aux miroirs. Vous réfléchissez tous deux les objets selon les lois de l'optique. Les figures que vous en recevez sont l'une et l'autre d'une exactitude géométrique. Elles sont parfaites toutes deux. Un miroir concave en produirait une troisième fort différente et toute aussi parfaite. Quant à la nature elle-même, nul ne connaît sa figure véritable, et il est même probable qu'elle n'a de figure que dans les miroirs qui la reflètent. Apprenez donc, messieurs les miroirs, à ne pas vous traiter de fous parce que vous ne recevez pas le même reflet des choses.

Voilà, je pense, une belle fable; je la dédie aux médecins aliénistes qui font enfermer les gens dont les passions et les sentiments s'écartent sensiblement des leurs. Ils tiennent pour privés de raison un homme prodigue et une femme amoureuse, comme s'il n'y avait pas autant de raison dans la prodigalité et dans l'amour que dans l'avarice et dans l'égoïsme.

Ils estiment qu'un homme est fou quand il entend ce que les autres n'entendent pas et voit ce que les autres ne voient pas; pourtant Socrate consultait son démon et Jeanne d'Arc entendait des voix. Et d'ailleurs ne sommes-nous pas tous des visionnaires et des hallucinés ? Savons-nous quoi que ce soit du monde extérieur et percevons-nous autre chose dans toute notre vie que les vibrations lumineuses ou sonores de nos nerfs sensitifs ? Il est vrai que nos hallucinations sont constantes et habituelles, d'un ordre général et coutumier. Les perceptions des fous sont rares, exceptionnelles et distinguées. C'est à cela surtout qu'on les reconnaît.

C'est un fou aussi que nous fait connaître, dans le *Horla*, M. Guy de Maupassant, le prince des conteurs. Le pauvre homme est hanté par un vampire qui trouble son sommeil et lui boit son lait sur sa table de nuit. Il en est furieux et désespéré. Ce n'est pas sans raison; car rien n'est plus affreux que de se sentir aux prises avec un ennemi invisible.

Mais dirai-je toute ma pensée ? Pour un fou, cet homme manque un peu de subtilité. A sa place, je laisserais le vampire se gorger de lait tout à loisir et je me dirais : « Voilà qui va bien, à force d'absorber le liquide alcalin, cet animal ne manquera pas de s'assimiler quelques éléments opaques, et il deviendra visible. En attendant, il ne peut demeurer invisible sans rester transparent ; donc, si je ne le vois pas, je verrai du moins dans son corps le lait qu'il aura bu. S'il vous plaît, je ne m'en tiendrais pas au lait : je tâcherais de lui faire avaler de la garance, pour le colorer en rouge des pieds à la tête.

A cela près, et pourvu qu'ils ne boivent ni lait ni eau, les invisibles peuvent fort bien exister. Et pourquoi non, je vous prie ? Qu'y a-t-il d'absurde à supposer leur existence ? C'est l'hypothèse contraire, pour peu que l'on y songe, qui choque la raison. Car ce serait un grand hasard si la vie, dans toutes ses formes, tombait sous nos sens, et si nous étions constitués de manière à embrasser l'échelle entière des êtres. Pour nous apparaître, il faut que la vie se manifeste dans des conditions très particulières de température. Si elle existe dans les milieux gazeux, ce qui, après tout, n'est pas impossible, nous n'en pouvons rien connaître, et ce n'est pas une raison pour la nier. La matière n'a pas, à l'état gazeux, moins d'énergie qu'à l'état solide. Pourquoi les soleils, qui semblent remplir dans l'univers, au centre de chaque système, des fonctions royales et paternelles, seraient-ils le séjour de l'éternel silence ? Pourquoi ne porteraient-ils pas dans leurs vastes flancs la vie et l'intelligence en même temps que la chaleur et la lumière ? Et pourquoi l'atmosphère des planètes, pourquoi l'atmosphère de la terre ne seraient-elles pas également habitées? Ne peut-on imaginer des êtres très légers, tout à fait diaphanes, puisant leur nourriture dans les couches atmosphériques supérieures?

Rien n'empêche qu'il n'existe des enfants de l'air, comme il existe des enfants des eaux et des fils de la terre.

LES FÉLIBRES A LA FÊTE DE SCEAUX

LE CHEVALIER DE FLORIAN

Les félibres de séjour à Paris ont célébré dimanche dernier, selon la coutume, la fête de Florian. Florian, né dans la belle Occitanie, est leur compatriote. Il est vrai qu'il écrivit dans la langue des barbares, dans l'idiome de la Fontaine et de Voltaire ; il est vrai qu'il vécut et mourut sur la terre étrangère. Mais les félibres sont indulgents. Ils sont pleins de joie et d'oubli. Ils ont tout pardonné. Leur piété facile, leur riante sagesse égayent chaque année la tombe du poète. On y chante, on y boit. C'est-à-dire qu'on y accomplit les actes les plus agréables de la religion populaire. Ces félibres entendent admirablement la vie et la mort. Tout leur est fête.

Sans eux, l'auteur de *Galatée* tomberait dans l'oubli, et ce serait dommage. On éprouve à rappeler le souvenir du chevalier de Florian le genre d'agrément que donne la rencontre, dans une boutique de bric-à-brac, d'un vieux pastel très fin, à demi effacé.

« Sur les bords du Gardon, au pied des hautes montagnes des Cévennes, entre la ville d'Anduze et le village de Massane, est un vallon où la nature semble avoir rassemblé tous ses trésors. Là, dans de longues prairies où serpentent les eaux du fleuve, on se promène sous des berceaux de figuiers et d'acacias. L'iris, le genêt fleuri, le narcisse émaillent la terre; le grenadier, l'aubépine exhalent dans l'air des parfums; un cercle de collines parsemées d'arbres touffus ferme de tous côtés la vallée, et des rochers couverts de neige bornent au loin l'horizon. » C'est ainsi que Florian décrit lui-même, dans son *Estelle*, la vallée où fut son berceau. Faisant allusion à ce passage, le bon Sedaine disait au poète en le recevant académicien : « L'hommage que vous rendez aux lieux qui vous ont vu naître est une nouvelle preuve de cette sensibilité qui vous caractérise. »

Fils d'un pauvre chevalier de Saint-Louis, Florian fut élevé dans le château bâti à grands frais par son aïeul. « C'était, a-t-il dit, un gentilhomme qui dissipait tout son bien avec les femmes et les maçons. » Sa mère, Gillette de Salgues, était d'origine castillane. Boissy d'Anglas, ami de la famille, nous apprend « qu'elle avait conservé quelque chose des mœurs et des habitudes particulières au pays où elle était née, et qu'elle l'avait transmis à son fils. ». Il la perdit de bonne heure et fut mis au collège. Il eut beaucoup de maîtres. L'un deux le menait souvent chez une demoiselle de la rue des Prêtres, qui demeurait au cinquième étage et peignait des éventails. « Je remarquai, contait-il lui-même plus tard, qu'il avait presque toujours quelque chose à lui dire en particulier, ce qui les obligeait de passer dans la chambre d'à côté. Un jour, j'eus la curiosité d'aller regarder par le trou de la serrure ; je les vis qui causaient, mais d'une manière qui me rendit rêveur pour plus de huit jours. »

Ce n'est pas des leçons de ce maître qu'il profita le moins. Nous savons de son propre aveu qu'avant dix-sept ans il était « assez heureux pour posséder une maîtresse, un coup d'épée et un ami ». L'ami était un bretteur de la pire espèce qui avait des démêlés avec le guet et causa quelques désagéments au jeune chevalier. Par bonheur, Florian avait aussi un oncle, et cet oncle, ayant épousé une nièce de Voltaire, envoya son neveu à Ferney. Voltaire trouva son petit parent gentil, le caressa et l'appela Floriannet. Il fit mieux encore : il le fit entrer à seize ans comme page chez le duc de Penthièvre. Pour sa bienvenue, le chevalier but avec les autres pages du duc tant de café et de liqueurs, « qu'il en gagna une maladie assez sérieuse ». Ces petits garnements faisaient mille folies. Le bon seigneur n'était pas homme à s'en aviser.

C'était un saint. Dans son innocence, il ne voyait jamais le mal. On raconte qu'un jour, à la foire, un marchand, qui ne le connaissait point, lui montra et fit mouvoir devant lui des figurines obscènes. L'excellent duc crut en toute candeur que c'étaient des jouets d'enfant, et il les acheta pour une petite princesse à laquelle il les remit le lendemain.

Cet homme de bien s'intéressa à Florian et lui donna bientôt une compagnie dans son régiment de dragons. C'était l'usage. « Lindor, dit Marmontel dans un de ses *Contes moraux*, venait d'obtenir une compagnie de cavalerie au sortir des pages. » Devenu ensuite gentilhomme ordinaire du duc de Penthièvre, Florian célébra la bienfaisance inépuisable de cet excellent maître.

> Avec lui la bonté, la douce bienfaisance
> Dans le palais d'Anet habitent en silence.
> Les vains plaisirs ont fui, mais non pas le bonheur.
> Bourbon n'invite point les folâtres bergères
>   A s'assembler sous les ormeaux;
> Il ne se mêle point à leurs danses légères,
>   Mais il leur donne des troupeaux.

C'est auprès du duc, dans les châteaux d'Anet et de Sceaux, que Florian composa ces bergeries où l'on ne voit pas de loups, ces jolies comédies italiennes dans lesquelles Arlequin lui-même est sensible et ces romans poétiques dont on disait alors avec une politesse exquise : « Ils sont dédiés à Fénelon, et l'offrande n'a point déparé l'autel ». A la veille de la Révolution, le jeune chevalier faisait danser ses bergères. *Galatée* parut en 1783, *Numa Pompilius* en 1786, *Estelle* en 1788. Sans inspirer l'enthousiasme, ces ouvrages furent bien reçus. Encore que les gens de goût en sentissent la faiblesse, les pastorales devinrent à la mode. Les dessinateurs, et particulièrement Queverdo y mirent de galants frontispices où l'on voyait des pastourelles avec des fleurs à leur chapeau, des rubans à leur houlette et le nom d'Estelle gravé sur l'écorce des chênes. Laharpe, bien qu'ami de l'auteur, maltraita *Gonzalve de Cordoue*. Mais il avait loué *Galatée*. On dit qu'un jour Rivarol, rencontrant Florian qui marchait devant lui, un manuscrit à demi sorti de sa poche, s'écria : « Ah ! monsieur, comme on vous volerait si on ne vous connaissait pas. » Mais ce n'est là qu'un joli mot. Nous savons, par le témoignage d'un contemporain, qu'*Estelle* rapporta à Florian beaucoup plus que *l'Émile et la Nouvelle Héloïse* n'avaient rapporté à Jean-Jacques.

Quoi qu'il en semble aujourd'hui, Florian avait le génie de l'à-propos. Il se fit berger au temps où toutes les belles dames étaient bergères. Il parla nature et sentiment à une société qui ne voulait entendre que sentiment et nature. Son *Numa Pompilius*, publié trois ans avant la réunion des états généraux, n'est qu'une longue allusion aux vœux politiques de la France. Ce roi inspiré par la sagesse, ce prince, disciple de Zoroastre, élevé par le choix des peuples à l'auguste et suprême magistrature, ce Numa qui fait des noms de père et de roi deux parfaits synonymes, n'était-ce point l'image du monarque constitutionnel, du prince philosophe qu'attendait la nation ? N'était-ce point l'emblème des espérances que Louis XVI donnait alors à son peuple idolâtre ?

On voyait tout en rose. La philosophie nous gouvernera, disait-on. Et quels bienfaits la raison ne répandra-t-elle pas sur les hommes soumis à son tout-puissant empire ? L'âge d'or imaginé par les poètes deviendra une réalité. Tous les maux disparaîtront avec le fanatisme et la tyrannie qui les ont enfantés. L'homme vertueux et éclairé jouira d'une félicité sans trouble. On rêvait les mœurs de Galatée et la police de Numa.

Le chevalier de Florian montrait patte blanche. Néanmoins il entrait comme un jeune loup dans le bercail des théâtres à la mode. On trouve dans ses poésies fugitives les vers que voici :

A MADAME G...

Après l'avoir vue jouer *la Mère confidente*
Que j'aime à t'écouter, quand d'un accent si tendre
Tu dis que la vertu fait seule le bonheur !
    Ton secret pour te faire entendre,
    C'est de laisser parler ton cœur.
Mais, en blâmant l'amour, ta voix trop séduisante
Vers l'amour, malgré moi, m'entraîne à chaque instant ;
Et depuis que j'ai vu *la Mère confidente*
    J'ai grand besoin d'un confident.

Cette madame G... n'est autre que Rose Gontier, qui n'avait pas sa pareille pour faire passer le spectateur du sourire aux larmes. Elle était de huit ans plus âgée que le chevalier. Il l'aima, mais elle l'aima bien davantage. Il ne nous reste de ces amours qu'un seul et tardif témoignage. Longtemps, longtemps après la mort de Florian, Rose Gontier, devenue la bonne mère Gontier, amusait ses nouvelles camarades comme une figure d'un autre âge. Fort dévote, elle n'entrait jamais en scène sans faire deux ou trois fois dans la coulisse le signe de la croix. Toutes les jeunes actrices se donnaient le plaisir de lutiner celle qui jouait si au naturel *Ma tante Aurore*; elles l'entouraient au foyer et lui refaisaient bien souvent la même question malicieuse :

— Mais est-ce bien possible, grand'maman Gontier, est-il bien vrai que M. de Florian vous battait ?

Et, pour toute réponse et explication, toute retenue qu'elle était, la bonne maman Gontier leur disait dans sa langue du dix-huitième siècle :

— C'est, voyez-vous, mes enfants, que celui-là ne payait pas [1].

Il est piquant de savoir qu'Estelle était battue par Némorin. La Révolution contraria vivement le chevalier de Florian, qui l'avait comprise d'une tout autre manière. Dès les premiers troubles, il se réfugia à Sceaux, où il vécut très retiré. Il écrivit le 17 février 1792 à Boissy d'Anglas :

« Je passe doucement ma vie au coin de mon feu,

---

[1]. Sainte-Beuve, sur madame Desbordes-Valmore.

lisant Voltaire et fuyant des sociétés qui sont devenues des arènes affreuses où tout le monde hait la raison, où les vertus ne sont même plus louées, où l'humanité, la première des vertus, et la modération, la première des qualités, sont méprisées par tous les partis. Je me trouve fort bien de ma solitude, et, si j'y recevais souvent de vos nouvelles, je l'aimerais encore plus. »

Florian s'était montré très empressé, vers ce temps-là, auprès de la troisième fille de M. Le Sénéchal, administrateur des domaines. Elle n'avait pas été insensible aux attentions d'un homme plus âgé qu'elle de quatorze ans, mais agréable et célèbre. Sans être fiancés l'un à l'autre, ils avaient échangé des engagements sur la foi desquels Sophie (c'est le nom de cette jeune fille) se reposait avec confiance. Nous possédons un portrait littéraire de Sophie à dix-neuf ans. Il n'est pas inutile de dire, avant de mettre ce portrait sous les yeux du lecteur, qu'il est de la main d'un rival malheureux du chevalier. « A la régularité de ses traits, si l'on en croit ce témoin, Sophie joignait une physionomie animée. C'était une beauté grecque ou une beauté française, suivant qu'il lui convenait; seulement il lui manquait l'éclat du teint. La fierté semblait d'abord le premier caractère de sa figure, mais les impressions de la pitié y jetaient comme un rayon céleste. Dès qu'elle entendait raconter une belle action, ses yeux lançaient une noble flamme. Elle aimait avec un goût trop vif les traits saillants de l'esprit. »

Et le portraitiste amoureux ajoute ingénument:
« C'est ce qui faisait ma désolation, car je ne pouvais
soutenir avec elle ce genre de lutte. » Puis il met les
derniers traits au tableau : « Une extrême activité compromettait sa santé, qui déjà donnait quelques signes
inquiétants. La musique, la peinture, la traduction
de quelques romans anglais, auxquel elle ajoutait parfois des scènes très vivement frappées, remplissaient
alors des journées qu'il fallait disputer aux chagrins
les plus poignants. » Vive, spirituelle, mélancolique
et lettrée, Sophie Le Sénéchal était tout à fait à la
mode et au goût du temps. Son père occupait une de
ces fonctions civiles que la riche bourgeoisie se partageait : car les offices de judicature et de finance à tous
les degrés appartenaient alors au tiers état. M. Le
Sénéchal avait établi ses deux filles aînées dans la
noblesse ; la première était marquise de Chérisey, la
cadette marquise d'Audiffret. C'était par lui-même un
homme insignifiant. Mais sa femme avait quelque prétention au bel esprit et tenait un salon ouvert aux
gens de lettres. Cette famille, naguère opulente, était
à peu près ruinée par la Révolution. Les biens de
l'administrateur des domaines, tenus sous séquestre,
s'y dévoraient sûrement. Après le 10 Août, M. Le
Sénéchal juga prudent de quitter Paris, où il était
soupçonné de modérantisme. Il se retira à Rouen avec
sa famille. C'est là qu'il connut Charles Lacretelle,
dit Lacretelle jeune, âgé alors de vingt-six ans. Celui-ci ne fréquenta pas longtemps la maison Le Sénéchal

sans devenir amoureux de la jeune Sophie. Il lui cacha cet amour avec d'autant plus de facilité qu'elle ne le partageait pas. Elle lui disait : « Mon frère, » et il ne tarda pas à sentir toute l'amertume de ce nom dont il avait d'abord goûté la douceur. Comme c'était un fort honnête jeune homme, il informa de ses vues et de ses sentiments la mère de la belle Sophie. La réponse qu'il obtint ne pouvait être favorable. La voici, telle qu'il nous l'a transmise :

« C'est au frère aîné de Sophie que je vais faire une confidence qui mourra dans son sein et que je crois nécessaire à votre repos. — Ne vous abusez pas ; renoncez à tout espoir. Ma fille est aimée du chevalier de Florian et ne paraît pas insensible à cet hommage ; je souhaiterais pourtant qu'elle en perdît le souvenir : car j'ai vu l'amour du chevalier décliner à mesure que notre fortune lui a paru baisser, et chaque jour de la Révolution en compromet les restes. N'imaginez pas que ce soit l'homme de ses bergeries ; il a trop de probité pour être un séducteur ; mais il a trop de prudence et de calcul pour être un Némorin. »

Il ne paraît pas que le rival qui entendit ces paroles les ait le moins du monde adoucies. Telles qu'il les rapporte, elles sont vraiment trop dures. Si le chevalier ne s'empressait pas d'épouser Mlle Le Sénéchal, il était facile de supposer à ses retards d'autres raisons que celle de la cupidité déçue. Suspect lui-même et sans cesse inquiété dans sa retraite de Sceaux, il pouvait raisonnablement juger qu'à la veille de la proscription ce n'était pas le temps d'unir sa destinée à celle d'une jeune fille notée elle-même d'incivisme. C'eût été là une généreuse folie, et M. de Florian n'était capable de folies d'aucune sorte. Il professait volontiers avec Parny que :

> Une indifférence paisible
> Est la plus sage des vertus.

Il était trop prudent pour n'être pas un peu égoïste et il estimait, lui aussi, que, dans une pareille époque, c'est assez de vivre, sans rien de plus. Madame Le Sénéchal, qui ne se faisait pas d'illusions sur son caractère, loin de là, ne tarda pas à acquérir une nouvelle preuve des dispositions paisibles du chevalier. Fixée à Montrouge avec sa famille dans les derniers mois de 1792, cette dame donna asile au marquis d'Audiffret, son gendre, qui était porté sur une liste d'émigrés. Il fut dénoncé par des patriotes de Montrouge et aussitôt arrêté. Madame Le Sénéchal pria Florian d'attester que M. d'Audiffret n'avait pas quitté le territoire de la République. C'était la vérité, mais il y avait péril à porter ce témoignage. D'Audiffret n'était point un émigré, mais c'était un ci-devant. Son beau-frère, le marquis de Chérisey, avait émigré. D'Audiffret était deux fois suspect. Florian, ci-devant lui-même, ne pouvait se montrer sans danger. Il s'excusa. Son jeune rival, trop heureux de saisir une occasion qu'on lui laissait, s'offrit pour témoin. Il courait les plus grands risques en faisant cette démarche : car sa collaboration au *Journal de Paris*, avec André Chénier, pouvait n'être pas oubliée. Pourtant il n'hésita pas, se présenta devant la municipalité et obtint la liberté du beau-frère de Sophie. Est-il besion de dire qu'il n'en fut pas aimé davantage? Heureux encore si on lui pardonna d'avoir laissé voir une grandeur d'âme que l'homme aimé n'avait point montrée! C'est là un grief qu'une femme qui aime ne supporte pas volontiers.

Le chevalier faisait visite assez souvent à madame Le Sénéchal à Montrouge. Il avait perdu sa gaieté et ne montrait plus à Sophie ni amour ni galanterie. « Un soir, dit Lacretelle, il entra brusquement au moment où nous improvisions, vaille que vaille, une comédie-proverbe tirée de *Gil Blas*, où le général Baraguay d'Hilliers, à la grande et noble stature, représentait le capitaine Roland, moi Gil Blas, et la jolie madame d'Audiffret la vieille Hébé, qui servait à boire aux voleurs. Je ne vis jamais une figure plus sombre, plus indignée que celle de Florian. C'était un prophète aux cheveux hérissés. Il venait de lire une séance des Jacobins, pleine d'atroces propositions qui ne devaient être que trop tôt converties en décrets, et pour lui il les lisait comme autant de décrets déjà rendus. Il semblait se plaire, pour nous punir de notre gaieté, à nous pétrifier de terreur. Peu s'en fallut qu'il ne nous annonçât notre mort à nous tous. L'avis eût été bon s'il y avait eu des moyens de fuir. C'est ce que fit observer avec douceur madame Le Sénéchal. Après son départ, nous voulûmes reprendre la pièce commencée, mais nous n'y pûmes parvenir. »

Certes le chevalier avait tort de n'être point gai. Je tiens d'une personne fort spirituelle et fort sensée que la gaieté est la forme la plus aimable du courage. Mais il faut reconnaître que les inquiétudes du ci-devant chevalier étaient fondées. Bientôt, cet homme inoffensif, victime d'une odieuse et folle suspicion, fut mis en état d'arrestation et conduit à la Bourbe. On appelait vulgairement ainsi l'ancien couvent de Port-Royal de Paris, devenu une prison sous le nom de Port-Libre. C'était une demeure habitable encore, malgré l'encombrement, et dont le régime était moins dur que celui des autres maisons d'arrêt.

La compagnie y était excellente. Le soir, les femmes, parées avec grand soin, se réunissaient aux hommes dans la salle commune, qu'elles transformaient en un salon élégant. Le poète Vigée et le citoyen Coittant y disaient des vers. Le baron de Wirbach y donnait des concerts, et l'on affirme que ce baron de Wirbach était la première viole d'amour de son siècle. Un acacia, planté dans une des cours, abritait, dit-on, les plus douces confidences. Un poète reconnaissant le célébra dans un ode qui se termine par ce vers :

Sous son ombrage on fut heureux.

On lit dans le journal d'un des détenus de la Bourbe, à la date du 27 messidor an II (15 juilet 1794) : « On nous a amené ce matin un homme bien estimable, le chevalier de Florian, auteur de *Numa*, d'*Estelle*, etc. » Trois jours après, les détenus se réunirent, le soir, pour entendre un des leurs chanter une chanson du nouveau venu, dont ils s'honoraient d'être les compagnons d'infortune. Il ne paraît pas que Florian se soit associé à ces pâles fêtes de la captivité. On ne dit pas qu'il s'entretint avec les femmes galamment vêtues ni qu'il s'assit, la nuit, sous l'acacia. D'ailleurs, sa détention fut de courte durée. Il sortit de la Bourbe peu de jours après le 9 Thermidor. De retour dans sa chère retraite de Sceaux, il ne put retrouver en lui-même la paix qui l'environnait. La fièvre le consumait. A chaque coup frappé à sa porte, son imagination troublée lui figurait des patriotes armés de piques venus pour l'arrêter. Il languit ainsi quelques semaines et mourut le 29 fructidor an II (15 septembre 1794), à l'âge de trente-huit ans. Peu de mois après, mademoiselle Sophie Le Sénéchal se maria avec un homme obscur et riche, et, quatre ans plus tard, Rose Gontier épousa son camarade Allaire

Tel est le véritable Florian. Il battait sa maîtresse, et il n'épousa pas mademoiselle Sophie. Mais l'ombre d'Estelle sourit encore sur sa tombe dans le cimetière du village où il repose.

A PROPOS DE L'INAUGURATION

DE LA

STATUE D'ARMAND CARREL A ROUEN

Il y a différentes manières, pour un homme de parti, d'inspirer du respect à ses adversaires. On y parvient le plus sûrement par une longue, immuable et majestueuse incapacité. Mais il n'est pas toujours impossible d'en venir à bout par la force du talent unie à la grandeur du caractère. Carrel en est un exemple. Ses ennemis politiques, bien qu'il leur fût redoutable, s'inclinaient devant la noblesse de son âme. Carrel avait été sous-lieutenant avant de devenir journaliste. Il porta dans la vie politique les brillantes vertus des armes. Quelques traits suffiront à peindre sa fierté.

Fils d'un marchand de toile de la ville de Rouen,

Armand Carrel était, en 1820, un des plus intelligents et des plus capricieux élèves de Saint-Cyr. Sa fougue et son élégance annonçaient un bon officier. Mais il était peu docile ; il étalait, en outre, avec une généreuse imprudence, son admiration pour les soldats de la République et de l'Empire. Le commandant de l'École était alors le général comte d'Albignac de Castelnau, brave militaire qui, oubliant ses services honorables dans la Grande-Armée, se souvenait seulement d'avoir émigré en 1791. Il affectait de regarder le libéralisme comme une bassesse indigne d'un officier.

— Pensant comme vous faites, dit-il un jour au jeune ami des brigands de la Loire, vous feriez mieux de tenir l'aune dans le comptoir de votre père.

Carrel lui répondit :

— Mon général, si jamais je reprends l'aune de mon père, ce ne sera pas pour mesurer de la toile.

Trois ans plus tard, Carrel se battait en Espagne, contre l'armée de la Foi, dans la légion libérale étrangère, composée de Français et d'Italiens. Dans un engagement, le colonel commandant la légion, un Italien, crut voir que les Français commençaient à plier. Il se jeta au galop de leur côté et s'écria :

— Français, vous fuyez !...

Alors Carrel, s'élançant au-devant de son chef, lui dit d'une voix forte :

— Vous en avez menti !

L'année suivante, traduit devant un conseil de

guerre français, il opposait à l'accusation le témoignage de son honneur.

— Dans votre position, lui dit le président, vous ne pouvez invoquer l'honneur.

En entendant ces mots, Carrel saisit sa chaise, et il allait la lancer à la tête du président lorsqu'il fut entraîné hors de la salle par les soldats qui le gardaient.

Voilà l'homme peint en troits traits. La fierté fut le ressort de son âme. Aussi n'est-il pas surprenant que, dès l'adolescence, il se soit senti du goût pour les armes. Ce n'est pas à dire qu'il eût la vocation militaire. Les vertus qui lui manquaient pour faire un soldat exemplaire ne sont pas, peut-être, les plus éclatantes; ce ne sont pas assurément les moins nécessaires. Il ne savait pas obéir. L'esprit de sacrifice lui fit toujours défaut. Il ne soupçonna jamais ce sublime amour du renoncement qui fait les bons prêtres et les bons soldats. Aussi verrons-nous qu'il resta peu de temps au service et fut loin de s'y conduire d'une manière irréprochable.

Il fut nommé sous-lieutenant l'année de la mort de Napoléon. C'était un douloureux moment pour entrer dans l'armée. Il est vrai que la loi Gouvion Saint-Cyr, votée en 1818, malgré l'opposition des royalistes *ultra*, retirait l'avancement au bon plaisir du roi pour le soumettre à des règles fixes. Il est vrai que beaucoup d'officiers de l'Empire étaient rentrés dans les cadres. Mais le commandement s'exerçait encore bien souvent dans un esprit de haine et de rancune. Les vieux soldats, punis de leur gloire, obéissaient en frémissant à des fils d'émigrés. Ils entendaient crier le sang des héros dont ils avaient été les compagnons et qu'on avait indignement mis à mort : Ney, les deux frères Fauchet, Labédoyère, Mouton-Duvernet, Charton, sans compter le brave colonel Boyer de Peyreleau, condamné à la peine capitale pour avoir défendu la Guadeloupe contre les Anglais, sous le drapeau tricolore. Cette armée, justement irritée, désespérée, pleine de regrets aussi grands que ses souvenirs et haïssant ses drapeaux neufs, était travaillée par les nombreuses sociétés secrètes que les libéraux organisaient autour d'elle. La *charbonnerie*, née sur la terre classique des complots, dans les cabanes des Abruzzes, établissait dans toute la France ces réunions mystérieuses qu'elle nommait des ventes, parce qu'à l'origine les conjurés se donnaient pour des charbonniers vendant leur charbon. Ceux-ci et les « chevaliers de la Liberté », qui leur étaient affiliés, tramaient sans relâche des complots militaires, débauchant des officiers et des sous-officiers auxquels ils faisaient courir plus de dangers qu'ils n'en couraient eux-mêmes.

Carrel était alors sous-lieutenant au 29º de ligne, qui tenait garnison dans Belfort et Neuf-Brisach. Très jeune, très ardent, amoureux du péril autant que de la liberté, il entra dans un complot qui avait pour but de soulever les garnisons de l'Est et de proclamer un gouvernement provisoire. Une nuit, il quitta secrètement sa compagnie, qui était à Neuf-Brisach, et accompagna un des carbonari à Belfort où devait éclater le mouvement. Mais, quand il arriva dans cette ville, les trames étaient découvertes, les complices arrêtés ou en fuite. Il reprit à franc étrier la route de Neuf-Brisach, où il arriva de bon matin, avant l'exercice. Un de ses biographes, ayant raconté ses faits, ajoute : « Lorsqu'on fit une instruction pour rechercher les complices des officiers de Belfort et surtout pour savoir quel était celui qui s'était rendu de Neuf-Brisach dans cette ville, on ne put rien découvrir, et les soupçons se portèrent sur tout autre que Carrel ; car ses manières légères et insouciantes l'avaient fait regarder par ses chefs comme tout à fait en dehors des menées. » Cette conséquence de son action dut être particulièrement pénible à ce jeune homme loyal, toujours prêt à réclamer le prix de ses actes, ce prix fût-il la mort. D'ailleurs, la conspiration de Belfort eut des suites plus lamentables. Les sous-officiers du 45e de ligne, gagnés par les carbonari, conspiraient encore. Les quatre sergents de la Rochelle payèrent de leur tête pour tout le monde : car tout le monde était plus ou moins dans l'affaire, même La Fayette, même M. Laffitte. On voudrait croire qu'un tel exemple fit une impression profonde sur l'esprit de Carrel et que cet homme de cœur détesta dès lors ces conjurations militaires dont l'issue la plus probable est la perte de quelques malheureux. Mais il faut reconnaître que Carrel n'eut jamais un sens juste des devoirs du soldat. Son impatience, son orgueil et plus encore le malheur des temps firent de lui un mauvais officier. Il ne cessa jamais de conspirer. En garnison à Marseille, il envoya à un journal de cette ville des attaques anonymes contre son colonel. Il écrivit aussi aux Cortès espagnoles une lettre politique qui fut saisie. C'est là une conduite qu'il est impossible d'approuver, à quelque parti qu'on appartienne : car elle offense grièvement l'esprit militaire et la discipline de l'armée. En 1823, quand le gouvernement prépara la campagne d'Espagne, Carrel fut laissé à Aix au dépôt de son régiment. Donnant dans cette ville de nouveaux sujets de plainte, il reçut l'ordre de garder les arrêts forcés. Cette disgrâce lui fut amère. On ne saurait nier qu'il ne l'eût bien méritée. J'ai sous les yeux une lettre qu'il écrivit alors au général baron de Damas, qui commandait la 10e division militaire. Bien qu'elle soit un peu longue, je la donne tout entière, moins encore parce qu'elle est absolument inédite que parce qu'elle me semble très intéressante et surtout très instructive.

Mon général,

J'ai reçu, à Aix, l'ordre de garder les arrêts forcés en attendant une décision du ministre provoquée contre moi par M. le colonel Lachau.

Je suis accusé par lui d'avoir cherché à exciter des troubles dans la compagnie dont je faisais partie. J'ignore ce qu'il a pu imaginer pour donner un caractère probable à cette accusation ; j'ose donc réclamer de vos bontés une enquête prompte et sévère depuis le 10 courant, jour auquel mon ordre de départ pour Aix m'a été remis, jusqu'au 13 courant, mon départ pour cette destination. Le seul exposé des relations qui ont exsité entre moi et la 5ᵉ compagnie du 1ᵉʳ bataillon, pendant ces trois jours prouvera l'atrocité d'une calomnie dont le but paraît être de me faire passer devant un conseil de guerre sous le poids d'une odieuse prévention.

Les officiers de ma compagnie et l'adjudant-major de mon bataillon attesteront que je n'ai point paru au quartier depuis l'appel du 10 au soir, où j'assistais comme officier de semaine, et un billet que j'ai écrit aux sous-officiers de la 5ᵉ compagnie suffira pour me laver des provocations au désordre que l'on m'attribue. L'enquête que je demande ne saurait manquer de m'être favorable; j'en attendrai le résultat pour donner ma démission, fondée sur la double injustice dont je crois avoir à me plaindre. Je ne crois pas, en effet, que rien puisse motiver mon renvoi au dépôt : à peine sorti de l'École militaire, bien portant, aussi capable de servir que qui que ce soit, fermement décidé à faire mon devoir, il n'appartient pas à de vaines opinions de me fermer une carrière qu'on nous montre comme celle de l'honneur, à moins que des mots à peine définis ne soient des garantis de dévouement pour les uns et des titres d'exclusion pour les autres. Mécontent avec de tels motifs de l'être, j'ai pu le témoigner devant des camarades ou des étrangers. La chaleur naturelle à un jeune homme, l'aigreur qui naît du sentiment d'une injustice ont pu donner à mes plaintes un caractère violent, mais il y a loin de là aux tentatives criminelles qu'une vengeance particulière a pu seule inventer pour me perdre, et jamais soldat ni sous-officier n'a entendu de moi les expressions ignobles dont je saurai me laver dans l'enquête que je demande. Je prouverai là, par des récriminations qui me sont faciles, que le mal existant aujourd'hui dans le 29ᵉ n'est venu ni de moi, ni des officiers dont je partage la disgrâce, et que celui qui, contre les intentions encore inconnues du ministre et les assurances consolantes que vous-même, mon général, avez bien voulu nous donner, à peint à nos anciens camarades et subordonnés les officiers mis au dépôt comme des artisans de trouble et des ennemis du gouvernement, est le seul capable d'indisposer le régiment, si le dévouement à la monarchie, l'esprit de subordination dont il a donné de si belles preuves avant lui pouvaient cesser d'être inébranlables. C'est le colonel Lachau qui a créé parmi nous des coteries secrètes, des partis qui n'existaient point, et y a distribué, classé les individus selon son caprice. Nous ne connaissions avant lui ni haine, ni défiance, ni espionnage. Il n'y avait point de nuances d'opinion pour des hommes qui servaient également bien. Le colonel s'est séparé de nous. Ses harangues scandaleuses ne nous ont jamais témoigné que des soupçons et de l'animosité. Il a souffert qu'on chantât en sa présence des couplets aussi injurieux pour son corps d'officiers que bassement adulateurs pour lui. J'en ai trop dit peut-être, mon général, mais, si les voix de tous ceux que le colonel force au silence par la terreur pouvaient s'élever avec la mienne, vous verriez jusqu'à quel point il a abusé de l'affreux principe : diviser pour régner.

— J'espère qu'avant la décision du ministre vous aurez la bonté de faire droit à ma demande. Je suis prêt à quitter le service, mais je tiens à confondre d'abord mes accusateurs. Il importe peut-être à la sage modération avec laquelle vous avez toujours commandé qu'aucun des officiers qui ont eu l'honneur de servir sous vos ordres ne soit victimes de perfidies qu'une injustice éclairée peut dévoiler. Dans cette confiance, j'ose vous exprimer mes regrets de ne point être appelé à combattre dans les rangs de mes camarades et vous prier de croire aux sentiments avec lesquels j'ai l'honneur d'être,

Mon général,

Votre très respectueux et très soumis,

CARREL,

Officier attaché au dépôt du 29ᵉ de ligne, à Aix.

Il faut le reconnaître, un tel langage n'est pas digne de Carrel. On souffre d'entendre cet officier porter par la voie hiérarchique des plaintes contre un chef qu'il avait d'abord secrètement vilipendé dans les journaux. On veut croire que le chef qu'il accuse a beaucoup de torts. Il est impossible de croire qu'il les ait tous. On a beau se reporter aux temps qui étaient cruels, on ne peut qu'excuser Carrel sans l'absoudre. Il ne lui sied pas de se porter garant du dévouement du régiment à la monarchie. Sa situation était fausse, si son caractère était franc ; et son langage se ressent de sa situation plus que de son caractère. Pour rester égal à lui-même, il devait ne point crier à l'injustice et ne point se plaindre après avoir trahi.

Comment ne sentait-il pas dans sa conscience qu'après Neuf-Brisach et Belfort il y avait incompatibilité entre l'armée de la Restauration et lui, et que la seule chose séante qui lui restât à faire était de se démettre en silence ?

Hâtons-nous de dire qu'il se démit en effet quelques jours après et que, devenu libre, il se jeta dans une aventure héroïque et malheureuse, que le patriotisme condamne, mais où il put cependant montrer tout entière l'inébranlable fermeté de son cœur.

En effet, pendant que ses anciens compagnons d'armes se massaient sur la frontière d'Espagne pour faire une guerre que réprouvent nos instincts libéraux et nos sentiments du droit des peuples, mais qui du moins n'était point impolitique; car elle fortifia le gouvernement des Bourbons en rattachant l'armée au drapeau blanc, pendant que le duc d'Angoulême se préparait à franchir la Bidassoa à la tête de quatre-vingt mille hommes, Armand Carrel se jetait dans un bateau pêcheur qui le débarquait à Barcelone et de là se portait au cœur de la Catalogne pour s'engager comme sous-lieutenant au régiment des volontaires français, dit régiment Napoléon II, et combattre dans l'uniforme de la vieille garde, avec la cocarde tricolore, sous l'aigle impériale, pour les Cortès, contre cette armée de la Foi et ces mêmes soldats de Ferdinand VII que venaient soutenir les baïonnettes françaises, au-dessus desquelles flottaient les fleurs de lis.

Il y montra le plus ardent courage. Mais, hélas! ce fut contre des Français. Son régiment décimé dut se fondre avec la légion italienne. Après deux jours de combats, où le corps dont il faisait partie perdit les deux tiers de son effectif, il se rendit avec ses camarades au général de Damas, qui leur laissa leurs épées et les insignes distinctifs de leur uniforme. Le gouvernement français ne crut pas devoir ratifier cette capitulation, et Carrel, condamné à mort par deux conseils de guerre, fut définitivement acquitté par un troisième. Je n'entrerai pas dans le détail de ces procédures. Je ne raconte pas la vie de Carrel, j'essaye de marquer seulement quelques traits de la physionomie de cet homme extraordinaire. C'est un fait digne de réflexion que Carrel put, en 1823, combattre contre des Français sans manquer à l'honneur. Plus d'un des généraux de l'armée royale qu'il avait combattue s'étaient trouvés dans l'armée des Princes en face des soldats de la République. L'inspirateur de la guerre d'Espagne, le ministre qui l'avait rendue inévitable, Chateaubriand, n'avait-il pas servi sous Condé contre la France? Et pourtant Chateaubriand était un homme d'honneur. On peut dire, il est vrai, que Chateaubriand, homme de l'ancien régime, mit son honneur à combattre pour son roi, tandis qu'Armand Carrel appartenait par son origine et par ses sentiments à la France démocratique, et qu'il était sans excuse, ne pouvant avoir d'autre religion que celle de la patrie. Mais il faut considérer que le devoir est difficile dans les époques troublées. Les contemporains de Carrel l'ont absous. Leur jugement est rendu. Nous n'avons point qualité pour le reviser. Réjouissons-nous seulement des progrès du sentiment patriotique, qui interdirait absolument aujourd'hui à tout homme d'honneur la conduite que Carrel put croire permise.

Lui-même, ayant occasion de rappeler, en 1823, comme témoin, devant la cour d'assises d'Eure-et-Loir, son passage en Espagne, il le fit dans des termes qui trahissaient un noble repentir. « Vous savez, messieurs les jurés, dit-il, que le drapeau tricolore a eu aussi son émigration, et que les émigrations ne sont pas heureuses. » Il n'y a rien à ajouter à cette parole.

D'ailleurs, Carrel se trompa plus d'une fois. Mais il fut souvent héroïque, toujours désintéressé. Et cette tournure d'esprit donne à quelques-unes de ses erreurs mêmes un caractère superbe. Il ne considéra jamais son propre intérêt. Il avait un magnifique dédain de ce que le vulgaire estime de plus. « Il lui est arrivé une fois, dit son biographe, en jetant au feu des papiers indifférents, d'y jeter en même temps un billet de banque qui lui faisait grand besoin. » Carrel fut plus à l'aise dans la vie civile qu'il ne l'avait été dans la vie militaire. Il devint en peu d'années un grand journaliste. Par la force de son caractère plus encore que par celle de son talent, il conquit d'emblée l'opinion. Pourtant il faut estimer très haut les articles qu'il donna au *Producteur*, au *Constitutionnel*, à la *Revue française*, à la *Revue américaine*, à la *Revue de Paris* et ceux qu'il publia en si grand nombre dans *le National*, dont il était l'âme. Carrel fut un très grand journaliste. Il pensait vite et juste ; il s'exprimait avec une pureté et une fermeté classiques. Ceux qui savent encore ce que c'est que d'écrire admirent la robuste nudité de son style.

Un si beau talent ne s'était pas formé sans étude. Carrel avait beaucoup lu et beaucoup réfléchi. Il avait mis dans le bateau de pêche qui l'avait porté en Espagne une trentaine de volumes choisis qu'il lisait au bivouac, entre deux alertes, imitant ainsi les grands capitaines, auxquels il ressemblait par la promptitude et l'audace de l'intelligence autant que par la fermeté du cœur. Aussi montra-t-il, jeune encore, un esprit bien armé. Il avait gardé de son premier état un vif amour des choses militaires, et, bien qu'il ait traité avec talent d'innombrables sujets de politique, d'économie sociale et de littérature, ses plus belles pages sont inspirées par l'art de la guerre. L'article, entre autres, qu'il consacra en 1832 aux *Mémoires de Gouvion Saint-Cyr* est un mâle chef-d'œuvre qui devrait être étudié et commenté dans nos écoles militaires. Il commence par ces mots : « On persuaderait difficilement aux hommes, et surtout aux hommes de notre temps, qui ont vu beaucoup de militaires, que l'art de la guerre est celui de tous peut-être qui donne le plus d'exercice à l'esprit. Cela est pourtant vrai, et ce qui fait cet art si grand, c'est qu'il exige le caractère autant que l'esprit, et qu'il met en action et en évidence l'homme tout entier. » J'éprouve un véritable malaise à ne pouvoir tout citer.

Derrière l'écrivain on sentait l'homme. Carrel répondit toujours de ce qu'il écrivait. Sa polémique ardente le conduisit trois fois sur le terrain. Il mettait un soin extrême à arranger à l'amiable les affaires d'honneur de ses amis; mais il avait moins de patience quand il s'agissait des siennes. Tous les détails du duel qui eut pour lui une issue funeste ont été relatés minutieusement; j'en veux rappeler quelques-uns qui sont des traits de caractère. Arrivé sur le terrain, il s'avança vers M. Emile de Girardin, son adversaire, et lui di :

— Monsieur, vous m'avez menacé d'une biographie. La chance des armes peut tourner contre moi; cette biographie, vous la ferez alors, monsieur; mais, dans ma vie privée et dans ma vie politique, si vous la faites loyalement, vous ne trouverez rien qui ne soit honorable, n'est-ce pas, monsieur?

— Oui, monsieur, répondit M. de Girardin.

Carrel tira le premier. M. de Girardin s'écria :

— Je suis touché à la cuisse, et fit feu.

— Et moi à l'aine, dit Carrel après avoir essuyé le feu de son adversaire.

Il eut encore la force d'aller s'asseoir sur un talus au bord de l'allée, où ses témoins et son médecin lui donnèrent les premiers soins. Puis ils le prirent dans leurs bras pour le porter dans une maison voisine. En passant auprès de M. Girardin, il voulut s'arrêter.

— Souffrez-vous, monsieur de Girardin? demanda-t-il.

Il mourut après quarante-cinq heures de souffrances, à l'âge de trente-six ans, le 24 juillet 1836. Il avait donné dans sa vie trop courte, malgré de graves fautes, l'exemple d'une volonté ferme, d'un mâle courage et d'une intelligence généreuse. Les âmes ainsi trempées étaient rares de son temps ; peut-être sont-elles encore plus rares aujourd'hui. Il est croyable pourtant que notre époque vaut mieux que la sienne et qu'il est meilleur d'y vivre. Elle est moins violente et moins troublée. Le sentiment national s'est affermi. Bien des abîmes, jadis béants, sont comblés. Bien des réconciliations sont faites. D'autres se feront insensiblement. Nous avons la vie plus facile et des devoirs mieux tracés. Dans la régularité présente, les médiocres eux-mêmes savent se garder contre les erreurs dans lesquelles les meilleurs étaient autrefois entraînés.

LOUIS DE RONCHAUD

SOUVENIRS

J'apprends en ce moment avec une vive douleur que M. de Ronchaud vient de mourir à Saint-Germain.

Je le connaissais depuis mon enfance. Sa loyale figure est associée à mes plus vieux souvenirs. Je le vois encore tel qu'il était vers 1860, tout blond, le front découvert, l'œil bleu, avec un air de douceur et de gravité profondes et la simplicité des grandes âmes. Je l'entends encore parler de l'art grec et de l'art florentin comme le plus candide amant de leur beauté. Alors il préparait son *Phidias*; alors M. de Lamartine lui consacrait un numéro entier du *Cours familier de littérature*.

Autant qu'il m'en souvient, l'image que le grand poète traçait de notre ami était vague, idéale, élyséenne et pourtant ressemblante. « M. de Ronchaud, disait il eût été dans d'autres temps un orateur comme il est un poète et un historien de l'art. » Pour être tout à fait orateur, il eût fallu que M. de Ronchaud vécût dans des temps fabuleux et qu'un dieu vînt délier sa langue; car il parlait les dents serrées, d'une voix sourde et rauque. Mais il était éloquent par la force de la pensée, par la sincérité de l'expression et par l'incomparable beauté du regard.

Sa conversation fut un de mes premiers enchantements. J'étais encore un enfant. Bien souvent, au retour du collège, je l'entendais parler au milieu du petit cercle qui se formait tous les soirs dans le magasin de librairie de mon père. Il me ravissait. Je ne comprenais pas tout ce qu'il disait. Mais, quand on est très jeune, on n'a pas besoin de tout comprendre pour tout admirer. Je sentais qu'il était en possession du beau et du bien. J'étais sûr qu'il partageait la table des dieux et le lit des déesses.

Le lendemain, en classe, je devinais que mon modeste professeur n'était point de cette race divine, et je l'en méprisais. J'étais choqué de le voir si ignorant de la beauté antique. C'est ainsi que l'influence de M. de Ronchaud me fit manquer un certain nombre de classes dont je passai le temps au Louvre, devant une métope du Parthénon. Mais, comme dit M. Renan, on peut faire son salut par diverses voies.

M. de Ronchaud savait aimer. C'est un secret qu'il connut toute sa vie et qui l'empêcha de vieillir. M. de Ronchaud aima toute sa vie la poésie, l'art et la liberté.

Il fréquentait, sous l'empire, le salon de madame d'Agoult, centre de l'opposition républicaine. Il était lui-même un ardent républicain. Je me rappelle encore un article qu'il donna en 1856, dans la *Revue de Paris*, à propos du *César* de M. de Lamartine et d'une étude sur le même personnage par M. Troplong. Ce divin Jules passait alors de durs moments. On lui faisait tous les mauvais compliments qu'on ne pouvait pas faire à Napoléon III. M. de Ronchaud se conforma à cet usage. Il reprocha en termes couverts au fils auguste de Vénus d'avoir fait le 2 Décembre. Je crois bien que cet article fut poursuivi; car il souleva beaucoup d'enthousiasme parmi mes camarades de classe. Nous en récitions des tirades dans les cours de récréation, et il ne me serait pas impossible d'en retrouver encore aujourd'hui quelques phrases dans ma mémoire : « Pour grands que soient les Césars, au dire de leurs flatteurs, eussent-ils fait un pacte avec la victoire, et le monde entier fût-il pour eux, nous..., etc., etc. » C'était bien naïf, mais que cela nous semblait beau !

M. de Ronchaud avait le génie intérieur et l'âme d'un grand poète. Il sentait comme Lamartine, mais l'expression ne servait pas toujours sa pensée. Il portait jusque dans ses vers cette négligence, cet abandon, cet oubli de soi que ses amis savent bien qu'il étendait à toute sa personne : car ils l'on connu fort insoucieux de tout ce qui le touchait et laissant à sa noblesse naturelle le soin de réparer seule le désordre de ses habits. Ses vers pareillement sont incultes et beaux d'une beauté native. Je songe surtout à son dernier recueil, les *Poèmes de la mort*. C'est sans doute en le lisant que M. D. Nisard a dit qu'avec une forme plus châtiée M. de Ronchaud serait un des premiers poètes de ce siècle. Il y a, en effet, dans ce recueil un poème de quinze cents vers, *la Mort du Centaure*, dont on ne peut sentir sans frissonner le souffle puissant. Je citerai les plaintes du vieux Chiron, regrettant sa jeunesse et la jeunesse des choses, qui s'en sont allées ensemble :

Encore un jour de plus levé sur l'univers !
Que j'en ai vu depuis que mes yeux sont ouverts !
Que d'aurores depuis cette joyeuse aurore
Où ma course à travers l'air brillant et sonore
Vint réveiller l'écho dormant dans ces vallons !
Les jours comme aujourd'hui ne me semblaient pas longs.
Étonné de moi-même et de mon être étrange,
De l'homme et du cheval mystérieux mélange,...
. . . .
Curieux d'inconnu, l'âme de désirs pleine,
J'embrassais d'un regard, j'aspirais d'une haleine
Et l'air et la lumière, et la terre et le ciel.
Tout était liberté, joie, amour, lait et miel.
Cette immortalité, qui maintenant me pèse,
Je la portais superbe, avec un cœur plein d'aise,
Et, sur la terre en fleurs, sous les cieux éclatants,
Libre, je m'emparais de l'espace et du temps.

Un jour, je rencontrai Pholoë sur la cime
Où m'avait emporté mon vertige sublime.
Superbe, le front haut, ses longs cheveux épars,
Les seins au vent, le ciel était dans ses regards.
On eût dit à la voir, dans sa grâce ingénue,
Une fille du ciel, une enfant de la nue,
Ou la divinité sauvage du vieux mont.
Moitié femme, moitié cavale, son beau front
Rayonnait dans l'air pur de lumière et de gloire,
Et son pied frémissant creusait la terre noire.
Que je la trouvai belle ! Elle me regarda...
. . . .
A mon désir muet son âme fut séduite ;
Et tous deux emportés par une même fuite,
Nous allâmes cacher dans les bois nos amours...

Ce poème de *la Mort du Centaure* est inspiré par une belle philosophie. Ayant la joie de dîner il y a quelques jours avec un très grand sage, j'appris de lui quelle philosophie il est convenable d'avoir si l'on veut n'être pas trop dupe de la vie et des choses. — « C'est, me dit ce sage, le panthéisme pour soi et le déisme pour les autres. » M. de Ronchaud ne connut jamais une sagesse si prudente. Il était panthéiste pour les autres comme pour lui-même. Il professait une riante obéissance aux lois éternelles. Il croyait hautement aux dieux bons cachés dans la nature. De toutes les doctrines philosophiques, le panthéisme est assurément la plus favorable à la poésie. M. de Ronchaud doit au panthéisme ses plus beaux vers. Ce poème de Chiron, dont j'ai cité un passage, est un admirable cantique chanté à la divine nature. Le vieux centaure y symbolise l'humanité et, quand l'oracle de Dodone dit au bestial et noble sagittaire :

> Tes parents
> Sont dans les flots profonds et les cieux transparents,
> Et toute la nature, alliée à ta race,
> Dans sa maternité t'enveloppe et t'embrasse !

ce sont nos propres origines que le poète nous enseigne.

Chiron, rassasié de la vie, a soif de la mort. Il sait qu'elle est bonne, qu'elle est nécessaire, qu'elle est divine puisqu'elle est naturelle. Il aspire à rentrer dans le grand tout.

La pensée du centaure était bien celle de M. de Ronchaud lui-même. Comme il avait beaucoup de candeur, il croyait à la bonté de la nature, et cette illusion fit la douceur de sa vie.

M. de Ronchaud publia en 1861 un livre intitulé : *Phidias, sa vie et ses ouvrages*. C'est à Londres, devant les marbres arrachés au Parthénon, qu'il eut la première idée de ce livre. En contemplant ces beaux restes, il fut saisi d'une généreuse émotion et, songeant à l'art grec et à ses paisibles merveilles, il s'écria avec Chandler : « Il a disparu, ce banquet des yeux, et il n'en reste rien de plus que d'un songe ! » Le récit qu'il a fait de sa visite à la salle Elgin du British Museum garde l'empreinte d'une ardente et pieuse admiration : « Il semble, dit M. de Ronchaud, qu'on a devant les yeux les morceaux d'une lyre antique brisée : on essaye de les rassembler par la pensée et d'évoquer encore une fois le génie qui animait les cordes muettes. Mais les membres dispersés du poëte ne se réuniront plus ; la tête d'Orphée, échouée sur un rivage barbare, n'exhale plus qu'une mélodie confuse et plaintive.

» Et cependant quelle beauté respire dans ces ruines de la beauté ! Nulle part on ne sent mieux la puissance de l'art et du génie que devant ces débris d'où rien n'a pu effacer l'empreinte de la main qui s'y est posée autrefois pour leur donner la vie avec la forme. La forme a été brisée, mais la vie éclate encore dans ces restes épars. Sur cette création, à moitié rentrée dans le chaos d'où le génie l'avait fait sortir, plane encore le souffle qui l'avait autrefois suscitée ; il semble même par moments qu'on va la voir de nouveau surgir dans sa glorieuse intégrité. Mais bientôt on s'aperçoit combien l'imagination est impuissante à restaurer ces chefs-d'œuvre de l'art antique. Le regret de l'irréparable, l'attrait du problème insoluble ajoutent alors pour nous à la beauté de ces statues le seul charme qui leur ait manqué dans le temps de leur gloire, la poésie du mystère et de l'infini. Le sentiment qu'elles font naître tient à la fois de la tendresse et de l'admiration pour la beauté humaine, de l'enthousiasme pour le génie, du respect de l'antiquité, de la tristesse qui s'attache aux ruines, de la curiosité pour une énigme et de l'inquiétude d'un désir irréalisable[1]. »

1. *Phidias*, p 212-213.

Ce livre, conçu si ardemment, fut exécuté avec un soin laborieux. Il représentait, quand il parut, l'état de la science. Il ne faut pas se plaindre si vingt-sept ans de travaux archéologiques et de fouilles dans le sol de la Grèce l'ont un peu vieilli. M. de Ronchaud en préparait, peu de temps avant sa mort, une nouvelle édition entièrement remaniée. Il faut espérer que de pieux éditeurs la publieront bientôt.

Ce sont les travaux les plus nobles et les plus désintéressés sur l'histoire de l'art qui désignèrent M. de Ronchaud au poste d'administrateur des musées nationaux. L'exemple d'un tel choix est assez rare pour qu'on félicite ceux qui l'ont donné. On peut dire que M. de Ronchaud honora les fonctions auxquelles il fut élevé et que, s'il n'avait pas toutes les aptitudes spéciales d'un parfait administrateur, il ne cessa de montrer, dans son trop court passage au Louvre, cet amour ardent et lumineux du beau et du bien qui inspira toute sa vie.

Il emporte en mourant les plus pures et les plus nobles visions que les chefs-d'œuvre de l'art aient jamais imprimées dans une âme bien née. Il nous laisse quelques vers admirables, des pages où l'enthousiasme est uni à la science et le souvenir d'une belle vie.

LA TERRE

Vous savez que M. Zola vient d'éprouver le même traitement que le patriarche Noé. Cinq de ses fils spirituels ont commis à son égard, pendant qu'il dormait, le péché de Cham. Ces enfants maudits sont MM. Paul Bonnetain, J.-H. Rosny, Lucien Descaves, Paul Margueritte et Gustave Guiches. Ils ont raillé publiquement la nudité du père. M. Fernand Xau, imitant la piété de Sem, a étendu son manteau sur le vieillard endormi. C'est pourquoi il sera béni dans les siècles des siècles. Ainsi l'ancienne loi est l'image de la nouvelle et M. Émile Zola est véritablement Celui qui avait été annoncé par les prophéties.

Tous les journaux ont publié le manifeste littéraire de MM. Gustave Guiches, Paul Margueritte, Lucien

Descaves, J.-H. Rosny et Paul Bonnetain. Voici comment le nouveau roman du maître, *la Terre*, y est apprécié : « Non seulement l'observation est superficielle, les trucs démodés, la narration commune et dépourvue de caractéristiques, mais la note ordurière est exacerbée encore, descendue à des saletés si basses que, par instants, on se croirait devant un recueil de scatologie. Le Maître est descendu au fond de l'immondice. »

Ainsi parlent les Cinq. Leur déclaration a causé quelque surprise. Il y en a pour le moins deux d'entre eux qui ne sont pas tels qu'il faut être pour jeter la première pierre. M. Bonnetain, pour sa part, est l'auteur d'un roman qui ne passe pas pour chaste. Il est vrai qu'il répond qu'ayant commencé comme finit M. Zola, il compte bien finir comme M Zola a commencé. Mais le manifeste, en lui-même, n'est pas irréprochable. Il contient des appréciations sur l'état physiologique de l'auteur de *la Terre* qui passent les bornes de la critique permise. Expliquer l'œuvre par l'homme est un procédé excellent quand il s'agit du *Misanthrope* ou de l'*Esprit des Lois*, mais qui ne saurait être appliqué sans inconvénients aux ouvrages des contemporains. Les romans de M. Zola appartiennent à la critique, et l'on verra tout à l'heure si je crains de dire ce que j'en pense. Quant à la vie privée de M Zola, elle doit être absolument respectée ; il n'y faut point rechercher la raison des obscénités qu'il étale dans ses livres. On ne veut pas savoir si c'est par goût ou si c'est par intérêt que M. Zola accorde tant à la lubricité. Enfin le manifeste se termine par un avis aux lecteurs qui, venant de jeunes romanciers, n'a pas paru tout à fait désintéressé. « Il faut, ont dit les Cinq, il faut que le jugement public fasse balle sur *la Terre* et ne s'éparpille pas en décharge de petit plomb sur les livres sincères de demain. » Évidemment ces messieurs ont quelques volumes sous presse. Je ne sais ce qu'il faut le plus admirer dans ce conseil, ou de son astuce ou de son ingénuité.

Les Cinq n'ont point attendu, pour juger *la Terre*, d'en connaître la fin. M. Zola s'en est plaint. Il est vrai qu'ordinairement, pour juger une œuvre, il faut attendre qu'elle soit terminée. Mais ce n'est pas ici une œuvre ordinaire. *La Terre* n'a ni commencement ni milieu. M. Zola, quoi qu'il fasse, n'y saurait mettre une fin. C'est pourquoi je me permettrai, à l'exemple de ces messieurs, d'en dire tout de suite mon avis. J'en suis resté au moment où la Grande, paysanne de quatre-vingt-neuf ans, est violée par son petit-fils, ainsi qu'il est dit au quatre-vingt-sixième feuilleton. On est donc averti que ce que je vais dire ne s'applique pas aux faits postérieurs à ce trait de mœurs champêtres.

Le sujet du livre, est, comme le titre l'indique, la terre. Au dire de M. Zola, la terre est une femme ou une femelle. Pour lui, c'est tout un. Il nous montre « les anciens mâles usés à l'engrosser ». Il nous décrit les paysans qui veulent « la pénétrer, la féconder jusqu'au ventre », qui l'aiment « pendant cette intimité chaude de chaque heure » et qui respirent « avec une jouissance de bon mâle l'odeur de sa fécondation ».

C'est là de la rhétorique brutale, mais de la rhétorique encore. D'ailleurs, tout le livre est plein de vieux épisodes mal rajeunis, la veillée, la fenaison, la noce champêtre, la moisson, les vendanges, la grêle, l'orage, déjà chanté par Chênedollé avec un sentiment plus juste de la nature et du paysan; le semeur, dont Victor Hugo avait montré « le geste auguste »; la vache au taureau, dont M. Maurice Rollinat a fait un poème assez vigoureux. Avez-vous lu, par hasard, le *Prædium rusticum?* C'est un poème en vers latins qu'un jésuite du XVIII° siècle, composa à l'imitation de Virgile, pour les écoliers. Eh bien, le livre de M. Zola m'a fait songer à celui du P. Vanière, par je ne sais quel fond poncif qui leur est commun. Rien, dans ces pages d'un pseudo-naturaliste, ne révèle l'observation directe. On n'y sent vivre ni l'homme ni la nature. Les figures y sont peintes par des procédés d'école qui semblent aujourd'hui bien vieux. Que dire de ce notaire « assoupi par la digestion du fin déjeuner qu'il venait de faire? », de ce curé apparu « dans l'envolement noir de sa soutane? », de cette maison qui « était comme ces très vieilles femmes dont les reins se cassent? », de ce « bruit doux et rythmique des bouses étalées? », de cette « douceur berçante qui montait des grandes pièces vertes »? Voyons-nous mieux les paysans attablés quand on nous a dit qu' « un attendrissement noyait leurs faces »? M. Zola n'a guère mis dans ce nouveau livre que ses défauts. Le plus singulier est l'effet de cet œil de mouche, de cet œil à facettes qui lui fait voir les objets multipliés comme à travers une topaze taillée. C'est ainsi qu'il termine la description, assez exacte et assez vive d'ailleurs, d'un marché dans un chef-lieu de canton, par ce trait inconcevable : « De grands barbets jaunes se sauvaient en hurlant, une patte écrasée. » C'est ainsi qu'une hallucination lui fait voir des myriades de semeurs à la fois. « Ils se multipliaient, dit il, pullulaient comme de noires fourmis laborieuses, mises en l'air par quelques gros travail, s'acharnant sur une besogne démesurée, géante à côté de leur petitesse; et l'on distinguait pourtant, même chez les plus lointains, le geste obstiné, toujours le même, cet entêtement d'insectes en lutte avec l'immensité du sol, victorieux à la fin de l'étendue et de la vie. »

M. Zola ne nous montre pas distinctement les paysans. Ce qui est plus grave encore, c'est qu'il ne les fait pas bien parler. Il leur prête la loquacité violente des ouvriers des villes.

Les paysans parlent peu; ils sont volontiers sentencieux et expriment souvent des idées très générales. Ceux des régions où l'on ne parle pas patois ont pourtant des mots savoureux qui gardent le goût de la terre. Rien de cela dans les propos que M. Zola met dans leur bouche.

M. Zola[1] prête aux campagnards des propos d'une obscénité prolixe et d'une lubricité pittoresque qu'ils ne tinrent jamais. J'ai causé quelquefois avec des

---

[1]. Je suis heureux d'apporter à l'appui de ce que j'avance une pièce justificative dont l'autorité n'est pas contestable. C'est une lettre datée de Rambervillers et signée d'un médecin de campagne qui donne depuis vingt ans ses soins aux paysans vosgiens. La voici :

« 28 août 1887

» Monsieur,

» Je viens de lire votre *Vie littéraire* dans *le Temps* du 28 août. Voulez-vous permettre à un médecin de campagne, qui, depuis vingt années, vit avec les paysans, de vous donner son appréciation sur leurs mœurs?

» Il y a un fait qui ressort éclatant : c'est que le paysan n'est jamais sale en paroles. Toujours, quand il est amené à dire quelque chose de risqué, il emploie la formule « sauf votre respect ». Jamais il ne racontera crûment, comme le veut M. Zola, une histoire un peu grasse. C'est toujours avec réticences, avec des précautions oratoires, des périphrases qu'il le fera. Cela, parce que le fait qu'il conte est sûrement une *personnalité* et que toujours, sur cet article, le paysan est d'une prudence extraordinaire. Ce n'est pas le paysan que l'on peut accuser d'appeler les choses par leur nom. Bien au contraire, on peut dire de lui que la parole a été donnée pour déguiser la pensée.

» Comme vous le dites fort bien, il parle par sentences, par axiomes; et si, au cabaret, la langue déliée par le vin ou l'alcool, — hélas! — il conte une histoire gauloise, il gaze son récit. Jamais, comme vous le dites également, il n'emploiera le parler des faubourgs.

» Ce n'est pas à dire que je veuille présenter mes paysans comme des modèles de chasteté ou de vertu. Il y aurait sur ce chapitre bien des choses à dire. Mais ce que j'ai lu de *la Terre* me prouve, à moi qui vis depuis vingt ans avec les paysans, que M. Zola n'a jamais fréquenté les gens de la campagne.

» Chez ceux-ci, on trouve un sentiment de pudeur excessive,

paysans normands, surtout avec des vieillards. Leur parole est lente et sentencieuse. Elle abonde en préceptes. Je ne dis pas qu'ils parlent aussi bien qu'Alci-

que le médecin, plus que qui que ce soit, est à même de constater tous les jours ; sentiment qui va jusqu'à dissimuler, au risque de perdre la santé et la vie, des choses que l'habitant de la ville ou du faubourg n'hésite pas un moment à révéler.

» Parce que le paysan vit avec les animaux de ses écuries, ce n'est pas une raison pour qu'il soit malpropre de sa personne et dans ses paroles. Si M. Zola avait jamais visité une écurie, une étable, il aurait constaté que le paysan met toute sa gloire à avoir des bêtes propres, des écuries bien nettoyées ; et je ne vois pas ce que le fumier peut avoir de sale... ou d'excitant. Certes, les soins de propreté, le paysan pourra les négliger dans le coup de feu d'une rentrée de récoltes, pendant la fenaison, la moisson... mais qui pourrait le lui reprocher ? Je m'arrête, car sur ce sujet je n'en finirais pas.

» Le paysan a souci de sa dignité ; il a de la pudeur. Il n'emploie pas les mots crus.. Peu importent les raisons qui le font agir ainsi. Le fait est là. Et ce fait prouve combien M. Zola connaît peu les gens qu'il a la pensée de décrire.

» Veuillez agréer, etc.

» P.-S. — Excusez le décousu de ma lettre, écrite au courant de la plume.

» Dʳ A. Fournier. »

Cette lettre me rappelle ce que me dit un jour une jeune paysanne des environs de Saint-Lô. C'était un dimanche ; elle sortait de la messe et paraissait fort mécontente. On lui demanda ce qui la fâchait, et elle répondit : « Monsieur le curé n'a point bien parlé. Il a dit : « Vous écurez vos chaudrons et » vous n'écurez point vos âmes ». C'est mal dit : une âme n'est pas comparable à un chaudron, et ce n'est point ainsi qu'on parle à des chrétiens. » Le curé du village avait employé là une expression proverbiale consacrée par un long usage et que les dictionnaires mentionnent comme un très vieux dicton. Pourtant son ouaille était blessée. Ma jeune paysanne avait noüs et les vieillards d'Homère; tant s'en faut! mais ils en rappellent quelque peu le ton grave et la façon didactique. Quant aux jeunes, ils ont la verve rude et la langue lourde quand ils causent ensemble au cabaret. Leur imagination est courte, simple, point grivoise. Leurs plus longues histoires sont héroïques et non pas amoureuses : elles ont trait à de grands coups donnés ou reçus, à des exemples de force et d'audace, à des hauts faits de batteries ou de buveries.

J'ai le regret d'ajouter que, quand M. Zola parle pour son propre compte, il est bien lourd et bien mou. Il fatigue par l'accablante monotonie de ses formules : « Sa chair tendre de colosse, — son agilité de brune maigre, — sa gaieté de grasse commère, — la nudité de son corps de fille solide. »

Il y a une beauté chez le paysan. Les frères Lenain, Millet, Bastien-Lepage l'ont vue. M. Zola ne la voit pas. La gravité morne des visages, la raideur solennelle qu'un incessant labeur donne au corps, les harmonies de l'homme et de la terre, la grandeur de la misère, la sainteté du travail, du travail par excellence, celui de la charrue, rien de cela ne touche M. Zola. La grâce des choses lui échappe, la beauté, la majesté, la simplicité le fuient à l'envi. Quand il nomme un village,

---

souffert d'entendre une vulgarité tomber de la chaire sacrée. La pauvre enfant n'avait pas assurément le goût fin, mais elle avait de la délicatesse. Nous voilà loin avec elle des abominables paysans de M. Zola.

une rivière, un homme, il choisira le plus vilain nom ; l'homme s'appellera Macqueron, le village Rognes, la rivière l'Aigre. Il y a pourtant beaucoup de jolis noms de villes et de rivières. Les eaux surtout gardent, en souvenir des nymphes qui s'y baignaient autrefois, des vocables charmants, qui coulent en chantant sur les lèvres. Mais M. Zola ignore la beauté des mots comme il ignore la beauté des choses.

Il n'a pas de goût, et je finis par croire que le manque de goût est ce péché mystérieux dont parle l'Écriture, le plus grand des péchés, le seul qui ne sera pas pardonné. Voulez-vous un exemple de cette irrémédiable infirmité ? M. Zola nous montre dans *la Terre* un paysan crapuleux, un ivrogne, un braconnier que sa barbe en pointe, ses longs cheveux, ses yeux noyés ont fait surnommer Jésus-Christ. M. Zola ne manque jamais de l'appeler par ce surnom. Il obtient par ce moyen des phrases comme celles-ci : « C'était Jésus-Christ qui s'empoignait avec Flore, à qui il demandait un litre de rhum. — Ce qu'il rigolait, Jésus-Christ, de la petite fête de famille !... — Jésus-Christ était très venteux. » Il n'y a pas besoin d'être catholique ni chrétien pour sentir l'inconvenance de ce procédé.

Mais le pire défaut de *la Terre*, c'est l'obscénité gratuite. Les paysans de M. Zola sont atteints de satyriasis. Tous les démons de la nuit, que redoutent les moines et qu'ils conjurent en chantant à vêpres les hymnes du bréviaire, assiègent jusqu'à l'aube le chevet des cultivateurs de Rognes. Ce malheureux village est plein d'incestes. Le travail des champs, loin d'y assoupir les sens, les exaspère. Dans tous les buissons un garçon de ferme presse « une fille odorante ainsi qu'une bête en folie ».

Les aïeules y sont violées, comme j'ai déjà eu le regret de vous le dire, par leurs petits-enfants. M. Zola, qui est un philosophe comme il est un savant, explique que la faute en est au foin, au fumier.

Il a plu à M. Zola de loger dans ce village de Rognes deux époux, M. et madame Georges, lesquels ont gagné une honnête aisance en tenant à Chartres une « maison Tellier » qu'ils ont cédée à leur gendre et qu'ils surveillent encore avec sollicitude.

C'est le conte bien connu de M. Guy de Maupassant, mais amplifié, grossi d'une manière absurde, étalé jusqu'à l'écœurement. Madame Georges a amené à Rognes un vieux chat qu'elle avait à Chartres. Ce chat, « caressé, dit M. Zola, par les mains grasses de cinq ou six générations de femmes,... familier des chambres closes... muet... rêveur... voyait tout de ses prunelles amincies dans leur cercle d'or ». Et M. Zola ne s'arrête pas là; il transforme ce chat en je ne sais quelle figure monstrueuse et mystique de génie oriental, en une sorte de vieillard noyé et confit, comme l'Hérode de Gustave Moreau, dans la volupté comme dans du miel. Puis, quand on en a fini avec le chat, c'est une bague, une simple alliance d'or, usée au doigt de madame Charles, qui est fée et qui raconte des choses sans nom.

M. Zola a comblé cette fois la mesure de l'indécence et de la grossièreté. Par une invention qui outrage la femme dans ce qu'elle a de plus sacré, M. Zola a imaginé une paysanne accouchant pendant que sa vache vèle. « Ça crève ! » dit un des témoins, qui ne parle pas de la vache. La crudité des détails passe toute idée.

Il n'a pas moins offensé la nature dans la bête que dans la femme, et je lui en veux encore d'avoir sali l'innocente vache en étalant sans pitié les misères de sa souffrance et de sa maternité. Permettez-moi de vous donner la raison de mon indignation. Il m'est arrivé, il y a quelques années, de voir naître un veau dans une étable. La mère souffrait cruellement en silence. Quand il naquit, elle tourna vers lui ses beaux yeux pleins de larmes et, allongeant le cou, elle lécha longuement le petit être qui lui avait causé tant de douleurs. Cela était touchant, beau à voir, je vous assure, et c'est une honte que de profaner ces mystères augustes. M. Zola dit d'un de ses paysans qu'il avait « l'affolement de l'ordure ». C'est un affolement qu'aujourd'hui M. Zola prête indistinctement à tous ses personnages. En écrivant *la Terre*, il a donné les Géorgiques de la crapule.

Que M. Émile Zola ait eu jadis, je ne dis pas un grand talent, mais un gros talent, il se peut. Qu'il lui en reste encore quelques lambeaux, cela est croyable, mais j'avoue que j'ai toutes les peines du monde à en convenir. Son œuvre est mauvaise et il est un de ces malheureux dont on peut dire qu'il vaudrait mieux qu'ils ne fussent pas nés.

Certes, je ne lui nierai point sa détestable gloire. Personne avant lui n'avait élevé un si haut tas d'immondices. C'est là son monument, dont on ne peut contester la grandeur. Jamais homme n'avait fait un pareil effort pour avilir l'humanité, insulter à toutes les images de la beauté et de l'amour, nier tout ce qui est bon et tout ce qui est bien. Jamais homme n'avait à ce point méconnu l'idéal des hommes. Il y a en nous tous, dans les petits comme dans les grands, chez les humbles comme chez les superbes, un instinct de la beauté, un désir de ce qui orne et de ce qui décore qui, répandus dans le monde, font le charme de la vie. M. Zola ne le sait pas. Il y a dans l'homme un besoin infini d'aimer qui le divinise. M. Zola ne le sait pas. Le désir et la pudeur se mêlent parfois en nuances délicieuses dans les âmes. M. Zola ne le sait pas. Il est sur la terre des formes magnifiques et de nobles pensées ; il est des âmes pures et des cœurs héroïques. M. Zola ne le sait pas. Bien des faiblesses même, bien des erreurs et des fautes ont leur beauté touchante. La douleur est sacrée. La sainteté des larmes est au fond de toutes les religions. Le malheur suffirait à rendre l'homme auguste à l'homme. M. Zola ne le sait pas. Il ne sait pas que les grâces sont décentes, que l'ironie philosophique est indulgente et douce, et que les choses humaines n'inspirent que deux sentiments aux esprits bien faits :

1. J'apprends en ce moment même que la traduction de *la Terre* est interdite en Russie. M. Louis Ulbach, qui reproduit cette nouvelle, ajoute : « Soyons convaincus que cette œuvre, injurieuse pour la France, sera traduite et commentée en Allemagne. » Et M. Ulbach proteste avec une énergie dont je voudrais pouvoir m'inspirer.

« Non, dit-il, non. Ce roman **est une** calomnie, une insulte envers la majorité des Français.

» Avec sa théorie de l'hérédité, M. Zola aurait de la peine à expliquer comment ces paysans sont les pères de ce qu'il y a de plus honnête, de plus intelligent, de plus brave en France. Qui de nous n'a pas dans les veines du sang d'homme de la terre, et qui de nous n'admire ces travailleurs obstinés comme un exemple, comme une tradition à suivre ?

» Nier la finesse du paysan, c'est nier l'évidence ; nier son courage, c'est nier la France.

» Des livres pareils, après la guerre, après les francs-tireurs, après l'héroïsme, sont des livres bons pour nos ennemis et insultants pour notre patriotisme.

» Je racontais, il y a quelques jours, le beau spectacle auquel j'avais assisté, d'une brigade manœuvrant avec une discipline admirable et un entrain superbe. C'était la manifestation des paysans français.

» Je sais que l'article naïf que j'ai écrit à ce sujet a été lu dans les casernes de la brigade ; je sais que le numéro du *Petit Marseillais* a été affiché, et j'ajouterai même, pour me vanter, non de ce que j'ai écrit, mais de ce que j'ai pensé, que le général a fait lire ce témoignage d'un spectateur au ministre de la guerre et que celui-ci a dit :

» — Voilà la note qu'il faut faire entendre et que nos soldats savent apprécier.

» Allez donc à ces soldats, tout prêts à se faire tuer pour la France, qui ont appris à lire au village ou à la caserne, qui ont des notions grandissantes de l'honneur national, à ces héros en herbe, **allez** donc lire **un livre** où l'on prétendra qu'ils sont l'admiration ou la pitié. M. Zola est digne d'une profonde pitié.

les victimes d'une inégalité sociale; qu'ils sont fils de coquins par leurs pères, de femmes sans mœurs et sans pudeur par leurs mères; qu'ils ont l'appétit du fumier; qu'ils n'ont aucun sentiment idéal; qu'ils sont le produit de l'inceste, en tout cas de la débauche, l'excrément de la France, déposé sur un tas d'excréments !

» Vous verrez alors avec quel mépris ils vous accueilleront, ces Français échauffés de la pure sève française. »

M. THIERS HISTORIEN[1]

Samedi dernier, le monument funèbre élevé dans le cimetière du Père-Lachaise à la mémoire de M. Thiers a été inauguré en présence de la famille et de quelques amis. Cette cérémonie intime marque le dixième aniversaire de la mort de M. Thiers, survenue à Saint-Germain en Laye le 3 septembre 1877. Dix ans ! c'est déjà la postérité. Il est intéressant de rechercher comment les livres de cet homme illustre se soutiennent devant elle.

L'*Histoire de la Révolution* et l'*Histoire du consulat et de l'Empire*, par M. Thiers, furent, pendant plus de trente ans, les livres qu'on lut le plus en France,

---

[1]. A propos de l'inauguration du monument de M. Thiers au Père-Lachaise.

si l'on excepte *les Trois mousquetaires*, qui, l'on en conviendra, n'appartiennent pas au même genre. On dit que les lecteurs de ces ouvrages ont diminué depuis dix ans; je suis disposé à le croire; mais il est certain qu'ils sont très nombreux encore.

Quant aux jugements qu'on en porte aujourd'hui, — je parle des jugements qui font loi, — ils sont très divers. Convenons que la nouvelle école historique ne leur est pas très favorable. Mais il faut se garder des jugements trop généraux et entrer un peu dans le détail des choses.

C'est en 1823 que M. Thiers commença son *Histoire de la Révolution*. On n'avait alors sur cette grande époque que le témoignage des contemporains. MM. Berville et Barrière publiaient la volumineuse collection de *Mémoires* à laquelle leur nom est attaché. Tous les lecteurs un peu généreux se sentaient remués jusqu'au fond de l'âme par ces pages brûlantes, écrites dans la prison ou l'exil, sous le coup de la proscription et de la mort, par ces testaments publics de madame Roland et de tant d'autres victimes héroïques. Déjà naissait la légende des Girondins. Le livre de M. Thiers fut conçu dans le feu de cet enthousiasme.

Il n'était préparé ni par de longues études, ni par de graves méditations. M. Thiers, fort jeune encore, montrait plus de spirituelle pétulance que de profondeur méditative. Ce petit homme, grisé par la capiteuse nouveauté de la vie, demandait au monde le plaisir avant la puissance. Il faisait, dit-on, des soupers qui ne convenaient pas à son tempérament délicat et se promenait, non sans péril, sur Ibrahim, son cheval pie. Cependant il n'inspirait pas de confiance aux éditeurs. Quand il proposa aux libraires Lecointe et Durey une histoire de la Révolution dont il avait le plan dans la tête, ces messieurs restèrent indécis. Ils avaient besoin d'un ouvrage de ce genre pour continuer Anquetil; mais ils n'osaient en confier l'exécution à un inconnu. Enfin, après y avoir suffisamment réfléchi, ils acceptèrent l'offre de M. Thiers, à la condition qu'il signât le livre avec Félix Bodin. Ce Félix Bodin, qui servit de caution à M. Thiers, n'était guère moins jeune que lui, mais il était connu comme historien. Il faisait des résumés historiques et il en faisait faire. Son industrie prospérait. C'est un grand hasard si, en bouquinant aujourd'hui sur les quais, on ne trouve pas dans la boîte à quatre sous quelques-uns de ces résumés. Ceux de l'histoire de France et de l'histoire d'Angleterre sont de Félix Bodin lui-même. Armand Carrel et Amédée Thierry ont débuté tous deux dans le magasin de cet entrepreneur d'histoire.

Les deux premiers volumes de l'*Histoire de la Révolution* parurent avec la signature de Félix Bodin et A. Thiers. Il ne semble pas que Bodin y ait mis autre chose que son nom. Ces deux volumes furent accueillis avec faveur par le public. Ils embrassent toute la Constituante et une grande partie de la Législative. Leur succès s'explique sans peine; ils représentaient le premier essai d'une histoire générale de ces évènements qui changèrent la France et remuèrent le monde; les auteurs ou, pour mieux dire, l'auteur y jugeait avant tout autre la Révolution au nom de la jeune génération qui en sortait. Aujourd'hui, ces deux volumes paraissent un peu faibles. Les neufs autres, signés par M. Thiers seul, furent publiés de 1824 à 1827. Ils sont bien supérieurs. M. Thiers avait appris beaucoup de choses en peu de mois. Il avait vu, chez Manuel et chez M. Laffitte, d'anciens constituants, des montagnards échappés à la Convention, des survivants des Cinq-Cents, du Corps législatif et du Tribunat, des vieux généraux de la République, des fournisseurs des armées ; il avait mesuré tous ces débris, interrogé toutes ces ombres; il avait même travaillé la guerre avec Jomini et les finances avec le baron Louis.

Ces témoins du passé, il les écoutait autant qu'il pouvait écouter, n'étant pas grand écouteur de son naturel; il les devinait surtout; c'est à cela qu'il excella toujours. Le troisième volume porte déjà le témoignage de ce commerce avec les hommes et de cette pratique des choses si indispensables à l'historien. Il est informé, vivant, lumineux. Qui donc a dit si bien de Thiers qu'il arrive dans la Révolution avec les Marseillais eux-mêmes, à la veille du 10 Août? Mais la source de son inspiration n'était pas tout entière dans l'étude du passé. Il ne vivait point enfermé dans son œuvre. Les affaires présentes l'occupaient autant pour le moins que les souvenirs de la Convention. En 1824, le chef de la fraction ultraroyaliste était monté sur le trône. Ce qui animait M. Thiers d'un souffle dont l'ardeur passait dans son livre, c'était le ministère Villèle, la loi du sacrilège, le milliard des émigrés, la censure, c'était l'effort du gouvernement pour revenir à l'ancien régime. Son histoire se ressent des temps où elle a été écrite. Bien que purement narrative, elle respire l'amour des institutions qu'on menace et un zèle obstiné pour la garde des conquêtes encore disputées. M. Thiers laissa à Mignet, son ami, dont le *Précis* parut en 1824, le soin de composer une histoire dogmatique; il conta seulement et il exposa. Mais avec quelle vivacité! Cet esprit si agissant semble activer les événements qu'il raconte.

Je viens de rouvrir ce livre de jeunesse. J'avoue que j'ai été entraîné et qu'il m'a fallu aller jusqu'au bout. On est emporté comme sur un fleuve dont le cours est égal, dont les bords sont unis. On ne s'aperçoit par aucune secousse des changements de théâtre et de personnages; car l'historien, toujours rapide, n'est jamais brusque. Et quels excellents chapitres sur les finances : assignats, maximum, emprunt forcé, institution du Grand-Livre! Quelles expositions lucides des faits de guerre! Comme il fait bien comprendre le point de départ, le nœud, les péripéties, le dénouement d'une campagne.

On l'a chicané sur sa philosophie; on y a perdu son temps, il n'en a pas. Il n'est ni fataliste comme on le lui a reproché, ni providentiel. Il a dit lui-même, dans un de ses articles du *National*, avec la fermeté des convictions sincères : » Il n'y a que des hommes et des passions d'hommes. » Il a dit encore : « Nous sommes tous hommes, et cette condition est dure. » Il veut que la Révolution réussisse; il le veut a tout prix. C'est dans ce sens qu'après avoir plaint les Girondins, qui moururent pour elle, il ajoute : « On ne pourrait mettre au-dessus d'eux que celui des montagnards qui se serait décidé pour les moyens révolutionnaires par politique seule et non par l'entraînement de la haine. » Cela n'est point philosophique du tout et n'est guère moral. Que nous sommes loin ici de M. Quinet, qui se lamente dès qu'il voit la Révolution s'écarter des règles de la philosophie humanitaire! Mais la philosophie et la morale ne sont point les parties essentielles de l'art de l'historien.

On a contesté à M. Thiers sa parfaite exactitude. On lui a reproché de confondre, à certains moments, sur la foi du *Moniteur*, Maximilien Robespierre et Robespierre jeune; on lui a fait un grief de dire que Couthon, qui était cul-de-jatte, « s'élançait » à la tribune. On a relevé plusieurs erreurs dans son livre; mais, en somme, point d'erreurs graves. Ses plus grosses fautes à cet égard ne seraient chez Michelet que des peccadilles. D'ailleurs, on ne peut écrire une histoire générale sans laisser échapper un très grand nombre d'inexactitudes. La question est de savoir si l'on doit écrire des histoires générales. La mode en semble passée aujourd'hui.

Les érudits de la nouvelle école, qui se vouent à cette heure à l'étude de la Révolution, sont plus enclins à publier des documents qu'à les mettre en œuvre. Ils proscrivent toutes les histoires générales, hors celles de Michelet, qui leur apparaît comme une sorte d'épopée dans laquelle toute licence est licence poétique. Ils nous donnent à entendre qu'il est imprudent de rien écrire sur la grande époque avant que tous les papiers des dépôts publics soient imprimés, ce qui sera l'affaire de deux ou trois cents ans au plus. C'est à peine s'ils permettent à M. Sorel et à M. Chuquet de traiter en attendant des relations extérieures et des campagnes. Le conseil municipal de Paris a ordonné des publications considérables de documents inédits qui sont poussées avec une grande activité. M. Maurice Tourneux est chargé pour sa part d'un travail devant lequel un bénédictin eût reculé.

Cela est fort bien. Mais, si l'on considère que les témoignages imprimés vont à cinquante mille volumes environ, et que les témoignages inédits sont beaucoup plus considérables, on désespérera de savoir jamais l'histoire de la Révolution. Permettez-moi de vous faire à ce sujet un conte que l'abbé Blanchet a fait avant moi, bien mieux que je ne saurais le faire. Mais, n'ayant pas son livre sous la main, je me vois forcé de le dire comme je le sais. Je le dédie à M. F.-A. Aulard, qui recueille avec un zèle infatigable les documents pour servir à l'histoire de l'époque à laquelle il a attaché son nom et sa fortune.

Quand le jeune prince disciple du docteur Zeb succéda à son père sur le trône de Perse, il fit appeler tous les savants de son royaume et, les ayant réunis, il leur dit :

— Le docteur Zeb, mon maître, m'a enseigné que les souverains s'exposeraient à moins d'erreurs s'ils étaient éclairés par l'exemple du passé. C'est pourquoi je veux étudier les annales des peuples. Je vous ordonne de composer une histoire universelle et de ne rien négliger pour la rendre complète.

Les savants promirent de satisfaire le désir du prince et, s'étant retirés, ils se mirent aussitôt à l'œuvre. Au bout de trente ans, ils se présentèrent devant le roi, suivis d'une caravane composée de douze chameaux, portant chacun cinq cents volumes.

Le doyen, s'étant prosterné sur les degrés du trône, parla en ces termes :

— Sire, les académiciens de votre royaume ont l'honneur de déposer à vos pieds l'histoire universelle qu'ils ont composée à l'intention de Votre Majesté. Elle comprend six mille tomes et renferme tout ce qu'il nous a été possible de réunir touchant les mœurs des peuples et les vicissitudes des empires. Nous y avons inséré les anciennes chroniques qui ont été heureusement conservées, et nous les avons illustrées de notes abondantes sur la géographie, la chronologie et la diplomatique. Les prolégomènes forment à eux seuls la charge d'un chameau et les paralipomènes sont portés à grand'peine par un autre chameau.

Le roi répondit :

— Messieurs, je vous suis fort obligé de la peine que vous vous êtes donnée. Mais je suis fort occupé des soins du gouvernement. D'ailleurs, j'ai vieilli pendant que vous travailliez. J'ai passé de dix ans ce qu'un poète appelle le milieu du chemin de la vie et, à supposer que je meure plein de jours, je ne puis raisonnablement espérer d'avoir encore le temps de lire une si longue histoire. Elle sera déposée dans les archives du royaume. Veuillez m'en faire un abrégé mieux proportionné à la brièveté de l'existence humaine.

Les académiciens de Perse travaillèrent vingt ans encore ; puis ils apportèrent au roi quinze cents volumes sur trois chameaux.

— Sire, dit le doyen d'une voix affaiblie par le travail et par l'âge, voici notre nouvel ouvrage. Nous croyons n'y avoir rien omis d'essentiel.

— Il se peut, répondit le roi, mais je ne le lirai point. Je suis vieux : les longues entreprises ne conviennent point à mon âge ; abrégez encore et ne tardez point.

Ils tardèrent si peu qu'au bout de dix ans ils revinrent suivis d'un seul chameau porteur de cinq cents volumes.

— Je me flatte, dit le doyen, d'avoir été compendieux.

— Vous ne l'avez pas encore été suffisamment, répondit le roi. Je suis au bout de ma vie. Abrégez, si vous voulez que je sache, avant de mourir, l'histoire des hommes.

On revit le doyen devant le palais au bout de cinq ans. Marchant avec des béquilles, il tenait par la bride un petit âne qui portait un gros livre sur son dos.

— Hâtez-vous, lui dit un officier, le roi se meurt.

En effet, le roi était sur son lit de mort. Il tourna vers le doyen et son gros livre un regard presque éteint, et il dit en soupirant :

— Je mourrai donc sans savoir l'histoire des hommes !

— Sire, répondit le doyen, presque aussi mourant que lui, je vais vous la résumer en trois mots : *Ils naquirent, ils souffrirent, ils moururent.*

C'est ainsi que le roi de Perse apprit l'histoire universelle au moment de passer, comme on dit, de ce monde à l'autre.

M. Thiers, en lançant tout fougueux son livre en 1823, fut mieux avisé, il faut en convenir, que le doyen des académiciens de Perse. Il nous reste à dire un mot de la façon dont le livre est écrit, puisque enfin notre métier est de parler littérature.

Convenons-en tout de suite, M. Thers est incorrect et négligé. Carrel, qui pourtant l'estimait, a dit : « Lorsqu'il écrit, on pourrait croire qu'il improvise. » Sa phrase, souvent molle et fluide, manque de nerf. Cela est vrai. Pour faire toucher du doigt le défaut de l'écrivain, il suffit de citer un fragment du portrait de Danton par Garat, en le faisant suivre du passage de l'*Histoire de la Révolution* qui en est une imitation avérée. Je ne demande pas mieux que de faire ici l'expérience. Voici le morceau de Garat :

Jamais Danton n'a écrit ni imprimé un discours. Il disait : « Je n'écris point... » Son imagination et l'espèce d'éloquence qu'elle lui donnait, singulièrement appropriée à sa figure, à sa stature, était celle d'un démagogue ; son coup d'œil sur les hommes et sur les choses subit, net, impartial et vrai, avait cette prudence solide et pratique que donne la seule expérience. Il ne savait presque rien, et il n'avait l'orgueil de rien deviner ; à la tribune, il prononçait quelques paroles qui retentissaient longtemps ; dans la conversation il se taisait, écoutait avec intérêt lorsqu'on parlait peu, avec étonnement lorsqu'on parlait beaucoup ; il faisait parler Camille et laissait parler Fabre d'Églantine.

C'est là sans doute un assez fin morceau de rhétorique. Voici comment M. Thiers l'a imité dans son *Histoire de la Révolution* :

Danton avait un esprit inculte, mais grand, profond et surtout simple et solide. Il ne savait s'en servir que pour ses besoins et jamais pour briller ; aussi parlait-il peu et dédaignait d'écrire. Suivant un contemporain, il n'avait aucune prétention, pas même de deviner ce qu'il ignorait, prétention si commune aux hommes de sa trempe. Il écoutait Fabre d'Églantine et faisait parler sans cesse son jeune et intéressant ami Camille Desmoulins, dont l'esprit faisait ses délices.

On voit du premier coup d'œil que, dans cette copie, tous les contours sont amollis, tous les traits émoussés. Je n'ai pas besoin de montrer combien la dernière phrase est languissante. M. Thiers n'a pas, le plus souvent, de relief dans l'expression. On remarque aussi que le style de sa première histoire a vieilli par endroits. On ne dit plus, comme lui, le *temple des lois* pour désigner la Convention; on n'appelle plus André Chénier et Roucher *deux enfants des Muses*. Bien que ces façons de dire me choquent médiocrement, puisqu'elles étaient dans le goût du temps, je veux bien les condamner avec tous les autres défauts du style de M. Thiers. Mais que les adversaires de l'écrivain ne se hâtent pas de triompher ; toutes ces taches paraissent peu dans l'ensemble et c'est l'ensemble qu'il faut considérer. Il faut bien aussi louer les qualités de ce style, et c'est ce qu'on ne fait pas assez. Il faut en reconnaître la clarté, la chaleur et le mouvement. Ce ne sont pas là de minces mérites. M. Thiers a la phrase vraie, large, animée. Je m'arrête; peut-être serons-nous plus à l'aise, tout à l'heure, en parlant du *Consulat*, pour défendre, avec succès et dans la plus large mesure, la manière de l'historien.

M. Thiers entreprit en 1845 d'écrire l'histoire du grand homme dont il avait ramené les cendres. Ce dessein n'était pas tout à fait désintéressé. Quand il le forma, M. Thiers était dans l'opposition, et l'on peut le soupçonner véhémentement d'avoir consenti sans déplaisir à éclipser la monarchie de Juillet sous la gloire du Consulat et l'éclat de l'Empire. Il ne faut pas perdre de vue que, si M. Guizot est un historien qui fait de la politique, M. Thiers est un politique qui fait de l'histoire. On ne pourrait dire pourtant sans injustice que c'est une œuvre de circonstance. Son modèle, qu'il mit vingt ans à peindre, l'enthousiasmait. On l'a entendu qui s'écriait : « Quelle bonne fortune! On m'a été prendre Alexandre du fond de l'antiquité et on me l'a mis là, de nos jours, en uniforme de petit capitaine et avec tout le génie de la science moderne. » Et, pour peindre le nouvel Alexandre, M. Thiers employa toutes les ressources d'un esprit inépuisable. On ne sait ce qu'il faut admirer le plus dans cet ouvrage, de la grandeur du dessein, de la noblesse aisée de la distribution, ou de la clarté des tableaux. Vaste et magnifique composition dont les chapitres portent, non les noms des Muses comme les livres d'Hérodote, mais des noms de victoires! Ensemble harmonieux d'une beauté vraiment classique! Œuvre immense, œuvre unique d'un esprit rompu aux affaires et sensible à la gloire! M. Thiers était, lors de son entreprise, un vieil homme d'État. Des minutieux l'ont chicané sur les variations de ses jugements, comme si vingt années de révolutions n'apportaient pas de changements dans un esprit politique. Ils lui ont reproché la longueur de ses batailles ; il est vrai qu'elles sont longues, et qu'il les allonge encore en les résumant. Il est vrai aussi qu'après les avoir racontées telles qu'elles ont été livrées, il les raconte telles qu'elles devaient l'être et que, de la sorte, il les gagne toutes, après coup. Il est vrai qu'il emploie les documents un peu trop à sa guise et que, — parfois, — comme on dit, il tire à lui la couverture.

On a pu relever, dans cet admirable *Consulat* comme dans la *Révolution*, des inexactitudes et des inadvertances. M. de Martel n'y manque point, après Charras, Lanfrey, Barni et tant d'autres. Mais qui oserait soutenir que le Napoléon de Lanfrey est aussi vrai que celui de M. Thiers ? De bonne foi, lequel des deux est le plus vivant ? N'est-ce point M. Brunetière qui disait de l'histoire de M. Thiers : « C'est encore la plus ressemblante » ? M. Thiers n'a parlé, a-t-on dit, dans ces vingt volumes, que « des grandeurs de chair », et il n'a rien dit de celles de l'esprit et des lettres. Il a fait l'histoire des affaires. Le mot est, je je crois, de M. Nisard. Soit ! Ce n'est pas la plus aisée à faire. Nous voudrions bien qu'un contemporain de Tacite eût fait l'histoire des affaires de son temps.

L'espace me manque pour un si grand sujet. Nous voilà ramenés à la question d'écrire. Le style du

Consulat et de l'Empire est bien celui des derniers volumes de la *Révolution,* aussi simple, aussi alerte, mais plus pur et plus plein. Il est parfaitement approprié, dans sa large simplicité, à la nature et à l'étendue de l'œuvre. M. Thiers avait des théories sur l'art d'écrire. Dès 1830, il les exposait très simplement dans *le National,* à propos des dictées de Napoléon. « Nous ne pouvons plus, disait-il, avoir cette grandeur tout à la fois sublime et naïve qui appartenait à Bossuet et à Pascal, et qui appartenait autant à leur siècle qu'à eux ; nous ne pouvons plus même avoir cette finesse, cette grâce, ce naturel exquis de Voltaire. Les temps sont passés ; mais un style simple, vrai, calculé, un style savant, travaillé, voilà ce qu'il nous est permis de produire. C'est encore un beau lot, quand avec cela on a d'importantes vérités à dire. Le style de Laplace dans l'*Exposition du système du monde,* de Napoléon dans ses Mémoires, voilà les modèles du langage simple et réfléchi propre à notre âge. »

Il y aurait beaucoup à dire là-dessus ; car enfin je ne sais pas comment Bossuet, Pascal et Voltaire eussent écrit en 1830, mais je sais bien qu'ils n'eussent pas écrit comme M. Thiers. Napoléon écrivait autrement que Laplace, et ni l'un ni l'autre n'écrivaient comme M. Thiers. Il n'y a pas qu'un langage propre à une époque. Il y a un langage propre à chaque écrivain de génie.

Vingt-cinq ans après, M. Thiers, revenant sur ces

idées, exposait les principes de l'art d'écrire l'histoire dans la préface du 12° volume du *Consulat*; il y comparait le bon style de l'historien à une grande glace sans défaut dont le mérite est de laisser tout voir sans paraître elle-même. Il reprit peu de temps après les mêmes maximes dans une lettre à Sainte-Beuve. « Je regarde, dit-il, à l'histoire des littératures, et je vois que les chercheurs d'effet ont eu la durée non pas d'une génération, mais d'une mode; et vraiment ce n'est pas la peine de se tant tourmenter pour une telle immortalité. De plus, je les mets au défi de faire lire non pas vingt volumes, mais un seul. C'est une immense impertinence que de prétendre occuper si longtemps les autres de soi, c'est-à-dire de son style. Il n'y a que les choses humaines exposées dans leur vérité, c'est-à-dire avec leur grandeur, leur variété, leur inépuisable fécondité, qui aient le droit de retenir le lecteur et qui le retiennent en effet. »

Il était d'autant plus fidèle à son système, qu'il lui était imposé par son tempérament. Il disait : « J'écris l'histoire comme elle doit être écrite; » en réalité, il l'écrivait comme il pouvait l'écrire. Sa façon était bonne, mais il se trompait en croyant qu'elle était la seule bonne. Plus d'un style convient à l'histoire. Celui d'Augustin Thierry y est parfaitement approprié. On en peut dire autant de celui de Guizot, qui est tout autre. Tacite et Michelet ne sont simples ni l'un ni l'autre, et ce sont tous deux de grands écrivains.

Pourtant, M. Thiers avait raison de penser que sa manière se supporte très longtemps sans fatigue et qu'elle est excellente pour des livres très long.

D'ailleurs, la majesté riante de sa composition soutient son style, qui paraît moins nu dans le lumineux effet de l'ensemble. Au contraire que serait Michelet sans l'éclat de sa phrase lui qui ignore les belles ordonnances et le noble arrangement des idées? Cette phrase sensuelle de Michelet donne un plaisir bien vif, mais qui ne peut se prolonger sans se changer en malaise et devenir enfin une véritable souffrance. Tout se paye en ce monde, et surtout la volupté.

CORRESPONDANCE

DE MARIE-LOUISE[1]

La vie littéraire se nourrit parfois de souvenirs et cherche l'entretien des ombres. Nous allons commencer aujourd'hui avec une princesse dont la correspondance, récemment publiée, a soulevé une certaine curiosité. Vous savez déjà qu'on vient d'imprimer à Vienne, sous les auspices secrets du comte Falkenhayn, ministre de l'agriculture, un choix des lettres que Marie-Louise écrivit de 1799 à 1847, à la comtesse Colloredo, qui avait dirigé son éducation pendant dix ans, et à la fille de celle-ci, Victoire de Pontet, comtesse de Crenneville.

« Nous avons mis tous nos soins à trier ses lettres,

---

[1]. Publiée à Vienne, 1 vol. in-8.

dit l'éditeur allemand, pour être sûr d'appeler sur elles l'intérêt du public, trop heureux s'il était excité au point d'attirer son attention sur la tombe de la duchesse de Parme. Puissions-nous, le jour des Morts, où le monde afflue dans le caveau impérial, entendre dire : « Voici le cercueil de l'archiduchesse » Marie-Louise, qui, l'année 1810, s'est sacrifiée pour » la monarchie et son père ! » M. le comte de Falkenhayn sera déçu dans ses pieuses espérances. Les lettres qu'il publie ne changeront point le sentiment de ceux qui les liront. Après comme avant leur publication, le souvenir de la fille de l'empereur François Ier n'obtiendra pas, même dans sa patrie, le culte qu'on doit aux augustes mémoires. Partout où battent des cœurs honnêtes, on refusera de donner le nom sacré de victime à celle qui fut infidèle au malheur.

Les lettres de Marie-Louise à la comtesse de Colloredo et à mademoiselle de Pontet sont écrites en français, sans éclat, sans correction et sans grâce, mais clairement. Dès l'âge de sept ans, la princesse savait s'exprimer d'une façon intelligible en français comme en allemand. Elle s'habitua plus tard à penser dans la langue de sa nouvelle patrie. A vingt et un ans, elle savait mieux le français que l'allemand. « Dans sa correspondance avec son père, dit le baron Menneval, elle était souvent obligée de recourir à des expressions françaises, parce qu'elle avait oublié les mots équivalents de sa langue maternelle. »

Les premières lettres, il faut le dire, sont assez

aimables. Elles nous mettent dans l'intimité de la cour de Vienne et témoignent des mœurs simples et familiales qui y règnent. « Maman, dit la petit Louise en parlant de sa jeune belle-mère, cause et lit toute la soirée avec moi. L'empereur fait des excursions dans la campagne avec ses filles. » Ces petits voyages amusent Louise extrêmement, « parce que, dit-elle, mon cher papa a la bonté de m'enseigner une quantité de choses ». Une des lettres de sa dixième année commence ainsi : « J'ai lu avec grand plaisir que les tourterelles font un nid. » Louise fait des ouvrages à l'aiguille : des habits pour des bébés, des fichus brodés.

A quatorze ans, elle écrit qu'elle a lu les voyages de Zimmermann, et elle ajoute :

J'ai aussi brodé un portefeuille pour papa, dont c'était le jour de naissance hier; puis j'ai commencé un autre ouvrage dont je t'écrirai plus tard, car c'est une surprise pour maman; le soir, je tricote un jupon.

La future impératrice des Français était alors une enfant timide, paisible, obéissante, lente, dont le rire et les pleurs ne finissaient point. Son caractère était déjà formé. Elle s'acquittait envers le malheur d'un seul coup, par une crise de nerfs. Au reste, bienveillante à tout et à tous, docile aux hommes, docile aux choses, caressant ses parents, ses amis et les bêtes du bon Dieu. Elle nourrissait des grenouilles et apprivoisait un petit lièvre. C'était la bonne Louise. Mais ceux qui la connaissaient bien lui découvraient un fond de ruse instinctive et des ressources inattendues pour se tirer d'affaire dans les situations difficiles. (Voir sur ce point la lettre du 23 décembre 1809, page 132.)

Elle n'est pas habituée à penser par elle-même; pourtant, à dix-sept ans, elle se permet d'avoir son avis sur ses lectures. Elle ose trouver fades les romans d'Auguste Lafontaine, qui faisaient les délices de sa belle-mère. La *Pluralité des mondes* lui inspire une réflexion juste.

Il faut, dit-elle après avoir lu ce livre, il faut pourtant laisser aux Français l'avantage que les Allemands n'ont pas, c'est de donner à toutes les sciences les plus abstraites et sérieuses une tournure si agréable, qu'elles plaisent même aux femmes, ce qui est le cas pour Fontenelle.

Elle a du goût pour la peinture et fait de jolies aquarelles. Elle ne s'en tient pas là.

Mes oncles, qui sont d'excellents peintres, et mon maître m'ont tellement tourmentée, que j'ai dû prendre la résolution de peindre à l'huile. J'y ai tout de suite pris du goût. Je peins un paysage bien triste qui me plaît pour cette raison.

Puis elle s'attaque à « un énorme tableau, qui représente sainte Barbe debout » et elle essaye le portrait du comte Edling. « Le comte Edling n'est pas beau, mais c'est justement dans le laid qu'on peut étudier l'art de la peinture. »

Elle chante, elle joue du clavecin, elle a même

composé six valses, « mais elle ne peut les produire ». Elle aime la danse et elle danse beaucoup. Valses, écossaises et quadrilles la ravissent également. Elle est désolée quand il lui faut tenir le piano pour faire danser les invités.

Chassée de Vienne en 1809 par les Français victorieux, elle se retire à Erlau avec l'impératrice. Elle habite une masure démeublée et couche dans un lit plein de vermine. Pourtant elle est contente, parce que « c'est comme une maison de campagne ». — « A trois heures on est réveillé par les cochons qu'on mène au pâturage. » Son grand plaisir est d'acheter des cerises aux paysannes.

De là, Napoléon lui apparaît comme un monstre N'est-il pas le persécuteur de sa famille et de son peuple? N'a-t-il pas mis la maison de Hapsbourg à deux doigts de sa perte? N'est-ce pas devant lui qu'elle fuit avec les siens de ville en ville? Aussi comme elle accueille tous les contes qu'on fait sur le tyran, avec quelle bonne foi elle raconte qu'il s'est fait Turc et a renié le Christ en Égypte, et que, dans une grande défaite, le 22 mai 1809, il a tué de sa main deux de ses généraux. En réalité, le 22 mai 1809, l'empereur gagnait la bataille d'Essling et pleurait en embrassant le maréchal Lannes mortellement frappé. Pour elle, Napoléon, c'est l'Antechrist. (Lettre du 8 juillet 1809.) Elle tremble à son nom.

Je vous assure que de voir cette personne me serait

un supplice pire que tous les martyres, et je ne sais si cela ne lui viendrait pas en tête.

Bientôt, elle apprend de toutes parts que le monstre quitte sa femme pour en prendre une autre dans une des cours de l'Europe. « Je plains, dit-elle, la pauvre princesse qu'il choisira. » Mais, quand, enfin, elle soupçonne que cette pauvre princesse, c'est elle-même, elle se résigne. Marie-Louise était née pour la résignation.

Depuis le divorce de Napoléon, j'ouvre chaque gazette de Francfort dans l'idée d'y trouver la nomination de la nouvelle épouse, et j'avoue que ce retard me cause des inquiétudes involontaires; je remets mon sort entre les mains de la Providence, elle seule sait ce qui peut nous rendre heureux. Mais, si le malheur voulait, je suis prête à sacrifier mon bonheur particulier au bien de l'État, persuadée que l'on ne trouve la vraie félicité que dans l'accomplissement de ses devoirs, même au préjudice de de ses inclinations. Je ne veux plus y penser; mais, s'il le faut, ma résolution est prise, quoique ce serait un double et bien pénible sacrifice. Priez pour que cela ne soit pas. (22-23 janvier 1810.)

Vous connaissez le conte de *la Belle et la Bête*. La Belle avait grand'peur de la Bête; mais, quand elle la vit, elle l'aima. Napoléon, flatté d'épouser une archiduchesse, accueillit sa fiancée avec un empressement dont la violence même ne déplut pas à la jeune Allemande, qui venait à lui, blanche, blonde et grasse. « Il était si enthousiasmé, dit une des femmes de chambre de l'impératrice, qu'à peine voulut-il s'arrêter quelques instants à Soissons, où il avait été décidé qu'on coucherait, et l'on se rendit tout de suite à Compiègne. Il paraît que les prières de Napoléon, unies aux instances de la reine de Naples, décidèrent Marie-Louise à ne rien refuser à son trop heureux mari. » Les lettres écrites de France à la comtesse Colloredo et à la comtesse de Crenneville sont remplies des témoignages d'une joie sans nuage. « Je sens dit-elle, combien il est doux de parler de son bonheur. »

Elle étale l'innocent orgueil de sa maternité : « Mon fils profite à vue d'œil, il devient charmant, je crois même lui avoir déjà entendu dire *papa*; mon amour maternel veut au moins s'en flatter. » (2 septembre 1811.)

Mais nous savons par un témoin qu'elle était gauche et maladroite avec son fils, et qu'elle n'osait ni le prendre ni le caresser. L'empereur, au contraire, le prenait dans ses bras toutes les fois qu'il le voyait, le caressait, le taquinait, le portait devant une glace et lui faisait des grimaces. Lorsqu'il déjeunait, il le mettait sur ses genoux, trempait un doigt dans la sauce, le lui faisait sucer et lui en barbouillait le visage. La gouvernante grondait, l'empereur riait et l'enfant paraissait recevoir avec plaisir les caresses bruyantes de son père.

Marie-Louise ne cesse pendant trois ans de vanter son bonheur conjugal : « Les moments que je passe le plus agréablement sont ceux où je suis avec l'empereur et où je m'occupe toute seule. Le carnaval sera assez triste ce qui m'est fort égal, ayant entièrement perdu le goût de la danse, qui a été remplacé par celui de l'exercice à cheval. » (1ᵉʳ janvier 1811.)

Séparée de son mari, la sentimentale Germaine languit et se lamente. Ni son père ni son fils ne peuvent la distraire du chagrin que lui cause l'absence de l'empereur.

Vous pouvez vous figurer le bonheur que je ressens d'être au milieu de ma famille, car vous savez comme je l'aime; cependant il est troublé par le chagrin de me trouver séparée de l'empereur. Je ne puis être heureuse qu'auprès de lui. (Prague, 11 juin 1812.) Je ne serai contente et tranquille que lorsque je le reverrai : que Dieu vous préserve jamais d'une telle séparation ; elle est trop cruelle pour un cœur aimant et, si elle dure longtemps, je n'y résisterai pas. (Prague, 28 juin 1812.) J'ai retrouvé mon fils embelli et grandi; il est si intelligent, que je ne me lasse pas de l'avoir près de moi. Mais, malgré toutes ses grâces, il ne peut pas parvenir à me faire oublier, fût-ce pour quelques instants, l'absence de son père. (Saint-Cloud, 2 octobre 1812.)

Que deviendra cet amour au jour de l'épreuve? Impératrice régente, épouse et mère, Marie-Louise quitte la capitale le 29 mars 1814, alors que les alliés en étaient encore à plusieurs journées. Abandon lamentable et désastreux que nous ne lui reprocherons pas, car elle ne partit que sur l'ordre réitéré de Napoléon. Il est puissant encore : elle lui obéit; mais bientôt, déchu, il part pour l'île d'Elbe. Cette tendre épouse ne le suivra pas. A peine fait-elle mine de le rejoindre. Elle se laisse arrêter en route dès les premiers pas et ramener à Vienne.

Le héros malheureux l'appelle et l'attend. Elle ne va pas à lui. Elle lui écrit tant qu'on le lui permet. Mais elle ne répond plus dès que son père le défend. C'est une fille obéissante.

On raconte qu'à Vienne elle rencontra sa grand'-mère la reine Caroline, ennemie de Bonaparte, et que la fille de Marie-Thérèse demanda à Marie-Louise pourquoi elle avait ainsi abandonné son mari. Celle-ci s'excusa timidement sur les obstacles qu'on avait mis à leur réunion.

— Ma fille, répondit la vieille reine, on saute par la fenêtre !

Mais la bonne Marie-Louise ne songeait pas à sauter par la fenêtre. Elle était trop bien élevée pour cela. Pendant ce temps, elle jouait paisiblement de la guitare. C'est elle-même qui nous l'apprend :

Cette vie tranquille me réussit très bien. Vous savez, ma chère Victoire, que je n'ai jamais aimé le grand monde. Et je le hais à présent plus que jamais. Je suis heureuse dans mon petit coin, voyant beaucoup mon fils, qui embellit journellement et devient de plus en plus aimable...

Ma santé est très bonne...

On a bien tort de vous dire que je néglige la musique, j'en fais encore souvent. Je commence même à jouer de la **guitare, il est vrai** très mal. (Schœnbrunn, 3 mars 1815.)

Le retour de l'île d'Elbe l'inquiéta. Et il ne fallut pas moins que Waterloo et Sainte-Hélène pour la rassurer. Elle avait assez bien conduit ses petites affaires et pourvu à sa tranquillité : elle s'était fait attribuer le duché de Parme, à la condition de ne plus revoir son fils. Là, pendant la longue agonie de l'empereur, cette tendre et vertueuse Allemande donnait des petits frères germaniques au roi de Rome. Son nouveau maître était un gentilhomme wurtembergeois au service de l'Autriche. Homme sûr : elle le tenait de M. de Metternich. Il avait quarante ans passés, était blond et portait un large bandeau noir sur un œil qu'il avait perdu. Le comte Neipperg donna trois enfants à la bonne Marie-Louise, dont il administrait le duché. Mais Marie-Louise était pieuse. Elle s'empressa de consacrer, dès qu'elle le put, cette union, par un mariage religieux et secret. Si elle remit jusqu'en 1821, c'est la faute de Napoléon, qui tardait à mourir.

Il mourut pourtant. Marie-Louise l'apprit par une gazette, et cette nouvelle, dont le monde entier s'émut, contraria la duchesse de Parme. Elle écrivit, à la date du 19 juillet 1821, à la comtesse de Crenneville :

Je suis à présent dans une grande incertitude. La *Gazette de Piémont* a annoncé d'une manière si positive la mort de Napoléon, qu'il n'est presque plus possible d'en douter. J'avoue que j'en ai été extrêmement frappée. Quoique je n'aie jamais eu de sentiment vif *d'aucun genre* pour lui, je ne puis oublier qu'il est le père de mon fils, et que, loin de me maltraiter comme tout le monde le croit, il m'a toujours témoigné tous les égards, seule chose que l'on puisse désirer dans un mariage politique. J'en ai donc été très affligée, et, quoiqu'on doive être heureux qu'il ait fini son existence malheureuse d'une manière chrétienne, je lui aurais cependant désiré encore des années de bonheur et de vie, — pourvu que ce fût loin de moi

Elle ajoute que son estomac s'est tellement remis qu'elle peut manger de tout, « même du melon », et qu'ayant été piquée par les cousins au visage, elle est contente de ne pas devoir se montrer.

Enfin elle pouvait épouser le comte de Neipperg.

Veuve d'Hector; hélas! et femme d'Hélénus!

Neipperg eut le tort de mourir à son tour; il fut remplacé par M. de Bombelles.

Elle-même enfin quitta cette terre où elle n'avait cherché que son repos. On fut surpris d'apprendre, en décembre 1847, la fin de Marie-Louise, qu'on croyait morte depuis longtemps.

Médiocre dans une haute fortune, elle ne fut ni bonne ni méchante; elle appartient à l'innombrable troupeau de ces âmes tièdes que le ciel rejette et que l'enfer lui-même, dit le poète, vomit avec dégoût.

LA REINE CATHERINE[1]

La dernière fois, en feuilletant les lettres de Marie-Louise, nous avons eu la pénible image d'une âme commune, jetée dans d'illustres conjonctures et remplissant mal une grande destinée. Or, pendant que l'indigne impératrice refusait de partager l'exil de celui dont elle avait partagé le trône, une autre princesse, soumise à de semblables épreuves, les traversait à sa gloire. Donnant l'exemple de la constance dans ces jours qui virent tant de lâchetés, Catherine de Wurtemberg restait fidèle à l'époux déchu et proscrit que l'Europe entière s'efforçait de lui arracher.

1. *Briefwechsel der Kœnigin Katharina und des Kœnigs Jérôme von Westphalien so wie des Kaisers Napoleon I mit dem Kœnig Friedrich von Würtemberg. Herausgegeben von Doctor August von Schlossberger.* Stuttgart, 2 vol. in-8°

« Par sa belle conduite en 1815, disait Napoléon à Sainte-Hélène, cette princesse s'est inscrite de ses propres mains dans l'histoire. » Il se trouve qu'en même temps qu'on publiait à Vienne des lettres de Marie-Louise, le docteur Auguste de Schlossberger tirait des archives de Stuttgart la correspondance échangée de 1801 à 1815 entre Catherine et son père. L'occasion est belle de saisir un contraste que nous n'avons pas cherché, d'opposer l'une à l'autre les deux belles-sœurs et de montrer côte à côte la mollesse et la vertu.

Catherine naquit à Saint-Pétersbourg le 21 février 1783. Elle était la deuxième enfant de Frédéric, duc et plus tard roi de Wurtemberg, et de la princesse Augusta de Brunswick.

Elle connut à peine sa mère, qui mourut jeune, et elle fut élevée à Mumpelgard par sa grand'mère, Sophie-Dorothée de Wurtemberg, nièce du grand Frédéric, auprès de laquelle elle resta jusqu'à l'âge de quatorze ans. Elle a dit elle-même, en se reportant à l'époque de son enfance : « Quoique spirituelle et gentille, j'étais cependant très volontaire, très impérieuse et très capricieuse, et il était impossible de m'assujettir ou de m'appliquer à la moindre des choses. » Sophie-Dorothée était, dit-on, une femme instruite et supérieure. Elle donna ses soins à l'éducation de sa petite-fille et « la cultiva comme une jeune plante ». Catherine qui lui en garda une profonde reconaissance disait : « C'est d'elle que j'acquis le peu de vertus que je possède. » Mais, quelle qu'ait été l'influence de Sophie-Dorothée, il faut reconnaître que sa petite-fille était née avec un cœur droit et une âme généreuse. Catherine avait quinze ans quand elle perdit sa grand'mère. Ce fut sa première douleur. Elle alla vivre alors à la cour de son père, qu'elle trouva marié en secondes noces à la princesse Charlotte-Mathilde d'Angleterre.

Par une disposition d'esprit qu'on sait n'être pas rare, elle refusa son amitié et sa confiance à sa jeune belle-mère, réservant à sa tante et surtout à son père toute la tendresse de son âme ardente. C'était alors une belle jeune fille, dans tout l'éclat de son teint clair, de ses grands yeux bleus et de sa chevelure blonde et bouclée. Elle avait un air mutin qui devait se changer bientôt en un air héroïque. Son père, la voyant riante et fraîche, lui témoignait de l'amitié et jouait volontiers avec elle. Frédéric de Wurtemberg était un soldat. Le cœur des soldats est parfois d'une exquise bonté. Mais c'était aussi un politique, et la tendresse des politiques est toujours courte. Nous verrons que Frédéric fit taire la sienne dès que la raison d'État parla à son oreille. On dit que, lors même de la première jeunesse de sa fille, « ses caresses était celles du lion faisant sentir ses griffes ». Ce lion germanique tenait aussi du renard. Il était violent, mais il était rusé. Les relations ds ce petit souverain avec Napoléon rappellent assez certains épisodes du roman populaire que Gœthe mit en vers et dans lequel on voit Noble, le lion, et l'ingénieux Goupil marchant de compagnie. Ajoutons, pour être juste, que le renard souabe ne se tira des griffes du lion qu'à moitié dévoré, lui et son peuple. L'amitié du grand homme était un présent des dieux. Mais ce n'était pas un présent gratuit.

La vie que menait Catherine dans la petite cour de Stuttgart se traînait monotone et triste, sans douce chaleur, sans joies intimes. La jeune princesse, repliée sur elle-même, s'occupait de lectures, d'ouvrages de femme et de musique. S'exerçant à chanter, elle voulut apprendre l'italien, comme la langue la plus musicale, et commença à jouer de la mandoline. Mais elle n'était pas de nature à se laisser ravir tout entière par l'illusion des arts. Ses instincts de générosité positive la retenaient dans la saine réalité de la vie. Le rêve tint peu de place en son âme toujours présente aux choses. Elle portait jusque dans l'enjouement de la jeunesse une certaine gravité. A vingt-deux ans, on l'appelait l'abbesse. Elle se disait vieille fille alors, et elle ajoutait avec une gaieté sérieuse : « Je m'en console et prendrai mon parti en grand'capitaine ; comme je n'aurai jamais de mari, c'est une honnête retraite pour une vieille fille qu'une abbaye. »

Deux ans plus tard, elle recevait un mari des mains de son père. C'était en 1807. Napoléon victorieux venait de dicter le traité de Tilsitt. De la Hesse-Cassel et des possessions prussiennes à l'ouest de l'Elbe, il avait formé le royaume de Westphalie, qu'il donnait à son frère Jérôme. Celui-ci, âgé seulement de vingt-trois ans, s'était déjà marié quatre ans auparavant, à l'insu du chef de la famille, avec la fille d'un négociant de Baltimore, mademoiselle Paterson. Mais le premier consul, à qui ce mariage déplaisait, l'avait fait casser comme contracté par un mineur. Jérôme était redevenu libre et il fallait une reine à la Westphalie. Napoléon choisit la princesse Catherine. Il la demanda au roi de Wurtemberg, qui n'avait ni l'envie ni le pouvoir de la refuser à son puissant allié. Mais, quand Frédéric s'ouvrit de ses projets à sa fille, elle y opposa une résistance énergique.

Nous savons, par son propre aveu, qu'elle était alors « occupée d'autres projets ». Elle ne céda qu'au bout d'une année. Cependant, la guerre avait éclaté; Jérôme commandait avec Vendamme une armée sur le Rhin. L'empereur écrivait de Saint-Cloud au roi Frédéric : « Je crains que les noces ne soient un peu dérangées; n'importe, d'autres moments viendront où nous referons mieux ce que l'on aura fait en bottes. »

Catherine était résolue à chercher dans ces liens que la politique avait seule formés la satisfaction du devoir accompli. On voit par sa correspondance que, durant le voyage qu'elle fit pour rejoindre le prince, sa seule inquiétude était de ne pas plaire au mari qui ne la connaissait encore que par un portrait. Sa beauté ne la rassurait point. Elle écrivait à son père avant la rencontre :

« Ce n'est pas sans un serrement de cœur que je pense à cette première entrevue ; j'en ai une peur que je ne puis décrire. »

Cette entrevue tant redoutée eut lieu aux Tuileries le 22 août 1807. Catherine en rendit compte à son père le lendemain en ces termes :

« J'ai fait ma toilette pour recevoir le prince. Je ne puis vous exprimer combien j'ai été émue en le voyant, quoiqu'il ait été très poli ; mais il paraissait en proie à un si grand embarras que cela augmentait naturellement le mien. »

C'est ce jour-là que le contrat fut signé. La pricesse apportait au roi une dot de cent mille florins et des bijoux pour une somme égale. L'éditeur allemand, dont nous avons le travail sous les yeux, a soin de remarquer que cette somme n'était pas petite, eu égard au temps et aux circonstances. Quant au trousseau, il était à la mode de Wurtemberg et ne put servir. L'empereur et Jérôme le remplacèrent gracieusement.

Où elle n'avait prévu que le devoir, Catherine trouva le bonheur. Son mari était jeune, brave, amoureux ; elle l'aima tout de suite et pour la vie.

Elle écrivait le 25 août :

« Le prince, mon mari, depuis deux jours, paraît véritablement s'attacher à moi ; c'est réellement un homme charmant, rempli d'amabilité, d'esprit, de bonté. Vous devriez voir les attentions, la délicatesse, la tendresse dont il comble votre fille. Déjà il commence à me gâter; car il est impossible de mettre plus de grâce, plus de franchise, plus de confiance dans ce qu'il me fait pour me faire plaisir; aussi je ne pourrais plus être heureuse sans lui. »

Et elle disait trois jours après :

« Je ne pourrais plus vivre sans lui. »

Elle acheva l'année à Saint-Cloud et à Paris, avec la cour impériale, et se rendit ensuite dans le royaume que Napoléon lui avait taillé avec son épée. Le 1ᵉʳ janvier 1808, elle fit son entrée à Cassel, où elle devait rester six ans, au milieu des épreuves qui montrèrent l'inébranlable fermeté de son caractère. Catherine, épouse et reine, eut doublement à souffrir. La campagne de 1809 lui enleva son mari.

Elle écrivait le 25 mars à son père :

« Je puis vous assurer que j'attends les événements sinon avec une entière sécurité, du moins avec le courage et la force d'âme qui me conviennent. Si mon mari va rejoindre l'armée, ainsi que cela est probable, je ne m'opposerai pas, par une faiblesse déplacée, à un plan si sage, mais j'espérerai des bontés de la Providence le succès de ses soins et de ses exploits militaires. »

Le royaume de Westphalie, formé par le tranchant du fer de lambeaux pour ainsi dire encore saignants, s'agitait en des convulsions terribles. Catherine et Jérôme, entourés d'assassins, risquaient d'être égorgés dans leur palais. Une formidable insurrection de paysans éclata au printemps de 1809. Dans ces conjonctures, la princesse écrivait à son père : « Je vous supplie d'être tranquille. Je le suis moi-même, je vous assure. »

Elle ne quitta Cassel qu'à la dernière extrémité, quand les troupes autrichiennes envahirent la Westphalie soulevée. Et, si elle consentit alors à partir, ce fut pour ne pas obliger plus longtemps le roi à employer une portion de ses forces à la garder.

Nous ne retracerons pas ici les vicissitudes de cette royauté de six années. Il faudrait, pour cela, suivre pas à pas les *Mémoires du roi Jérôme*, publiés de 1861 à 1866. Nous nous bornons à relever, dans la récente publication de Stuttgart, quelques traits de la vie et du caractère de la reine Catherine.

Nous retrouvons cette princesse dans sa capitale en 1811. Le 25 novembre, un incendie dévore son palais. Elle écrit le lendemain de la catastrophe, dont elle a failli être victime :

« Je puis dire que je ne me suis pas effrayée une minute et que je n'ai perdu ni mon calme ni mon sang-froid dans la terrible catastrophe d'hier. Je n'ai frémi qu'à l'idée du danger que le roi a couru. »

Appelée à Paris, à la fin de l'année 1809, pour les cérémonies du mariage de l'empereur avec Marie-Louise, elle trouva Napoléon tout occupé de l'attente de l'archiduchesse. Les lettres anecdotiques qu'elle écrivit dans cette circonstance sont des plus curieuses. On y trouve cet enjouement paisible et cette bonne humeur que les contemporains aimaient en elle.

« Vous ne croiriez jamais, mon cher père, combien il (l'empereur) est amoureux de sa femme future ; il en a la tête montée à un point que je n'aurais jamais imaginé et que je ne puis assez vous exprimer ; chaque jour, il lui envoie un de ses chambellans, chargé, comme Mercure, des missives du grand Jupiter ; il m'a montré cinq de ses épîtres, qui ne sont pas tout à fait celles de saint Paul, il est vrai, mais qui sont réellement dignes d'avoir été dictées par un amant transi ; il ne m'a parlé que d'elle et de tout ce qui la concerne ; je ne vous ferai pas ici l'énumération des fêtes et des cadeaux qu'il lui prépare, dont il m'a fait le détail le plus circonstancié ; je me bornerai à vous rendre la disposition de son esprit, en vous rendant ce qu'il m'a dit, que, lorsqu'il serait marié, il donnerait la paix au monde et tout le reste de son temps à Zaïre. » (17 mars 1810.)

. . . .

« Pour vous prouver à quel point l'empereur est occupé de sa femme future, je vous dirai qu'il a fait venir tailleur et cordonnier pour se faire habiller avec tout le soin possible et qu'il apprend à valser ; ce sont des choses que ni vous ni moi n'aurions imaginées. » (27 mars 1810.)

Voilà un Bonaparte que nous ne soupçonnions guère, même après les documentations copieuses de M. Taine. Les hommes sont plus divers en réalité qu'on ne se les imagine, et il faut désormais nous faire à l'idée d'un Napoléon valseur. Ces deux fragments de lettres, que nous venons de citer, sont plus importants pour la psychologie du grand homme que pour celle de sa belle-sœur. Mais ils nous ont semblé piquants et d'un tour agréable. Ils tranchent par leur vivacité sur le ton généralement grave de la correspondance de Catherine.

Les papiers publiés à Stuttgart ne nous fournissent aucun document important relatif aux années 1810 et 1811. A la date du 17 janvier 1812, rien (Catherine l'attestait solennellement) n'avait encore « altéré le repos et le bonheur » de son foyer. Mais les jours de sa royauté étaient désormais comptés.

L'empereur méditait la campagne de Russie et préparait, avec la ruine de son empire, celle des petits États qui en étaient les satellites. Jérôme avait tenté en vain d'ouvrir les yeux du conquérant sur les difficultés et les périls de cette entreprise démesurée. Napoléon lui avait fermé la bouche d'un mot.

— Vous me faites pitié, lui avait-il dit. C'est comme si l'écolier d'Homère voulait lui apprendre à faire des vers. (Voy. Schlossberger, p. 5.)

La guerre étant déclarée, Jérôme dut se rendre à Glogau. Catherine s'attendait à cette nouvelle séparation. Elle écrivait le 24 février à son père :

« Je serai séparée du roi... j'aurai à trembler pour un mari et pour un frère. Cependant, ne croyez pas, mon cher père, que je me montre en cette circonstance égoïste ou pusillanime ; je sens trop combien il est essentiel à la gloire des princes, et peut-être à leur existence présente et future, de se montrer dans des instants pareils et de prendre une part active à leur propre cause, pour ne retenir en aucune façon le roi. »

Le 17 mai, elle se rendit à Dresde et y arriva en même temps que Napoléon. Elle espérait y embrasser son mari.

— Sire, dit-elle à l'empereur, ne faites-vous pas venir Jérôme ici pour que je puisse le voir ?...

Il lui répondit brusquement :

— Oh! oh! vous allez voir que je ferai déranger un de mes généraux d'armée pour une femme!... (*Loc. cit.*, p. 22)

Catherine rapporte ce dur propos et elle ajoute : « Je ne pus cacher quelques larmes qui m'échappèrent » à cette réponse. »

Régente de Westphalie en l'absence du prince, ce n'est pas sans inquiétude qu'elle avait accepté ces hautes fonctions.

« J'ai voulu prouver au roi, par cette soumission, dit-elle, que je ne désire que ce qui peut lui être agréable et utile. Me voilà donc lancée dans les affaires, moi qui les ai toujours détestées... C'est le plus grand des sacrifices que je puisse faire au roi, moi qui n'aime qu'une vie tranquille, calme, paisible, qui adore la lecture, l'ouvrage, la musique, enfin toutes les occupations des femmes. » (*Loc. cit.*, p. 9.)

Son père, inquiet des dangers qu'elle courait et disposé déjà à séparer secrètement la cause de sa fille de celle des Bonaparte, la pressa de quitter Cassel et de se rendre auprès de lui. Elle lui répondit : « Mon cher père, je me rappellerai toujours de vous avoir ouï blâmer la princesse héréditaire de Weimar pour avoir quitté son pays au moment où elle aurait dû y rester. »

Mais les événements se précipitaient. Nous touchons à la phase héroïque de la vie de Catherine.

La sixième coalition mit fin au royaume de Westphalie. Catherine sortit de Cassel, pour n'y plus rentrer, le 10 mars 1813. A Leipzig, la cavalerie wurtembergeoise passa à l'ennemi sur le champ de bataille. Le roi Frédéric, jusque-là vassal de la France, était devenu son ennemi.

En 1814, après la chute de l'Empire, il invita sa fille à suivre l'exemple de Marie-Louise et à se séparer de son mari. La politique, selon lui, pouvait délier un lien qu'elle avait seule formé.

Catherine, indignée et résolue, fit cette fière réponse :

« Sire, le mari que vous m'avez donné, je ne le quitterai pas déchu du trône. J'ai partagé sa prospérité. Il m'appartient dans son malheur. »

Elle était alors réfugiée à Trieste avec son mari. Lorsque Napoléon, sorti de l'île d'Elbe, reparut en France et que l'aigle vola de clocher en clocher, Jérôme résolut de rejoindre son frère. Trompant la surveillance des autorités autrichiennes, Catherine l'aida à fuir sous un déguisement. Il parvint à gagner la

France, fit la campagne de 1815 et fut blessé à Waterloo.

Pendant ce temps, sa femme restait exposée aux outrages d'une police inquiète et brutale, qui allait jusqu'à mettre des échelles contre ses fenêtres pour l'observer chez elle. Chassée bientôt de Trieste, elle se trouva sans asile, ne sachant où reposer sa tête dans l'Europe entière, conjurée pour la séparer de son mari. Elle pensa obtenir chez son père un refuge pour Jérôme et pour elle : elle n'y trouva qu'une prison. Ce qu'elle souffrit dans le château d'Ellwangen lui fit cent fois souhaiter la mort.

Mais l'exil, la captivité et la persécution ne lassèrent pas sa fidélité. Du moins, elle goûtait, au milieu de ces épreuves, des joies qui avaient été refusées à ses jours prospères. Elle avait souhaité ardemment d'être mère. Elle le devint pour la première fois en 1814, d'un fils qui devait lui survivre peu de temps. Elle eut encore deux enfants : la princesse Mathilde et le prince Napoléon.

Cette vie, dont le printemps fut si pur et l'été tout brûlant de généreuses ardeurs, ne connut point la paix d'un long soir. Catherine de Wurtemberg, dont la santé avait toujours été délicate, mourut près de Lausanne, d'une hydropisie de poitrine, dans la nuit du 29 au 30 novembre 1835, dans sa cinquante-deuxième année. Ses derniers moments, dignes de sa vie entière, offrent un spectacle d'une grandeur antique.

A huit heures du soir, les médecins déclarèrent à

Jérôme que la reine n'avait plus que quelques heures à vivre. Il alla chercher ses enfants et les fit entrer dans la chambre de leur mère. En les voyant agenouillés devant son lit, Catherine, qui avait conservé toute sa connaissance, mais qui ne croyait pas que la mort fut si proche, demanda quelle était cette bénédiction qu'on lui réclamait.

— Il est sage que tu bénisses ainsi tes enfants tous les soirs, lui dit son mari, parce qu'un malheur est toujours possible.

Catherine comprit à ces mots qu'elle touchait à ses derniers moments. Elle bénit ses enfants et dit avec calme : « Je vois que la mort approche, je ne la crains pas. Ce que j'ai aimé le plus au monde, c'est toi, Jérôme. » Et, en disant ces paroles, elle portait à ses lèvres la main de son mari.

Elle ajouta : « Je suis prête... J'aurais voulu vous dire adieu en France... » Jérôme et son fils aîné restèrent près de la mourante. Napoléon et Mathilde, qui avaient l'un treize ans et l'autre quinze, furent emmenés dans une maison voisine. A dix heures, Catherine perdit connaissance. A deux heures et demie du matin, elle avait cessé de vivre.

Elle laissait en mourant une belle mémoire, le souvenir d'une âme qui marchait toujours droit et haut au devoir, parce qu'elle avait deux guides qui n'égarent jamais quand ils vont ensemble : le courage et l'amour.

POUR LE LATIN

Nos collégiens ont repris la gibecière, et les voilà de nouveau étudiant la bonne doctrine dans ces salles où il y a tant d'encre répandue et tant de poussière de craie autour du tableau noir. Le jour de la rentrée n'est pas généralement redouté. Il est même plus désiré à mesure qu'il approche. Les vacances sont longues et oiseuses. La rentrée réunit des camarades qui ont beaucoup à se dire. Enfin, elle cause un changement. Cela seul la ferait bien venir. Les enfants veulent du nouveau. Nous en voudrions comme eux si l'inconnu nous inspirait encore quelque confiance. Mais nous avons appris à nous en défier. Et puis nous savons que la vie n'apporte jamais rien de neuf et que c'est nous, au contraire, qui lui donnons du nouveau quand nous sommes jeunes. L'univers a l'âge de chacun de nous. Il est jeune aux jeunes. Il est revêtu, pour les yeux de quinze ans, des teintes de l'aurore. Il meurt avec nous; il renaît dans nos enfants. Qui de nous n'est soucieux d'un avenir qu'il ne verra pas? Pour moi, je suis chaque année avec un intérêt plus vif et plus inquiet la fortune de nos études classiques. Songez donc que la culture française est la chose du monde la plus noble et la plus délicate, qu'elle s'appauvrit et qu'on multiplie pour la régénérer les essais les plus périlleux. Comment voulez-vous qu'à des heures aussi critiques on puisse voir sans émotion un petit « potache » allant, matinal, le nez en l'air, ses livres sur le dos, à son lycée?

Il est l'avenir de la patrie, ce pauvre petit diable! C'est avec angoisse que je cherche à deviner s'il gardera toute vive ou s'il laissera éteindre la flamme qui éclaire le monde depuis si longtemps. Je tremble pour nos humanités. Elles formaient des hommes; elles enseignaient à penser. On a voulu qu'elles fissent davantage et qu'elles eussent une utilité directe, immédiate. On a voulu que l'enseignement restât libéral tout en devenant pratique. On a chargé les programmes comme des fusils pour je ne sais quel farouche combat. On y a fourré des faits, des faits, des faits. On a eu notamment une inconcevable fureur de géographie.

Le latin en a grandement souffert. Beaucoup de républicains s'en sont consolés, le croyant inventé par les jésuites. Ils se trompaient. Les jésuites n'ont jamais rien inventé; ils ont toujours tout employé. On n'a qu'à ouvrir Erasme ou Rabelais pour voir que le latin classique fut instauré dans les écoles par les savants de la Renaissance. Le conseil supérieur de l'instruction publique ne pouvait prendre son parti si aisément. Il a voulu faire la part du latin. Mais la volonté d'un conseil, même supérieur, n'est jamais ni bien stable ni bien efficace. L'énergie s'y tourne vite en résignation. On veut croire que la meilleure manière de restaurer le latin est de créer un enseignement secondaire dans lequel on n'apprendra que des langues vivantes; on s'efforce d'espérer que les études latines seront sauvées dès qu'elles partageront le beau nom de classiques avec des rivales qui ne les égaleront jamais, quoi qu'on fasse, en noblesse, en force, en grâce et en beauté. Ce sont des illusions qu'il est difficile de partager.

En réalité, le déclin des études latines est terriblement rapide. Les rhétoriciens de mon temps lisaient couramment Virgile et Cicéron. Ils écrivaient en latin, j'entends qu'ils faisaient effort pour exprimer dans cette langue morte leur pensée encore mal éveillée. C'est tout ce qu'on pouvait leur demander. On me dit de toutes parts et je vois qu'il n'en est plus ainsi. Il y a encore à la tête de chaque classe quelques jeunes gens amoureux des lettres latines. Mais on les compte déjà pour les derniers humanistes. Le grand nombre se désintéresse de plus en plus des choses classiques.

S'il faut s'en affliger, peut-on en être surpris? Le atin s'est retiré du monde; il tend à se retirer de l'école. C'est fatal. Au XVIII° siècle, il était encore la langue universelle de la science. Maintenant, la science parle français, anglais, allemand. La théologie seule garde son vieil idiome; mais elle est étroitement resserrée dans l'enceinte des séminaires et le public ne prête plus l'oreille à ses disputes. Déjà on a beaucoup diminué la place qu'occupait le latin dans les programmes. On lui a ôté ses antiques honneurs; on l'en arrachera peu à peu par lambeaux, et sa disparition totale est certaine dans un avenir prochain que du moins nous ne verrons pas, je l'espère.

Pourtant, tout mutilé qu'il est, il reste le nerf et le muscle de l'enseignement secondaire. A la place des membres dont il est amputé, on a mis quelques branches de sciences. Il ne paraît pas que l'esprit des élèves en ait été profitablement nourri. Il y a eu à cet égard une pénible déception. Comme les méthodes des sciences passent l'entendement des enfants, on s'en est tenu aux nomenclatures qui fatiguent la mémoire sans solliciter l'intelligence. Les éléments d'histoire naturelle introduits dans les classes de lettres y ont donné, en particulier, les plus mauvais résultats.

« On peut affirmer sans crainte, dit M. H. de Lacaze-Duthiers, qu'il est peu de professeurs faisant des examens du baccalauréat ayant en grande estime le savoir des candidats au baccalauréat restreint ou au baccalauréat ès lettres, en physique, en chimie et en histoire naturelle... Quant aux bacheliers ès lettres, il peut en exister sans doute de bien forts en histoire naturelle; mais j'avouerai n'en pas connaître beaucoup parmi ceux que j'ai examinés, tandis que ceux qui ne le sont pas abondent[1]. »

On a ajouté, en outre, aux programmes beaucoup d'histoire et encore plus de géographie. On a rendu plus sérieuse l'étude des langues vivantes; enfin, on s'est efforcé de donner un caractère pratique à l'enseignement secondaire.

Il faut bien reconnaître qu'on n'a pas réussi. Nos bacheliers ès lettres sont-ils mieux armés pour le combat de la vie depuis qu'on a mis dans leur tête quelques termes de chimie? Non. Les éléments d'une

1. M. Lacaze-Duthiers ajoute :
« Ils ne s'en tiennent pas à ne pas savoir, ils inventent des réponses et les débitent avec un aplomb qui mériterait un autre sort qu'une réception. Je ne puis résister à l'envie d'en citer un exemple.

» D. — Comment respirent les animaux?
» R. — Par des poumons, des branchies, des trachées.
» D. — Qu'est-ce qu'une trachée?
» R. — *Une houppe de petites villosités fixée sur la pointe du nez des insectes.*
» Ce candidat fut reçu; il avait la moyenne pour le passable. — Il passa. »

N'en déplaise à M. H. de Lacaze-Duthiers, le jeune gaillard qui lui fit cette réponse n'inventa rien. Il rendit à l'*alma mater* la monnaie de sa pièce. Il lui donna les mêmes mots qu'elle lui avait donnés. Seulement il ne les rendit pas dans l'ordre où il les avait reçus. Il en avait trop entendu. Ils s'étaient brouillés dans sa tête.

science axacte ne sont d'aucune utilité à ceux qui ne poussent pas cette science assez avant pour en faire la synthèse ou pour en tirer des applications industrielles. Auront-ils plus d'expérience parce qu'ils apprennent l'histoire universelle depuis l'âge des cavernes jusqu'à la présidence de M. Jules Grévy? J'en doute. L'histoire, telle qu'on la leur enseigne, n'est qu'un insipide catalogue de faits et de dates. Il vaudrait peut-être mieux embrasser moins de temps, s'en tenir aux âges modernes et les étudier avec toutes les circonstances qui en révèlent l'esprit et la vie. Mais comment faire connaître la vie d'un peuple à des enfants qui ne savent pas même ce que c'est que la vie d'un homme? Je ne dis rien de la géographie, qui fut longtemps l'objet des espérances les plus superstitieuses. Elle n'est une grande science qu'à la condition d'en absorber plusieurs autres, telles que la géologie, la minéralogie, l'ethnographie, l'économie politique, etc., etc., et ce n'est point de cette façon qu'on l'entend au lycée. On l'y réduit à un exercice de mémoire long et stérile.

Je ne vois guère, dans toutes ces notions, que la connaissance des langues vivantes qui ait un intérêt pratique. On ne peut nier qu'il ne soit avantageux de savoir l'anglais et l'allemand. Cette connaissance est utile au négociant et au législateur, comme au soldat et au savant. Mais il reste à savoir si l'enseignement secondaire doit avoir pour unique objet l'utile. Il est bien général pour cela.

Non, le beau nom d'humanités qu'on lui donna longtemps nous éclaire sur sa véritable mission ; il doit former des hommes et non point telle ou telle espèce d'hommes ; il doit enseigner à penser. La sagesse est de se tenir satisfait s'il y réussit et de ne pas lui demander beaucoup d'autres choses en plus.

Apprendre à penser, c'est en cela que se résume tout le programme bien compris de l'enseignement secondaire.

C'est pourquoi je regrette infiniment les méthodes d'après lesquelles on enseignait autrefois le latin dans les classes de lettres ; car, en apprenant le latin de la sorte, les élèves apprenaient quelque chose d'infiniment plus précieux que le latin : ils apprenaient l'art de conduire et d'exprimer leur pensée.

Je lutte contre la nécessité. Qu'on veuille excuser cette vaine obstination. Je porte aux études latines un amour désespéré. Je crois fermement que, sans elles, c'en est fait de la beauté du génie français. Le latin, ce n'est pas pour nous une langue étrangère, c'est une langue maternelle ; nous sommes des Latins. C'est le lait de la louve romaine qui fait le plus beau de notre sang. Tous ceux d'entre nous qui ont pensé un peu fortement avaient appris à penser dans le latin. Je n'exagère pas en disant qu'en ignorant le latin on ignore la souveraine clarté du discours. Toutes les langues sont obscures à côté de celle-là. La littérature latine est plus propre que toute autre à former les esprits. En parlant ainsi, je ne m'abuse pas, croyez-le bien, sur l'étendue du génie des compatriotes de Cicéron ; j'en vois les limites. Rome eut des idées simples, fortes, peu nombreuses. Mais c'est par cela même qu'elle est une incomparable éducatrice. Depuis elle, l'humanité conçut des idées plus profondes ; le monde eut un frisson nouveau au contact des choses, il est vrai. Il est vrai aussi que, pour armer la jeunesse, rien ne vaut la force latine.

Voyez *Hamlet*, c'est tout un monde immense. Je doute qu'on ait jamais fait quelque chose de plus grand. Mais que voulez-vous qu'un écolier y prenne? Comment saisira-t-il ces fantômes d'idées plus insaisissables que le fantôme errant sur l'esplanade d'Elseneur ? Comment se débrouillera-t-il dans le chaos de ces images, aussi incertaines que les nuées dont le jeune mélancolique montre à Polonius les formes changeantes? Toute la littérature anglaise, si poétique et si profonde, offre de semblables complexités et une telle confusion. J'en dirai autant de la littérature allemande, pour toutes les parties qui n'ont été inspirées ni par Rome ni par la France. Je relisais hier le *Faust* de Gœthe, le premier *Faust*, dans la belle traduction, aujourd'hui sous presse, de M. Camille Benoit. C'est un riche magasin d'idées et de sentiments ; c'est mieux encore : c'est un laboratoire où la substance humaine est mise au creuset. Pourtant, que de brumes dans cette œuvre du plus lumineux génie de toute la Germanie! On y marche à tâtons par des sentiers tortueux, le regard aveuglé de météores. Cela non plus ne sera jamais classique pour nous. Maintenant, ouvrez les histoires de Tite-Live. Là tout est ordonné, lumineux, simple; Tite-Live, ce n'est pas un génie profond; c'est un parfait pédagogue. Il ne nous trouble jamais; c'est pourquoi nous le lisons sans vif plaisir. Mais comme il pense régulièrement! Qu'il est aisé de démontrer sa pensée, d'en examiner à part toutes les pièces et d'expliquer le jeu de chacune. Voilà pour la forme. Quant au fond même, qu'y trouve-t-on? Des leçons de patriotisme, de courage et de dévouement, la religion des ancêtres, le culte de la patrie. Voilà un classique! Je ne parle pas des Grecs. Ils sont la fleur et le parfum. Ils ont plus que la vertu, ils ont le goût! J'entends ce goût souverain, cette harmonie qui naît de la sagesse. Mais il faut convenir qu'ils ont toujours tenu peu de place dans les programmes du baccalauréat.

Et voici que le latin est devenu, dans nos lycées, semblable au grec. Voici qu'il n'est plus qu'une vaine ombre, jouet d'un souffle léger.

L'enseignement secondaire se dépouillera de plus en plus de cette incomparable splendeur qu'il tirait de son apparente inutilité. Puisque cette transformation est nécessaire, puisqu'elle correspond au changement des mœurs, il ne serait pas bien philosophique de s'en affliger outre mesure. Si je suis inconsolable, la raison me donne tort; la nature n'est jamais du parti des inconsolables. C'est toujours une attitude un peu sotte que celle de bouder l'avenir. Les nations ont l'instinct de ce qui leur est convenable et la France nouvelle trouvera peut-être l'enseignement dont elle a besoin pour ses enfants. Et nous autres, cependant, si ce plaisir égoïste nous est permis, nous nous réjouirons d'avoir été appelés les derniers au banquet des Muses et nous murmurerons ces vers d'un docte poëte, Frédéric Plessis, en nous refusant toutefois, par un sentiment pieux, à croire à l'entier accomplissement de la menace prophétique qu'ils contiennent :

> Les siècles rediront que, d'Athène et de Rome,
> Au stérile Occident l'art fécond est venu,
> Et ceux qu'autour de nous la voix du jour renomme
> Périront dès demain pour l'avoir méconnu.

> Dans la route banale où leur foule s'engage
> Ils trouvent la fortune et l'applaudissement ;
> Mais la noble pensée et le noble langage
> Par eux ne seront pas foulés impunément.

PROPOS DE RENTRÉE

LA TERRE ET LA LANGUE

Les premières bises de l'hiver nous chassent vers la ville. Les jours se font courts et brumeux. Pendant que j'écris, au coin du feu, dans la maison isolée, la lune se lève, toute rouge, au bout de l'allée que jonchent les feuilles mortes. Tout se tait. Une immense tristesse s'étend à l'horizon : Adieu les longs soleils, les heures lumineuses et chantantes! Adieu les champs et leur clair repos! Adieu la terre, la belle terre fleurie, la terre maternelle de laquelle nous sortons tous pour y rentrer un jour!

A la veille du départ, quand déjà les malles sont

---

1. *La Vie des mots*, par Arsène Darmesteter, in-8°, Delagrave, éditeur.

faites et les sacs bouclés, je n'ai sous la main, dans la demeure attristée, qu'un seul volume, et tout mince. C'est par aventure que ce petit volume est resté là, sur la cheminée. Le hasard est mon intendant. Je lui laisse le soin de mes biens et le gouvernement de ma fortune. Il me vole souvent, mais le coquin a de l'esprit : il m'amuse et je lui pardonne. D'ailleurs, si mal qu'il fasse, je ferais plus mal encore. Je lui dois quelques bonnes affaires. C'est un serviteur plein de ressources, et d'une fantaisie charmante. Il ne me donne jamais ce que je lui demande. Je ne m'en fâche pas, en considérant que les hommes ne forment guère que des vœux imprudents et qu'ils ne sont jamais si malheureux que quand ils obtiennent ce qu'ils demandent. « Tu n'es devenu misérable, dit Créon à Œdipe, que pour avoir fait toujours ta volonté. » Hasard, mon intendant, ne fait point la mienne. Je le soupçonne d'être plus avant que moi dans les secrets de la destinée. Je me fie à lui, en mépris de la sagesse humaine.

Pour cette fois, au moins, il m'a bien servi en laissant, ce soir, à la portée de mon bras ce petit volume jaune que j'avais déjà lu avec une certaine émotion intellectuelle, cet été, et qui est tout à fait en harmonie avec mes songeries de ce soir, car il parle du langage et je songe à la terre.

Vous me demandez pourquoi j'associe ces deux idées? Je vais vous le dire. Il existe une relation intime entre la terre nourricière et le langage humain. Le langage des hommes est né du sillon : il est d'origine rustique, et, si les villes ont ajouté quelque chose à sa grâce, il tire toute sa force des campagnes où il est né. A quel point la langue que nous parlons tous est agreste et paysanne, c'est, en ce moment, ce qui me frappe et me touche. Oui, notre langage sort des blés, comme le chant de l'alouette.

Le livre de M. Arsène Darmesteter, qui m'aide à faire, en tisonnant, ces rêveries d'automne, que je jette décolorées sur le papier, est un livre de science dont il faudrait faire un plus utile usage, une plus sérieuse étude. M. Arsène Darmesteter est un linguiste doué d'un esprit à la fois analytique et généralisateur qui s'élève par degrés jusqu'à la philosophie de la parole. Sa rigoureuse et vigoureuse intelligence inaugure une méthode et construit un système.

Darwin de la grammaire et du lexique, il applique aux mots les théories transformistes et conclut que le langage est une matière sonore que la pensée humaine modifie insensiblement et sans fin, sous l'action inconsciente de la concurrence vitale et de la sélection naturelle. Il conviendrait d'analyser méthodiquement cette étude méthodique. Je laisse ce soin à d'autres, plus savants, à M. Michel Bréal, par exemple. Je n'entrerai pas dans la pensée profonde et régulière de M. Arsène Darmesteter. Je m'amuserai seulement un peu tout autour. Je vais feuilleter son livre, mais en détournant de temps en temps les yeux vers le sillon que la nuit couvre à demi, et dont je m'éloignerai demain avant le jour.

Oui, le langage humain sort de la glèbe : il en garde le goût. Que cela est vrai, par exemple, du latin ! Sous la majesté de cette langue souveraine, on sent encore la rude pensée des pâtres du Latium. De même qu'à Rome les temples circulaires de marbre éternisent le souvenir et la forme des vieilles cabanes de bois et de chaume, de même la langue de Tite-Live conserve les images rustiques que les premiers nourrissons de la Louve y ont imprimées avec une naïveté puissante. Les maîtres du monde se servaient de mots légués par les laboureurs, leurs ancêtres, quand ils nommaient cornes de bœuf ou de bélier (*cornu*) les ailes de leurs armes; enclos de ferme (*cohors*), les parties de leurs légions, et gerbes de blé (*manipulus*), les unités de leurs cohortes.

Et voici qui nous en dira plus sur les Romains que toutes les harangues des historiens. Ces hommes laborieux, qui s'élevèrent par le travail à la puissance, employaient le verbe *callere* pour dire être habile. Or, quel est le sens primitif de *callere*? C'est avoir du cal aux mains. Vraie langue de paysans, enfin, celle qui exprime par un même mot la fertilité du champ et la joie de l'homme (*lætus*), et qui compare l'insensé au laboureur s'écartant du sillon (*lira*, sillon ; *deliare*, délirer) !

Je tire ces exemples du livre de M. Arsène Darmesteter sur la *Vie des mots*. Le français pareillement naquit et se forma dans les travaux de la terre. Il est plein de métaphores empruntées à la vie rustique ; il est tout fleuri des fleurs des champs et des bois. Et c'est là pourquoi les fables de La Fontaine ont tant de parfum.

Qui dit campagnard dit chasseur ou braconnier. On ne vit point aux champs sans tirer sur la plume ou le poil. Mon aimable confrère M. de Cherville, l'auteur de *la Vie à la campagne,* ne me démentira pas. Or, les hommes changent moins qu'on ne pense ; de tout temps, il s'est trouvé en France beaucoup de chasseurs et plus encore de braconniers. Aussi le nombre est grand des métaphores que la chasse fournit à notre idiome.

M. Darmesteter en cite de curieux exemples. Ainsi quand nous disons : *aller sur les brisées de quelqu'un,* nous employons, à notre insu, une image tirée des pratiques de la vénerie. Les *brisées* sont les branches rompues par le veneur pour reconnaître l'endroit où est passée la bête.

Parmi les personnes qui emploient le verbe *acharner,* combien peu savent qu'il signifie proprement lancer le faucon sur la chair ? La chasse a donné à la langue courante : être à l'*affût, amorce,* ce que mord l'animal, *appât,* ce qu'on donne à manger à la bête pour l'attirer ; *rendre gorge* qui se disait au propre du faucon avant de se dire au figuré des concussionnaires ; *gorge-chaude,* curée de l'oiseau, d'où : *s'en faire des gorges chaudes,* s'en donner à plaisir; *hagard, faucon hagard*, qui vit sur les haies et n'est pas apprivoisé, d'où : *air hagard*, air farouche; *niais*, proprement oiseau qui est encore au nid, etc.

« Les mots, dit M. Arsène Darmesteter, les mots gardent l'empreinte primitive que leur a donnée la pensée populaire. Les générations se suivent, recevant des générations antérieures la tradition orale d'expressions, d'idées et d'images qu'elles transmettent aux générations suivantes. » Aussi peut-on lire, quand on est averti, toute l'histoire de France dans un dictionnaire français. Je me rappelle un propos de table de M. Renan. On parlait des Mérovingiens. « Le genre de vie d'un Clotaire ou d'un Chilpéric, nous dit M. Renan, n'était pas bien différent de celui que mène, de notre temps, un gros fermier de la Beauce ou de la Brie. » Or, l'étymologie des mots *cour, ville connétable* et *maréchal* donne raison à M. Renan, en nous révélant le mode d'existence des rois chevelus. En effet, la cour mérovingienne, la *cortem*, n'était pas autre chose que la *cohortem* ou basse cour des Romains. Les *connétables* étaient les chefs des écuries, et les *maréchaux* les gardiens des bêtes de somme. Et le roi résidait dans sa *villa*, c'est-à-dire dans sa métairie.

« Toutes les misères du moyen âge, dit M. Darmesteter, se révèlent dans le *chétif*, c'est-à-dire dans le *captivum*, le prisonnier (*chétif*, au moyen âge, signifie encore prisonnier), le faible incapable de résister, dans le *serf*, l'esclave, ou dans le *boucher*, celui qui vend de la viande de *bouc*.

» On voit la féodalité décliner avec le *vasselet* ou *vaslet*, le jeune *vassal*, qui se dégrade au point de devenir le valet moderne, et la bourgeoisie s'élever avec l'humble *minister* ou serviteur, qui devient le *ministre* de l'État. »

Tous les actes, toutes les institutions de la vie nationale ont laissé leur empreinte dans la langue. On retrouve dans le français actuel les marques qu'y ont mises l'église et la féodalité, les croisades, la royauté, le droit coutumier et le droit romain, la scolastique, la renaissance, la réforme, les humanités, la philosophie, la révolution et la démocratie. On peut dire sans exagération que la philologie, qui vient de se constituer récemment en science positive, est un auxiliaire inattendu de l'histoire.

C'est le peuple qui fait les langues. Voltaire s'en plaint : « Il est triste, dit-il, qu'en fait de langues comme d'autres usages plus importants, ce soit la populace qui dirige les premiers pas d'une nation. » Platon disait au contraire : « Le peuple est, en matière de langue, un très excellent maître. » Platon disait vrai. Le peuple fait bien les langues. Il les fait imagées et claires, vives et frappantes. Si les savants les faisaient, elles seraient sourdes et lourdes. Mais, en revanche, le peuple ne se pique pas de régularité. Il n'a aucune idée de la méthode scientifique. L'instinct lui suffit. C'est avec l'instinct qu'on crée.

17.

Il n'y ajoute point la réflexion. Aussi les langues les plus sages et les plus savantes sont-elles tissues d'inexactitudes et de bizarreries. Sans doute, on peut en ramener tous les faits à des lois rigoureuses, parce que tout dans l'univers est sujet aux lois, même les anomalies et les monstruosités. Le grand Geoffroy Saint-Hilaire n'a pas fait autre chose que de déterminer avec la dernière rigueur les lois de la tératologie. Il n'en est pas moins vrai de dire que le quiproquo et le coq-à-l'âne entrent pour une certaine part dans la confection des langues en général et, en particulier, de celle que Brunetto Latini estimait la plus délectable de toutes.

J'en citerai deux exemples curieux.

Foie, vient de *ficus* qui veut dire figue, ou, pour être tout à fait exact, d'un dérivé de *ficus*. Comment? Le plus naturellement du monde. Les Romains, qui devinrent gourmands dès qu'ils furent riches, ce qui était fatal, les Romains recherchaient le foie gras préparé aux figues, *jecur ficatum* ou *ficatum* tout court. Ce dernier mot, *ficatum*, arriva à désigner, non seulement le foie en pâté de figues, mais encore le foie tout simplement. Et voilà comment foie vient d'un dérivé de *ficus*.

L'étymologie de truie est analogue, mais plus curieuse encore. *Truie* est le latin populaire *troia*, le nom même de la ville de *Troie !*

Les Romains appelaient *porcus troianus* (en latin vulgaire *porcus de Troia*) un porc qu'on servait à table farci de viande d'autres animaux. C'était une allusion comique et tout à fait populaire au cheval de Troie, à cette machine *fœta armis,* comme dit Virgile. De là, par restriction ou par absorption du déterminé dans le déterminant, Troia seul vint à prendre ce sens de *porc farci,* puis, grâce à sa terminaison féminine, à se spécialiser au sens féminin. Truie est la forme populaire de Troia, dont Troie représente la formation savante.

Les caprices et les erreurs du langage sont innombrables ; et ces caprices s'imposent, ces erreurs ne sauraient être redressées. Les savants voient le mal ; ils n'y peuvent remédier. On a beau connaître qu'il faudrait dire *l'endemain* et *l'ierre,* on est bien obligé de dire *le lendemain* et *le lierre.*

On parle pour s'entendre. C'est pourquoi l'usage est la règle absolue en matière de langue. Ni la science, ni la logique, ne prévaudront contre lui, et c'est mal s'exprimer que de s'exprimer trop bien. Les plus beaux mots du monde ne sont que de vains sons, si on ne les comprend pas. Voilà une vérité dont la jeune littérature n'est pas assez pénétrée. Le style décadent serait le plus parfait des styles, qu'il ne vaudrait rien encore, puisqu'il est inintelligible Il ne faut pas trop raffiner ni pécher par excès de délicatesse. L'Église catholique, qui possède au plus haut point la connaissance de la nature humaine, défend à l'homme de faire l'ange, de peur qu'il ne fasse la bête. C'est précisément ce qui arrive à ceux qui veulent s'exprimer trop subtilement et donner à leur « écriture » des beautés trop rares. Ils s'amusent à des niaiseries et imitent les cris des animaux. Le langage s'est formé naturellement; sa première qualité sera toujours le naturel.

M. BECQ DE FOUQUIÈRES

Je le proclame heureux et digne d'envie. Il est mort, mais il a vécu une pleine vie, il a achevé son œuvre et élevé son monument. C'est de M. Becq de Fouquières que je parle. Combien j'estimais, combien j'enviais cet honnête homme qui fut l'homme d'un seul livre ! Je ne l'avais jamais vu. Une fois seulement et trop tard, il me fut donné de le rencontrer. Ce fut sur une petite plage normande où je passais l'été, voilà trois ans. Il avait l'air d'un soldat. A le voir, l'œil vague, la moustache pendante, le dos rond, on eût dit un vieux capitaine rêveur et résigné. L'expression de son visage trahissait une âme solitaire, innocente et généreuse. Il allait silencieux, un peu las, triste et doux. Il me parla tendrement, comme à quelqu'un qui a retrouvé dix vers inédits d'André Chénier; mais sa voix tombait. Il semblait aspirer dès lors au repos définitif qu'il goûte aujourd'hui. Peut-être il m'eût semblé moins éteint s'il n'avait été accompagné, dans cette promenade le long de la falaise, par M. José-Maria de Hérédia, l'excellent poète, qui est tout éclat et toute sonorité, qui pétille, crépite et rayonne sans cesse. Mais, sans ce contraste, il était visible que déjà Becq de Fouquières consentait à mourir : il avait publié les œuvres d'André Chénier, établi le texte du poète avec autant d'exactitude qu'il est possible de le faire actuellement; il avait éclairci, commenté, illustré ce texte par des notes et des préfaces, par un recueil de documents et par des lettres adressées tant à M. Antoine de Latour qu'à M. Prosper Blanchemain et à M. Reinhold Dezeimeris. Sa tâche était faite. Rien ne le retenait plus en ce monde, et la maladie, qui commençait à venir, ne lui semblait pas trop importune.

Sa vie fut modeste. Mais César, à le prendre au mot, s'en serait contenté. Car M. Becq de Fouquières fut le premier dans son village. Il laisse le renom de prince des éditeurs. Entendons-nous : son domaine n'est pas celui où règnent les grands philologues, les Madvig et les Henri Weil. Ceux-là sont des savants. M. Becq de Fouquières fut un lettré. Le texte qu'il constitua est un texte français, presque contemporain. Mais, comme il l'a dit lui-même avec raison : « Constituer un texte est toujours une tâche délicate où les esprits les mieux exercés peuvent souvent faiblir. » Le public n'a pas la moindre idée des soins que prend un éditeur soucieux de ses devoirs, un Paul Mesnard, par exemple, un Marty-Laveaux, ou un Maurice Tourneux. On ne peut établir exactement une tragédie de Racine ou seulement une fable de La Fontaine sans beaucoup d'application et un certain tour d'esprit qui ne s'acquiert point. Pourtant les *Fables* ont été imprimées du vivant de La Fontaine, et Racine a revu lui-même l'édition complète de son *Théâtre*, en 1697. Les difficultés grandissent quand il s'agit des *Essais*, dont Montaigne a laissé en mourant un exemplaire corrigé qu'on ne saurait ni tout à fait écarter, ni suivre tout à fait. La sagacité de l'éditeur est mise a une épreuve plus redoutable encore en face des pensées de Pascal et des poésies d'André Chénier. Ce sont là, on le sait, des fragments épars et des ruines d'une nature particulière sur lesquelles le chaos règne avec tous ses droits, les ruines d'un édifice qui n'a jamais été construit. Ce que M. Ernest Havet a déployé de zèle pour ordonner les pensées de Pascal, je n'ai pas à le dire ici. Quant à Chénier, il trouva en M. Becq de Fouquières le plus amoureux et le plus fidèle des éditeurs. C'est sa vie tout entière que M. Becq de Fouquières consacra à la gloire d'André.

Pour se préparer à sa tâche d'éditeur, non seulement il étudia, fragment par fragment, vers par vers, mot par mot, les œuvres inachevées de son auteur, mais encore il le suivit pas à pas dans son existence terrestre et il revécut la vie que le poète avait vécue, cette vie courte et pleine, si généreusement dédiée à l'amitié, à l'amour, à la poésie et à la patrie, cette vie toute chaude de mâles vertus. Il fréquenta les amis d'André, les de Pange, les Trudaine, les Brézais. Il aima les femmes qu'André avait aimées ; il s'attacha aux ombres charmantes des Bonneuil, des Gouy d'Arsy, des Cosway, des Lecoulteux et des Fleury. Bien plus : il partagea les études du poète comme il en partageait les plaisirs. Le fils de Santi L'Homaca avait appris le grec avec amour et, pour ainsi dire, naturellement. Il vivait en commerce intime avec la muse hellénique et la muse latine. M. Becq de Fouquières fréquenta, sur la trace du jeune dieu, Homère et Virgile, les élégiaques latins, la pléiade alexandrine, Callimaque, Aratus, Méléagre et l'Anthologie, et Théognis et Nonnos. Il ne négligea pas les faiseurs de petits romans, les diégématistes ; il n'oublia ni Héliodore d'Émèse, ni Achille Tatius, ni Xénophon d'Antioche, ni Xénophon d'Éphèse. Il n'oublia personne, hormis toutefois Théodore Prodrome, qui composa, comme vous savez peut-être, les *Aventures de Rhodate et de Dosiclès*. M. Becq de Fouquières faillit en ce point. Il ne lut pas les *Aventures de Rhodate et de Dosiclès*. Or, c'est précisément dans ce livre, c'est à Théodore Prodrome que Chénier a emprunté un de ses chefs-d'œuvre, le *Malade :*

Apollon, dieu sauveur, dieu des savants mystères.

M. Reinhold Dezeimeris le lui fit bien voir, dans une élégante et subtile dissertation. C'est là un exemple frappant et digne d'être médité. Nous avons tous notre talon d'Achille. Si bien préparés que nous soyons à la tâche qui nous incombe, il y a toujours un Théodore Prodrome qui nous échappe. Il faut nous résoudre à ne pas tout savoir, puisque Becq de Fouquières lui-même a ignoré une des sources de son poëte.

C'est en 1862 que cet éditeur plein d'amour donna sa première édition critique des poésies d'André Chénier. Dix ans plus tard, il en donnait une seconde bien améliorée et beaucoup enrichie, tant pour la notice que pour le commentaire.

Peu après, en 1874, M. Gabriel de Chénier publia la sienne. C'était un robuste vieillard que M. Gabriel de Chénier. A quatre-vingts ans, il portait haut la tête; ses épaules athlétiques s'élevaient au-dessus de celles des autres hommes. Son visage était immobile et chenu, mais ses yeux noirs jetaient des flammes. Il avait blanchi paisiblement dans un bureau du ministère de la guerre, et il semblait revenir, comme un autre Latour-d'Auvergne, de quelque armée de héros dont il eût été le doyen. Un de nos confrères dont j'ai oublié le nom, un jeune journaliste, l'ayant rencontré chez le libraire Lemerre, admira cette robuste vieillesse et le prit pour un homme des anciens jours. Il courut au journal annoncer en frémissant qu'il venait de voir l'oncle d'André Chénier. En réalité, il n'avait vu que le neveu. M. Gabriel de Chénier était le fils d'un des frères d'André, Louis Sauveur. Le beau vieillard manquait absolument d'atticisme. Il avait beaucoup tardé à publier les œuvres de son oncle, et il voulait mal de mort à ceux qui l'avaient devancé dans cette tâche. Il ne les nommait jamais par leur nom : il disait le *premier éditeur* pour désigner Latouche, à qui il reprochait également d'être menteur, voleur et borgne. « La notice du premier éditeur, affirmait-il, est un conte fait à plaisir. » Et il disait encore : « Le premier éditeur, qui était privé d'un œil et qui ne voyait pas très nettement de l'autre, a mal lu. »

Il accusait formellement le premier éditeur de lui avoir volé les manuscrits d'André Chénier. La mort de ce « premier éditeur » n'avait pas calmé sa haine. Il est à remarquer qu'il ne s'était plaint de rien tant qu'avait vécu Latouche. Soyons justes : ce Latouche n'avait manqué ni de tact ni de goût en publiant les poésies d'André. S'il fit subir au texte sacré quelques changements dont nous sommes justement choqués aujourd'hui, il servit bien, en définitive, la gloire du poète, alors inconnu. Mais M. Gabriel de Chénier ne voulait pas qu'on touchât à son oncle. C'était un homme extrêmement jaloux. Et, comme il avait l'esprit très simple, il s'imaginait que tous ceux qui s'occupaient d'André Chénier étaient des bandits. Il ne mettait pas la moindre nuance dans ses sentiments. Il poursuivait vigoureusement d'une haine égale la mémoire de M. de Latouche et la personne de M. de

Fouquières. Il appelait celui-ci « l'éditeur critique de 1862 et 1872 », prenant garde de jamais le désigner plus expressément. En vérité, c'était un vieillard irascible.

M. Becq de Fouquières l'était allé voir autrefois, avant de rien publier. Mais, dès la première entrevue, il avait été traité en ennemi.

« Cet homme sent la pipe, » avait dit M. de Chénier pour expliquer son antipathie. En effet, il n'aimait pas le tabac, et il gardait depuis sa jeunesse la certitude que les fumeurs étaient tous des débauchés et des romantiques. M. de Fouquières, qui portait des moustaches, lui parut l'un et l'autre. M. de Chénier avait les mœurs du jour en abomination. On n'aurait pas pu lui tirer de la tête cette idée que la débauche est une invention contemporaine. Il l'attribuait à la littérature. Tel était le neveu d'André Chénier. Mais, quoi qu'il dît, à ses yeux, le grand tort de M. Becq de Fouquières, celui qui ne pouvait se pardonner, était de s'occuper des poésies d'André. Il y parut en 1874, quand M. Gabriel de Chénier exposa ses griefs dans son édition tardive. Il fit là d'étranges reproches à « l'éditeur critique de 1862 et 1872 ». Celui-ci, par exemple, ayant dit innocemment qu'André Chénier avait traduit des vers de Sapho au collège de Navarre, l'ombrageux neveu en fut tout courroucé. Il répliqua, au mépris du témoignage d'André lui-même, que cela n'était pas, que cela n'avait pu être. Et il ajouta : « On n'aurait pas plus toléré alors qu'aujourd'hui, dans un collège, qu'un élève ait en sa possession les poésies de Sapho. »

M. Becq de Fouquières dut sourire doucement des raisons du vieillard. J'ai le droit d'en sourire aussi peut-être; car, précisément, j'ai lu Sapho au collège, dans un petit volume de l'édition Boissonnade, ou la pauvre poétesse tenait fort peu de place. Hélas! le temps n'a respecté qu'un petit nombre de ses vers. J'ajouterai que, plus tard, ce même volume passa, avec le reste de ma collection des poètes grecs, dans la bibliothèque du père Gratry, de l'Oratoire, dont l'ardente imagination se nourrissait de science et de poésie. Au fait, que croyait donc M. Gabriel de Chénier des poésies de Sapho? S'imaginait-il, par hasard, qu'il y eût dans ces beaux fragments de quoi ternir l'innocence, déjà expirante, du jeune André? Ce serait une étrange méprise.

La querelle de MM. Becq de Fouquières et Gabriel de Chénier restera mémorable dans l'histoire de la république des lettres. M. de Fouquières avait cité le mot bien connu de Chênedollé : « Andre Chénier était athée avec délices. » Le neveu répondit avec assurance : « André, qui avait une intelligence si supérieure, qui savait si bien admirer les merveilles de la nature et comprendre les grandeurs infinies de l'univers, ne pouvait être supposé atteint de cette infirmité de l'esprit humain qu'on appelle l'athéisme que par un homme qui aurait été l'ennemi de la philosophie du dix-huitième siècle. » Ces paroles respirent la conviction, mais elles ne prouvent rien. Il demeure certain que l'idée de Dieu est absente de la poésie d'André Chénier. M. de Chénier voulait que son jeune oncle, qu'il protégeait, fût pieux et chaste. Il fut scandalisé quand M. Becq de Fouquières soupçonna des maîtresses au poète des *Elégies*, au chantre érotique de *la Lampe*. Ces soupçons étaient assez fondés, pourtant. André lui-même a dit quelque part : « Je me livrai souvent aux distractions et aux égarements d'une jeunesse forte et fougueuse. » On savait que cette Camille, « éperduement aimée », n'était autre que la belle madame de Bonneuil, dont la terre touchait à la forêt de Sénart. Amélie, Rose et Glycère ne semblaient pas tout à fait des fictions poétiques, non plus que les belles et faciles Anglaises dont André a immortalisé les formes dans de libres épigrammes grecques. On parlait de madame Gouy-d'Arcy, de la belle mistress Cosway, en qui le poète vantait

> La paix, la conscience ignorante du crime,
> Et la sainte fierté que nul revers n'opprime.

Il semblait bien que l'ardent et fier jeune homme eût goûté la beauté de la femme jusqu'au pied de l'échafaud, il semblait qu'il eût alors regardé d'un œil ardent cette *jeune captive*, cette duchesse de Fleury dont madame Vigée-Lebrun a dit : « Son visage était enchanteur, son regard brûlant, sa taille celle qu'on donne à Vénus, et son esprit supérieur. »

Mais M. Gabriel de Chénier déclara, d'un ton qui

n'admettait pas de réplique, qu'il n'y avait ni Bonneuil, ni d'Arcy, ni Cosway, ni Fleury, qu'Amélie, Rose et Glycère n'avaient jamais existé, et que c'était un bien bon jeune homme que l'oncle dont il était le neveu. « De ce qu'André, dit-il, put quelquefois prendre part aux soupers où se trouvaient réunis ses jeunes amis de collège et des beautés faciles, de ce que dans ses élégies, on trouve la trace de ces exceptions à ses habitudes studieuses et tranquilles, il ne faut pas en conclure que sa vie fût dissipée et livrée à des plaisirs échevelés. » Et, feignant de croire que « l'éditeur critique de 1862 et 1872 » a fait d'André un débauché, le grave neveu s'écrie : Il a agi ainsi « pour expliquer et justifier peut-être les dissipations et les folles orgies de nos jours ». Cela n'est-il pas admirable et n'avais-je pas raison de vous dire que cette querelle est vouée à l'immortalité ?

Après avoir découvert avec tant de perspicacité le mobile auquel obéissait M. Becq de Fouquières, son entêté contradicteur ajoute : « Ils ont prétendu qu'André avait été amoureux d'un grand nombre de femmes... Il n'en était pourtant rien, et ce qui le prouve, c'est la fraîcheur, c'est la vivacité de l'amour qu'il exprime. Un homme blasé par les plaisirs, rassassié de maîtresses, n'a plus l'imagination si fraîche, si ardente, si féconde. » Qu'en dites-vous ?... Mais il ne s'en tient pas là ; il lance un dernier argument qui révèle toute sa candeur : « André, dit-il, avait trop de philosophie pour user des choses jusqu'à l'abus. »

M. Becq de Fouquières, ai-je besoin de le dire, ne crut jamais à un André Chénier si raisonnable. Il persista à le voir violent, fougueux, excessif, se donnant sans mesure à tout ce qui sollicitait son âme mobile et prompte, ardent à l'amour, à la haine, au travail, plein de vie et d'âme et de génie.

Quant à M. Chénier, il n'était pas homme à en démordre. Tout au plus accorda-t-il que Fanny, la vertueuse Fanny avait réellement existé, et que peut-être André l'avait aimée. « Mais, se hâte-t-il d'ajouter, cet amour, si amour il y eut, ne fut jamais un amour comme on l'entend aujourd'hui. » Hélas ! on l'entend aujourd'hui tout de même qu'autrefois. Ce sont les choses de l'amour qui changent le moins. Et, si quelque jeune curieuse demande aujourd'hui, comme autrefois l'héroïne d'Euripide : « Qu'est-ce donc qu'aimer ? » Il faudra lui répondre encore avec la vieille Athénienne du poète : « O ma fille, la chose la plus douce à la fois et la plus cruelle ! »

C'est ce que pensait, sans doute M. Becq de Fouquières. Il était indulgent : car il savait que les hommes ne valent que par les passions qui les animent, et qu'il n'y a de ressources que dans les fortes natures.

Il avait vu son dieu, son André, jeter d'abord au hasard les flammes de son ardente jeunesse. Puis, se calmant, se purifiant chaque jour par le travail, la réflexion et la souffrance, atteindre enfin, en quelques années, aux chastes mélancolies de l'amour idéal. Tel est, en effet, le sentiment qu'inspira au poète, dans les derniers mois de sa vie, la muse pudique, la douce hôtesse de Luciennes, la charmante madame Laurent Lecoulteux.

Cette dame, la Fanny du poète, était comme on sait, la fille de la belle madame Pourrat, dont Voltaire avait vanté la grâce et l'esprit. Or, Fanny, pour lui laisser son nom d'amour et d'immortalité, Fanny avait une sœur, la comtesse Hocquart, qui vécut assez longtemps pour apporter son témoignage aux générations nouvelles. Cette dame a dit d'André, qu'elle avait souvent vu chez sa mère et sa sœur : « Il était à la fois rempli de charme et fort laid, avec de gros traits et une tête énorme. »

C'est précisément ainsi qu'il nous apparaît sur le portrait que Suvée peignit à Saint-Lazare, le 29 messidor an II. Mais à l'idée de cette tête énorme et de ces gros traits, M. Gabriel de Chénier se fâcha tout rouge contre madame Hocquart et contre « l'éditeur critique de 1862 et 1872 », qui avait recueilli le propos de cette dame. Sans s'arrêter à une maxime du poète qui écrivit dans le canevas de son *Art d'aimer* cette pensée consolante : « Les beaux garçons sont souvent si bêtes, » le zélé neveu crie à la calomnie : « Tout le monde sait, dit-il, qu'André était beau ! » Et il veut le prouver en citant ces lignes d'une lettre que lui avait autrefois adressée le général marquis de Pange : « J'ai connu votre oncle ; j'ai retrouvé ses traits en vous, dès le premier moment que je vous ai vu. »

Ce pauvre M. de Chénier n'était pas capable de faire une bonne édition : il faut pour cela savoir douter ; et c'est ce qu'il ignorait le plus, bien qu'il ignorât généralement toutes choses. Son édition est pourtant utile. On la recherche justement, moins encore parce qu'elle est bien imprimée que parce qu'elle contient plusieurs morceaux inédits, tirés des manuscrits conservés dans la famille. M. Becq de Fouquières fit un petit volume tout exprès pour relever les bévues de M. de Chénier. Il les releva avec autant de sûreté que de grâce. Il y mit du savoir et n'y mit point de méchanceté. Il fallait qu'il fût attaqué injustement pour qu'on sût à quel point il était galant homme. En cela encore, je l'estime heureux. Il n'a point vécu en vain ; il laisse de bonnes éditions d'un grand poète, qui fut aussi un excellent prosateur, un écrivain nerveux et concis. On ne sait pas assez qu'André Chénier compte, pour sa prose, parmi les grands écrivains de la Révolution. Sans M. Becq de Fouquières on ne le saurait pas du tout. M. Becq de Fouquières a réalisé le dessein que formait Marie-Joseph Chénier, dans l'enthousiasme fugitif de ses regrets, quand il disait éloquemment :

> Auprès d'André Chénier, avant que de descendre,
> J'élèverai la tombe où manquera sa cendre,
> Mais où vivront du moins et son doux souvenir
> Et sa gloire et ses vers dictés pour l'avenir.

Ce monument, que Marie-Joseph n'éleva point, est

enfin achevé : c'est la double édition critique (*Poésie* 1872, *Prose* 1886). Si, comme le veut M. Renan, les esprits envolés de cette terre s'assemblent dans les Champs-Élysées selon leurs goûts et d'après leur affinités, s'ils forment des groupes harmonieux, à coup sûr M. Becq de Fouquières entretien en ce moment François de Pange et André Chénier, sous l'ombre des myrtes. Assise près d'eux, sur un banc de marbre, Fanny joue avec son petit enfant qu'elle a retrouvé. M. de Fouquières demande au poète si le fragment qui commence par ces mots : *Proserpine incertaine* est authentique, bien que M. Gabriel de Chénier ne l'ai point admis dans son texte, et il réclame instamment des vers inédits pour une édition céleste. Que ferait-il parmi les ombres s'il n'éditait point? Il serait doux de penser que les choses fussent ainsi là ou nous irons tous. De rigoureuses doctrines y contredisent peut-être; mais un excellent académicien qui aime beaucoup les livres, M. Xavier Marmier, incline à croire qu'il y a des bibliothèques dons l'autre monde.

M. CUVILLIER-FLEURY

M. Cuvillier-Fleury, dont on célébrait hier les funérailles, a duré dans la critique littéraire plus d'un âge d'homme. Le journalisme s'honore de ce robuste talent si longtemps exercé. Ce n'est point assez de rendre mes respects à cet écrivain plein de probité. Je voudrais, si j'en avait l'art et le loisir, esquisser son image : elle vaut qu'on la dessine. Mais prenons garde, la figure de M. Cuvillier-Fleury n'était pas de celles que le peintre doit flatter. Aux caresses d'un pinceau trop moelleux elle perdrait tout son caractère, et ce serait dommage. Il y faut aller à grands traits. Son mérite était solide, son charme etait sévère. Il mettait de la dignité jusque dans l'enjouement. On sait qu'il se garda toujours des grâces légères et du facile sourire. Parfois peut-être se défendit-il moins bien contre la solennité.

Pourtant il n'était ni triste ni sévère. Ce n'était point un mécontent, loin de là ; il inclinait même à l'optimisme. Il croyait au bien. Il avait en diverses matières la conviction du professeur, qui, quoi qu'on dise, est aussi forte que la foi du charbonnier. Il voulait être juste et même il savait être modéré, bien qu'il fût extrêmement attaché à ses idées et à ses goûts. Et cet honnête esprit n'était point un esprit borné. Il n'enfermait pas sa critique dans des jeux d'école et ne s'amusait pas aux bagatelles littéraires. Il cherchait l'homme sous l'écrivain. C'est l'homme qu'il étudiait, l'homme moral, l'homme social. Aussi ses opinions ont trouvé du crédit et gardé de l'intérêt. Les livres dans lesquels il les a recueillies, *Posthumes et Revenants, Études et Portraits*, se lisent encore très bien aujourd'hui. J'en ai fait l'expérience ce matin même, en feuilletant avec un noble plaisir les études que M. Cuvillier-Fleury consacrait, il y a quinze ans et plus, à des personnages du xviiie siècle : à cet aimable chevalier de Boufflers et à cette exquise madame de Sabran, la plus sage des âmes tendres; à madame Geoffrin et à son « cher enfant » le roi de Pologne ; à la maréchale de Beauveau, en qui l'athéisme prenait la douceur d'une sainte espérance ; à Marie-Antoinette, envers laquelle M. Cuvillier-Fleury n'eut qu'un tort, celui de tenir pour authentiques les lettres publiées par M. d'Hunolstein. Mais comment ne s'y serait-il pas trompé, puisque Sainte-Beuve lui-même y fut pris à demi ? Ce sont là des pages solides et, si l'on y trouve quelque pesanteur, c'est qu'elles sont pleines de choses. Il n'est point aisé d'être léger quand on n'est point vide. Et si, dans quelque idéale promenade sur un chemin de fleurs, levant tout à coup les yeux, vous voyez des formes solides, où se révèle la plénitude de la vie, flotter au milieu des airs, comme des ombres fortunées, jetez-vous à genoux et adorez-les : elles sont divines.

L'inspiration du critique n'avait point d'ailes; mais elle marchait droit et ferme. Il y a beaucoup de traits louables dans la physionomie morale de M. Cuvillier-Fleury. Entre autres, il en est un tout à fait original. C'est la fidélité. M. Cuvillier-Fleury demeura attaché jusqu'à la mort aux idées, aux amitiés, aux cultes de sa lointaine jeunesse. Il ne voulait point qu'on lui fît un mérite de cette constance qui honore sa vie : « Je me croirais bien humble, disait-il, de me glorifier de cette vertu, n'en connaissant pas de plus simple à concevoir, ni de plus facile à pratiquer. » Dès 1830, époque à laquelle il écrivit une notice sur le comte Lavallette, sa foi était fixée. M. Cuvillier-Fleury était désormais attaché à la monarchie libérale.

On lit, à la dernière page de l'intéressante notice dont je parle, une phrase qui donne à penser, bien qu'elle soit toute simple. C'est celle-ci : « Le comte Lavallette est mort plein de jours, à la soixante et unième année de son âge. » L'homme, le même homme qui s'exprimait ainsi à vingt-huit ans me disait à moi, un grand demi-siècle plus tard, en parlant d'un candidat à l'Académie qui marchait, comme on dit, sur ses soixante-quatre ans : « Il est jeune. » O contradiction terriblement humaine ! ô contradiction touchante ! Comme il est naturel de changer ainsi de sentiment sur l'âge et la figure des hommes ! Il disait juste dans les deux rencontres. Tous tant que nous sommes, nous jugeons tout à notre mesure. Comment ferions-nous autrement, puisque juger, c'est comparer, et que nous n'avons qu'une mesure qui est nous? Et cette mesure change sans cesse. Nous sommes tous les jouets des mobiles apparences.

A ce mot : « Il est jeune, » je compris que M. Cuvillier-Fleury me regardait comme un enfant, moi qui n'avais pas soixante-quatre ans, ni même quarante. En effet, ma jeunesse l'émerveillait. Il ne se lassait pas de me dire : « Quoi ! vous avez trente-six ans ! » Et il semblait aspirer à pleines narines tout l'air du temps qui s'ouvrait devant moi. Et il trouvait cela bon; car il aimait la vie. Comme il me traitait avec beaucoup de faveur, il daigna me demander un jour ce que j'écrivais dans le moment. J'eus le malheur de lui répondre que c'était des souvenirs. Je le lui dis tout doucement, en lui marquant, par l'inflexion de ma voix, combien ces souvenirs étaient intimes et modestes. Pourtant je vis que je l'avais fâché.

— Des souvenirs ! s'écria-t-il étonné. A votre âge, des souvenirs !

— Hélas ! monsieur, répondis-je en hésitant, n'ai-je pu noter mes impressions d'enfance ?

Mais il ne voulut rien entendre et reprit avec une sévérité dont je ne méconnus pas la secrète bienveillance :

— Monsieur, l'Académie ne verrait pas avec plaisir que vous eussiez des souvenirs.

Je confesse que je fis tout de même un petit livre de mes souvenirs.

Plusieurs fois, depuis lors, je visitai M. Cuvillier-Fleury dans la maisonnette de l'avenue Raphaël, où il terminait sa longue existence en un repos modeste et décent. Il était entouré de souvenirs. Je n'ai vu nulle part ailleurs tant de meubles en acajou plaqué et tant de tapisseries à la main. Tout, chez M. Cuvillier-Fleury, tout, portraits, statuettes, étagères, lampes de porcelaine, pendules à sujet, et jusqu'au petit chien en laines multicolores qui fait le dessus d'un tabouret, tout parlait du règne de Louis-Philippe, tout disait l'épanouissement de la vie bourgeoise.

Devenu aveugle, M. Cuvillier-Fleury supporta cette infirmité avec une admirable constance. Il gardait, dans son cœur encore chaud, l'amour des lettres et le goût des choses de l'esprit. Au bord de la tombe, et déjà le front dans la nuit éternelle, il parlait de l'Académie avec un filial orgueil dont l'expression restait attendrissante alors même qn'elle faisait sourire. Les visites des candidats chatouillaient ce cœur de quatre-vingts ans. Les petites affaires du Palais Mazarin le transportaient. Eh quoi ! ne faut-il pas amuser la vie jusqu'au bout ?

C'était un vif vieillard qui s'échauffait sur la littérature et sur la grammaire. Sa conversation était nourrie de morale et d'histoire ; elle avait moins de finesse que de vigueur et était coupée de citations latines faites avec bonhomie. Il appliquait volontiers Virgile aux soins domestiques, et demandait à boire avec un hémistiche de l'*Enéide*.

Ses livres, rangés tout autour de son cabinet dans un ordre minutieux, composaient une bonne bibliothèque de travail, à laquelle ne manquaient ni les classiques ni les collections de mémoires. Un jour qu'il m'avait fait l'honneur de me recevoir dans cette pièce, il se leva soudainement au milieu d'une conversation dont il faisait tous les frais avec ses souvenirs, et il me demanda affectueusement mon bras pour faire le tour de la chambre. Il était tout à fait aveugle alors. Je l'aidai à faire la revue de sa bibliothèque. Il s'arrêtait à chaque instant, mettait la main sur un livre et, le reconnaissant au toucher, il le désignait par son titre. Tout à coup sa main passa sur les tranches dorées d'un *Cicéron* que je vois encore. C'est une édition du dernier siècle, en vingt ou vingt-cinq volumes in-octavo ; l'exemplaire porte une reliure de veau fauve. En le caressant de ses doigts tremblants, le vieillard frissonna.

— Mon prix d'honneur ! s'écria-t-il. Je l'ai obtenu en 1819. J'étais alors en rhétorique, à Louis-le-Grand. Je le lègue à...

Et il prononça deux noms : le nom de l'admirable compagne qui devait bientôt lui fermer les yeux et celui du prince dont il avait été le maître, puis le confrère et l'ami.

Tandis qu'il parlait, ses yeux éteints s'étaient mouillés de larmes. J'étais seul à le voir. Il me toucha; car je vis aussitôt tous les vieillards en celui-là. Au déclin de la vie, les souvenirs de notre jeunesse envolée ne nous envahissent-ils pas d'une douce et délicieuse tristesse ? Heureux le roi de Thulé ! Heureux aussi le vieux critique de l'avenue Raphaël ! Heureux qui meurt en pressant sur son cœur la coupe d'or de la première amante ou le livre témoin d'une studieuse adolescence ! Les reliques du cœur et celles de l'esprit sont également chères et sacrées.

Il me semble que cette anecdote, pour peu qu'on l'ornât, ferait assez bon effet dans l'éloge académique de M. Cuvillier-Fleury. Je puis me tromper, faute d'étude et de vocation. En tout cas, c'est de bon cœur que je l'offrirais au successeur de l'académicien zélé que nous enterrons aujourd'hui, à M. J.-J. Weiss, par exemple[1].

---

1. On sait que M. Weiss n'a pas été élu. L'Académie a manqué l'occasion, pourtant assez rare, d'admettre un véritable écrivain.

M. ERNEST RENAN

HISTORIEN DES ORIGINES

M. Ernest Renan nous donnera, la semaine prochaine, le tome premier d'une *Histoire d'Israël* qui comprendra trois volumes. Cet ouvrage formera une sorte d'introduction à l'histoire des *Origines du Christianisme*. Quand il sera publié, M. Renan aura achevé sa vaste entreprise. Il aura recherché les sources profondes de la religion qui devait alimenter tant de peuples, et qui, aujourd'hui encore, partage avec le bouddhisme et l'islamisme l'empire des âmes.

De quelque manière qu'on envisage les obscurs commencements de ces grandes idées qui nous enveloppent de toutes parts et nous pénètrent, quelque compte qu'on se rende de l'élaboration d'un si haut idéal, on reconnaîtra que M. Ernest Renan ne s'était pas trompé sur la nature et l'étendue de ses aptitudes, en dirigeant son esprit vers de telles recherches. Le sujet exigeait les qualités les plus rares de l'intelligence, et même les plus contradictoires. Il y fallait un sens critique toujours en éveil, un scepticisme scientifique capable de défier toutes les ruses des croyants et leurs candeurs plus puissantes que leurs ruses. Il y fallait, en même temps, un vif sentiment du divin, un instinct secret des besoins de l'âme humaine et comme une piété objective. Or, cette double nature se rencontre en M. Ernest Renan avec une extraordinaire richesse. Étranger à toute communion de fidèles, il a au plus haut point le sentiment religieux. Sans croire, il est infiniment apte à saisir toutes les délicatesses des croyances populaires. Si l'on veut bien me comprendre, je dirai que la foi ne le possède point, mais qu'il possède la foi. Heureusement doué pour son œuvre, il s'y prépara sérieusement. Né artiste, il se fit savant. Sa jeunesse fut vouée à un labeur acharné. Pendant vingt ans, il étudia jour et nuit, et acquit une telle habitude de l'effort qu'il put accomplir dans sa maturité de grands travaux avec la quiétude d'un génie contemplatif. Aujourd'hui, tout lui est facile, et il rend tout facile. Enfin, il est artiste, il a le style, c'est-à-dire les nuances infinies de la pensée.

Il faut dire que, si M. Renan était fait pour écrire

sur les origines du christianisme, il vint au moment propice. Le travail était préparé, les esprits disposés. La curiosité était née avec le doute. La philosophie du dix-huitième siècle avait affranchi les intelligences et pénétré même la théologie protestante. Les textes, longtemps sacrés, étaient étudiés avec beaucoup de critique en France, avec beaucoup de savoir en Allemagne. M. Renan trouva tout préparés les matériaux de son histoire. La substance était là. Il lui donna la forme, il lui donna l'âme, étant artiste et poète.

C'est généralement une imprudence de croire à la nouveauté des idées et des sentiments. Il y a longtemps que tout a été dit et senti, et nous retrouvons le plus souvent ce que nous croyons découvrir. Pourtant, les intelligences de ce temps ont, ce semble, une faculté nouvelle : celle de comprendre le passé et de remonter aux lointaines origines. De tout temps, sans doute, l'homme a gardé quelques souvenirs et fixé quelques traditions. Il a depuis longtemps des annales écrites, et c'est même ce qui le distingue des animaux, autant et plus que l'habitude de porter des vêtements. Il disait bien : « Nos pères faisaient ceci ou cela. » Mais les différences qu'il y avait d'eux à lui ne le frappaient guère. Il prêtait volontiers au passé le plus lointain la figure du présent. Il n'était point sensible aux diversités profondes que le temps apporte dans les modes de la vie. Il se figurait l'enfance du monde sous les traits de sa maturité. Cette tendance est frappante dans les historiens anciens, et particulièrement chez Tite-Live, qui fait parler les rudes pâtres du Latium comme des contemporains d'Auguste. Elle est plus frappante encore dans tout l'art du moyen âge, qui donnait aux rois de l'antique Juda la main de justice et la couronne fleurdelisée des rois de France. Avec Descartes, l'intelligence humaine franchit un abîme. Pourtant, la tragédie du dix-septième siècle, dans laquelle la connaissance de l'homme abstrait est parfaite, suppose, chez Racine lui-même, l'invariabilité des mœurs à travers les âges. Le dix-huitième siècle, bien qu'il s'inquiétât beaucoup des origines, se représentait volontiers Solon sous la figure de Turgot et Sémiramis dans le manteau royal de Catherine II. Il semble que l'image véritable du passé nous ait été révélée par la grande école historique de notre siècle. Il semble que le sens des origines soit un sens nouveau, ou du moins un sens nouvellement exercé chez l'homme. Je le crois, bien qu'il puisse y avoir là une part d'illusion. Les générations qui viendront après la nôtre diront peut-être que nous avions une vue de l'antiquité bien ridicule et bien démodée. Toutefois, il est certain que nous avons créé en quelques parties l'histoire comparée de l'humanité. De jeunes sciences, l'ethnographie, l'archéologie, la philologie y ont contribué pour une grande part. L'homme très ancien nous apparaît aujourd'hui avec une physionomie, avec un caractère qui pourrait bien être le vrai ; qui, du moins, s'en rapproche. Eh bien, ce sens des origines, cette divination du passé perdu, cette connaissance des humanités enfantines et neuves, M. Renan les possède au plus haut degré. Il l'a montré dans toutes les parties de son ouvrage qui confinent à la légende et présentent des scènes primitives, que le soleil de l'histoire n'a pas éclairées. Il a découvert avec un flair spécial, un tact parfait, ce qui demeurait noyé dans le crépuscule du matin.

Cet art, ce don, comme on voudra l'appeler, M. Renan a dû l'exercer pleinement dans cette histoire d'Israël, dans cette antique histoire qu'on voit sortir toute sauvage de contes d'enfants et de poésies rustiques. Il a rapporté de ses voyages en Orient des fonds toujours vrais pour ces scènes pastorales ou guerrières, dont son intelligence d'artiste retrouve la forme et le sentiment. Il ne convient pas de parler aujourd'hui de son livre. J'essaye seulement d'indiquer les qualités essentielles de l'historien, surtout celles qu'il a montrées dans un chapitre déjà connu, celui de Saül et de David. Je ne puis me défendre de donner ici le portrait que M. Renan trace de plus ancien roi d'Israël. C'est un excellent exemple à l'appui de ce que je viens d'avancer.

« Il (Saül) demeurait habituellement dans son bourg d'origine, à Gibéa de Benjamin, qui fut de lui appelé Gibéa de Saül. Il menait là, en famille, sans aucun faste ni cérémonial, une simple vie de paysan noble, cultivant ses champs quand il n'était pas en guerre, ne se mêlant, du reste, d'aucune affaire. Sa maison avait une certaine ampleur. A chaque nouvelle lune, il y avait des sacrifices et des festins où tous les officiers avaient leur place marquée. Le siège du roi était adossé au mur. Il avait, pour exécuter ses ordres, des *râcim*, « coureurs », analogues au chaouch de l'Orient moderne. Du reste, rien qui ressemblât à une cour. De superbes hommes du voisinage, plus ou moins ses parents, comme Abner, lui tenaient compagnie. C'était une espèce de noblesse rustique et militaire à la fois, solide pierre angulaire, comme on en trouve à la base des monarchies durables. »

Nous sommes loin de l'obscur et noble Saül de la tradition. Comme ce roi des pasteurs est devenu intelligible et clair! Le David de M. Renan est plus intéressant encore. Qu'il semble vivant, dans sa gentillesse de jeune brigand, dans sa ruse de chef avide, dans sa cruauté naïve et dans sa poésie de sauvage! Je songeais, en lisant ces pages fines et fortes, qu'il est amusant pour le curieux de vivre en un temps comme celui-ci, en un temps où l'on peut comparer le petit David en burnous de M. Ernest Renan au majestueux David que la statuaire du treizième siècle nous montre pensif dans sa barbe blanche, sous sa lourde couronne, et tenant entre ses doigts la lyre prophétique.

Oui, je me disais qu'il est intéressant et doux de

vivre en un temps où la science et la poésie trouvent chacune son compte, puisqu'une large critique nous montre tout ensemble, d'une façon merveilleuse, et le bourgeon plein de sève de la réalité et la fleur épanouie de la légende.

LA VERTU EN FRANCE

Il y a dans Athènes, au pied de l'Acropole, un petit temple charmant dédié à la Victoire. Ce temple porte sur une de ses faces un bas-relief représentant la déesse occupée à délier la courroie de ses sandales. Elle annonce ainsi sa volonté de demeurer parmi les descendants de Thémistocle et de Miltiade. Mais c'est en vain que ses pieds sont nus : la Victoire a des ailes. Le jour est proche qui la verra s'envoler loin des Athéniens. Aucune nation, fût-elle peuplée de héros, n'a retenu longtemps dans ses bras cette sanglante infidèle. Et pourquoi serait-elle constante? Elle sait qu'aussitôt qu'elle revient, elle est pardonnée. Pourtant, le sculpteur attique avait conçu là une belle

1. La *Vertu en France*, par M. Maxime du Camp. 1 vol. in-8.

allégorie. Je veux l'imiter en imagination et la rendre plus vraie. Je me figure, non plus la Victoire, mais la Vertu assise à quelque humble foyer de notre pays de France et rejetant loin d'elle son manteau de voyage, désormais inutile. Je place, en pensée, cette figure en tête du nouveau livre de M. Maxime du Camp, comme un frontispice symbolique. La vertu, sans doute, est de tous les pays et de tous les âges. Sa présence est partout nécessaire, les peuples ne subsistent que par elle; mais il est vrai de dire qu'elle aime les Français et que leur terre est sa terre de dilection. La vertu! il y a beau temps qu'elle est de chez nous. Je ne sais pas de peuple chez lequel elle ait montré tant de force unie à tant de grâce. Elle tenait nos pères par la main. Et, aujourd'hui, nous la suivons encore. Oui, ce jour même!... On a beau étaler les scandales : nous savons que, derrière cette surface de honte, il y a en réalité les vertus militaires et civiles d'une population honnête qui travaille et qui sert. Il faut louer M. Maxime du Camp d'avoir écrit, d'avoir publié, à cette heure, un livre sur la vertu en France, un livre d'exemples, un simple recueil de récits véritables.

On sait que M. Maxime du Camp s'est fait, depuis plusieurs années, l'annaliste de la charité contemporaine. Il tient avec une émotion contenue et une parfaite exactitude le registre du bien. Ses travaux sur les institutions de bienfaisance sont des modèles de clarté et de précision. Il a tout vu par lui-même, et l'on dit que, pour mieux observer ce qu'il voulait peindre, il s'est mêlé plus d'une fois aux pauvres dans les asiles de nuit : un attrait puissant l'entraîne à tous les rendez-vous de la misère et de la charité. C'est cet attrait, allié à un patriotisme vrai, qui l'a poussé à écrire son nouveau livre de *la Vertu en France*.

« Quand j'étais petit garçon — dit-il, — j'ai lu *la Morale en action*, et j'ai reconnu que, pour écrire ce volume, on avait compulsé les annales de tous les temps et de tous les peuples. Je me suis demandé si notre histoire contemporaine, c'est-à-dire celle qui commence avec le siècle et se prolonge jusqu'à nos jours, n'offrirait pas une suite de récits propres à démontrer que notre époque, trop décriée, n'est pas inférieure aux époques passées, et s'il ne serait pas possible d'y récolter une série de faits analogues à ceux que l'on a jadis offerts à notre admiration? »

Il a cherché et il a trouvé. Il a cent fois rencontré sur nos routes le bon Samaritain. Il a surpris beaucoup de belles œuvres obscures et il a conté les plus belles. Oui, la vertu est partout, dans les champs, dans les faubourgs; elle court les rues de Paris.

Entendez bien ce qu'on nomme vertu. C'est la force généreuse de la vie. La vertu n'est pas une innocente. Nous adorons la divine innocence, mais elle n'est pas de tous les âges et de toutes les conditions; elle n'est pas préparée à toutes les rencontres. Elle se garde des pièges de la nature et de l'homme. L'innocence craint tout, la vertu ne craint rien. Elle sait, s'il le faut, se plonger, avec une sublime impureté, dans toutes les misères pour les soulager, dans tous les vices pour les guérir. Elle sait ce qu'est la grande tâche humaine et qu'il faut parfois se salir les mains. *Inquinandœ sunt manus.* Guerrière ou pacifique, elle est toujours armée. Elle charge le fusil du soldat et met le scalpel aux mains des chirurgiens. M. Maxime du Camp l'entend bien ainsi. Il la veut active et forte. C'est véritablement une *morale en action* qu'il a composée. Ses devanciers, les Blanchard, les Bouilly n'étaient que de fades apologistes du sentiment. Le livre de M. Maxime du Camp, bien que destiné à la jeunesse, est plein de mâles pensées.

Si l'on compare entre eux les humbles et sublimes acteurs de la charité et du dévouement qui revivent dans ce livre, on ne sait à qui donner la palme, on hésite entre la pauvre paysanne qui meurt de sa bonté inguérissable, la sœur de charité, la servante magnanime, le marin, le soldat. Pourtant, c'est peut-être à ces derniers, c'est peut-être aux soldats et aux marins que revient l'honneur des plus beaux et des plus pénibles sacrifices. L'héroïque Gordon n'a-t-il pas dit : « Un soldat ne peut pas faire plus que son devoir. » Écoutez ce que M. du Camp dit du lieutenant Bellot qui périt dans les glaces, après d'inimaginables fatigues : « Son action d'éclat n'a pas été d'un moment, elle a duré pendant des années sans qu'une défaillance apparente l'ait affaiblie. Il portait si haut l'honneur de sa nationalité et de son uniforme, que rien ne pouvait attiédir son courage. Lorsqu'au mois de mai 1852, il remonte à bord du *Prince Albert,* après sa longue exploration de trois mois, il écrit : « J'avais un dur apprentissage à faire, et tous ici, excepté moi, avaient des fatigues de pareils voyages une expérience qui m'était complètement étrangère. Que de tourments au moral, d'ailleurs, n'avais-je point, qui se joignaient aux difficultés matérielles! Mais j'ai renfermé en moi-même ces luttes d'un moment et personne ne peut dire qu'un officier français a fléchi là où d'autres ne faiblissaient pas. »

Voilà des exemples capables de gonfler les cœurs les plus amollis. Que M. Maxime du Camp a été bien inspiré en les retraçant avec la sobriété et la simplicité qui convenaient !

Son livre, je l'ai dit, est destiné à la jeunesse. En achevant de le lire, j'ai fait une réflexion que les jeunes gens, par bonheur, ne feront pas. Elle est triste. Je la dirai pourtant. Il faut parler des grandes choses de l'homme et de la vie avec une entière sincérité. A cette condition seulement, on a le droit de parler au public.

Or, ce qui frappe quand on lit les actions de ces hommes qui se dévouèrent jusqu'à la mort, c'est la sublime impuissance de leur courage, c'est la stérilité imméritée de leur sacrifice. Le dévouement et l'héroïsme sont comme les grandes œuvres d'art : ils n'ont d'objet qu'eux-mêmes. On dirait presque que veur inutilité fait leur grandeur. On se dévoue pour se dévouer. L'objet des plus beaux sacrifices est souvent indigne, quelquefois nul. Par la fureur d'une sorte de sublime égoïsme, la charité ressemble à l'amour. Sans doute la vertu est une force; c'est même la seule force humaine. Mais sa destinée fatale est d'être toujours défaite. Elle donne à ses soldats l'incomparable beauté des vaincus. Voilà bien longtemps que la vertu frappe le mal à coups redoublés; mais le mal est immortel : il se rit de nos coups.

Oui, le mal est immortel. Le génie dans lequel la vieille théologie l'incarne, Satan, survivra au dernier homme et restera seul, assis, les ailes repliées, sur les débris des mondes éteints. Et nous n'avons même pas le droit de désirer la mort de Satan. Une haute philosophie ne gémira pas sur l'éternité du mal universel. Elle reconnaîtra, au contraire, que le mal est nécessaire et qu'il doit durer; car, sans lui, l'homme n'aurait rien à faire en ce monde. Il serait comme s'il n'était pas. La vie n'aurait pas de sens et serait tout à fait inintelligible. Pourquoi? Parce que le mal est la raison d'être du bien et que le bien est la raison d'être de l'homme. Si, par impossible, — oh! ne craignez rien, — si, par impossible, le mal disparaissait jamais, il emporterait avec lui tout ce qui fait le prix de la vie, il dépouillerait la terre de sa parure et de sa gloire. Il en arracherait l'amour inquiet des mères et la piété des fils, il en bannirait la science avec l'étude, et éteindrait toutes les lumières de l'esprit. Il tuerait l'honneur du monde. On ne verrait plus couler ni le sang des héros, ni les larmes des amants, plus douces que leurs baisers.

Au milieu de l'éternelle illusion qui nous enveloppe, une seule chose est certaine, c'est la souffrance. Elle est la pierre angulaire de la vie. C'est sur elle que l'humanité est fondée comme sur un roc inébranlable. Hors d'elle, tout est incertitude. Elle est l'unique témoignage d'une réalité qui nous échappe. Nous savons que nous souffrons et nous ne savons pas autre chose. Là est la base sur laquelle l'homme a tout édifié. Oui, c'est sur le granit brûlant de la douleur que l'homme a établi solidement l'amour et le courage, l'héroïsme et la pitié, et le chœur des lois augustes et le cortège des vertus terribles ou charmantes. Si cette assise leur manquait, ces belles figures sombreraient toutes ensemble dans l'abîme du néant. L'humanité a la conscience obscure de la nécessité de la douleur. Elle a placé la tristesse pieuse parmi les vertus de ses saints. Heureux ceux qui souffrent et malheur aux heureux! Pour avoir poussé ce cri, l'Évangile a régné deux mille ans sur le monde.

Nous disions un jour qu'il est permis d'imaginer que notre planète, notre pauvre petite terre est entourée de formes invisibles et pensantes[1]. L'atmosphère peut, en effet, être habitée par des créatures

---

1. Voir pages 186 et 187 du présent volume.

d'une essence trop subtile pour tomber sous nos sens
Ce n'est qu'un rêve, mais le rêve a ses droits. Je
veux rêver des génies aériens; ils flottent dans les
espaces éthérés. Je me les figure plus intelligents et
plus doux que ces Elohim que M. Renan nous montre épars autour des tentes du nomade Israël. Je veux
aussi qu'ils soient moins vains, moins indifférents,
moins joyeux que les ombres légères dont la Grèce
antique peuplait ses bois et ses montagnes. Mes génies
seront, si vous voulez, des anges, mais des anges philosophes et savants, c'est-à-dire des anges d'une
espèce toute nouvelle. Ils ne chanteront pas, ils
n'adoreront pas : ils observeront. Je suppose que l'un
d'eux, couché sur le bord d'un nuage, tourne vers la
terre ses yeux plus puissants que nos télescopes et
nos lunettes, et regarde vivre les hommes. Le voilà
qui nous examine avec une intelligente curiosité,
comme sir John Lubbock observe les fourmis. Cet
ange positif ne trouve rien à admirer dans la figure
des petits êtres dont il suit les mouvements. Il n'est
sensible ni à la force des hommes, ni à la beauté des
femmes. Nous ne lui inspirons ni goût ni dégoût; car
sa pensée toute pure s'élève au-dessus du désir
comme de la répugnance. Scrutant nos actions, il
reconnaîtra qu'elles sont pleines de violence et de
ruse; et il s'épouvantera de la quantité de crimes
qu'enfantent sans cesse parmi nous la faim et l'amour.
Il dira : « Voilà de méchants petits animaux. Ils se
rendent justice puisqu'ils se mangent les uns les

autres. » Mais bientôt il s'apercevra que nous souffrons, et toute notre grandeur lui sera révélée. Alors vous l'entendrez murmurer : « Ils naissent infirmes, souffrants, affamés, destinés à s'entre-dévorer. Et ils ne se dévorent pas tous. J'en vois même qui, dans leur grande détresse, tendent les bras les uns vers les autres. Ils se consolent et se soutiennent entre eux. Comme soulagement ils ont inventé les industries et les arts. Ils ont même des poètes pour les amuser. Leur dieu avait créé la maladie : ils ont créé le médecin et ils s'emploient de leur mieux à réparer la nature. La nature a fait le mal, et c'est un grand mal. C'est eux qui font le bien. Ce bien est petit, mais il est leur ouvrage. La terre est mauvaise : elle est insensible. Mais l'homme est bon parce qu'il souffre. Il a tout tiré de sa douleur, même son génie. »

Voilà comment parlerait, ce me semble, un ange nourri de saine philosophie. Et il se garderait bien, s'il en avait le pouvoir, d'extirper de ce monde le levain amer de sa grandeur et de sa beauté.

Nous apprendrions de lui qu'il faut savoir souffrir et que la science de la douleur est l'unique science de la vie. Ses leçons nous inspireraient la patience, qui est le plus difficile des héroïsmes, l'héroïsme constant. Elles nous enseigneraient la clémence et le pardon ; elles nous enseigneraient la résignation, je veux dire la résignation dans l'effort, qui consiste à frapper toujours le mal, sans nous irriter jamais de son invulnérable immortalité.

Sous cette inspiration, les existences les plus humbles peuvent devenir des œuvres d'art bien supérieures aux plus belles symphonies et aux plus beaux poèmes. Est-ce que les œuvres d'art qu'on réalise en soi-même ne sont pas les meilleures? Les autres, qu'on jette en dehors, sur la toile ou le papier, ne sont rien que des images, des ombres. L'œuvre de la vie est une réalité. L'homme simple dont nous parle M. Maxime du Camp, le pauvre revendeur du faubourg Saint-Germain, qui fit de sa vie un poème de charité, vaut mieux qu'Homère.

GEORGE SAND

ET L'IDÉALISME DANS L'ART

Aujourd'hui seulement, nous mesurons le vide que laissa au milieu de nous la mort soudaine de M. Caro. M. Caro fut retranché en pleine vie, dans toute l'activité de son intelligence. Au lendemain de sa mort, dans la première surprise, — qu'on nous le pardonne, — nous parlions de lui comme s'il allait revenir. Nous gardions les familiarités de la veille. Nous n'avions pas encore le sentiment de l'irréparable. Il nous est venu depuis. Désormais, nous sentons que M. Caro nous manque et qu'il nous manquera longtemps. Nous allons disant : « Qui maintenant exposera, comme lui, avec une clarté lumineuse, les nouveaux systèmes

---

1. *George Sand*, par E. Caro, dans la *Collection des grands écrivains*, Hachette, édit. in-18.

et les jeunes doctrines ? Qui enseignera les profanes ? Qui sera le doux apôtre des gentils ? Sur quelles lèvres irons-nous recueillir les nobles élégances de la philosophie ? Rien n'est plus doux ni plus rare qu'un docteur aimable. C'est une chose divine que d'enseigner avec grâce, et cette chose s'en est allée avec lui.

Ainsi disions-nous, quand un petit volume posthume est venu raviver nos regrets. Quelques jours avant sa mort, M. Caro mettait la dernière main à une étude sur George Sand, pour la *Collection des Grands Écrivains français*. Cette collection se compose, comme on sait, d'études sur la vie, les œuvres et l'influence des principaux auteurs de notre littérature. Chaque volume comprend une monographie. L'étude sur George Sand, par M. E. Caro, vient de paraître. Ce volume est le troisième en date de la collection. Un *Victor Cousin*, par M. Jules Simon ; une *Madame de Sévigné*, par M. Gaston Boissier, et un *Montesquieu*, par M. Albert Sorel, l'avaient précédé.

Turgot, par M. Léon Say, et *Voltaire*, par M. Ferd. Brunetière, sont sous presse. On annonce ensuite : *Villon*, par M. Gaston Paris; d'*Aubigné*, par M. Guillaume Guizot; *Rousseau*, par M. Cherbuliez; *Joseph de Maistre*, par le vicomte Eugène Melchior de Vogüé ; *Lamartine*, par M. de Pomairols; *Balzac*, par M. Paul Bourget; *Musset*, par M. Jules Lemaître ; *Sainte-Beuve*, par M. H. Taine; *Guizot*, par M. G. Monod *Boileau*, par M. Brunetière, qui se trouve ainsi chargé de deux études. Ce que j'en dis là n'est pas pour m'en plaindre; bien au contraire. On voit, par les noms que je viens de citer, que les directeurs de cette entreprise littéraire ont souci de choisir des critiques préparés à leur tâche par leurs goûts, leurs travaux ou la nature de leur esprit.

S'ils ont demandé à M. Caro une étude sur George Sand, ce n'est pas sans raison. Le philosophe spiritualiste était attaché à la mémoire de madame Sand, comme à la muse de sa jeunesse. Le seul nom de l'auteur d'*Indiana* résumait pour lui des journées de rêverie délicieuses et de discussions ardentes. « Ce nom, nous dit-il, représente tant de passions généreuses, tant d'aspirations confuses, de témérités de pensée, de découragements profonds, d'espérancces surhumaines mêlées à l'élégante torture du doute!...» En ranimant ses souvenirs, il se remet sous le charme, et son livre est un hommage au beau génie de madame Sand. Il est vrai que l'auteur de *l'Idée de Dieu* n'avait pas sur la famille et la société les idées de l'auteur de *Lélia;* mais les idées sont peu de chose chez madame Sand; le sentiment, au contraire, est tout et l'on peut l'admirer, sans penser comme elle, à la condition de sentir comme elle.

L'âme de cette femme admirable se répand aisément dans ses livres

..... Comme ces eaux si pures et si belles
Qui coulent sans effort des sources naturelles.

Ne lui demandez pas ce qu'elle pense : la pensée

suppose la réflexion, et elle ne réfléchit pas. Elle laisse ses amis penser pour elle; elle reçoit leurs idées toutes faites et elle aime mieux les répéter que de les comprendre. Sa seule fonction au monde est d'exprimer avec une magnificence incomparable le sentiment de la nature et les images de la passion.

La nature, elle la voit bien, puisqu'elle la voit belle. La nature n'est que ce qu'elle paraît : elle n'est en soi ni belle ni laide. C'est l'œil de l'homme qui fait seul la beauté du ciel et de la terre. Nous donnons la beauté aux choses en les aimant. L'amour contient tout le mystère de l'idéal. M. Caro nous rappelle à propos, dans son livre, un trait charmant de cette grande et naïve amante des choses, dont l'âme était en harmonie avec les fleurs des champs : « En portant mes mains à mon visage, dit George Sand, je respirai l'odeur d'une sauge dont j'avais touché les feuilles quelques heures auparavant. Cette petite plante fleurissait maintenant sur la montagne à plusieurs lieues de moi. Je l'avais respectée; je n'avais emporté d'elle que son exquise senteur. D'où vient qu'elle l'avait laissée? Quelle chose précieuse est donc le parfum, qui sans rien faire perdre à la plante dont il émane, s'attache aux mains d'un ami et le suit en voyage pour le charmer et lui rappeler longtemps la beauté de la fleur qu'il aime? Le parfum de l'âme, c'est le souvenir... »

Elle était en communion perpétuelle avec la nature, et ne pouvait respirer un brin de sauge sans sentir en elle le Dieu inconnu. Ne nous laissons point tromper par les grands mots d'art et de vérité. Le secret du beau est à la portée des petits enfants. Les humbles le devinent quelquefois plus vite que les superbes. Aimer, c'est embellir; embellir, c'est aimer.

L'art naturaliste n'est pas plus vrai que l'art idéaliste. M. Zola ne voit pas l'homme et la nature avec plus de vérité que ne les voyait madame Sand. Il n'a pour les voir que ses yeux comme elle avait les siens. Le témoignage qu'il porte des choses n'est qu'un témoignage individuel. Il nous dit comment la nature vient se briser contre lui : ni plus ni moins ; mais il ne sait ce qu'est l'univers, ni s'il est. Naturalistes et idéalistes sont également les jouets des apparences; ils sont, les uns et les autres, en proie au spectre de la caverne. C'est ainsi que Bacon appelait le principe de notre éternelle ignorance, de l'ignorance à laquelle la condition d'homme nous condamne, murés que nous sommes en nous-mêmes comme dans un rocher, et solitaires, hallucinés, au milieu du monde. Eh bien, puisque tous les témoignages que nous portons de la nature ont aussi peu de réalité objective les uns que les autres, puisque toutes les images que nous nous faisons des choses correspondent non pas aux choses elles-mêmes, mais seulement aux états de notre âme, pourquoi ne point rechercher et goûter de préférence les figures de grâce, de beauté et d'amour ? Songe pour songe, pourquoi ne pas choisir les plus aimables? C'est ce que faisaient les Grecs. Ils adoraient la beauté; la laideur, au contraire, leur semblait impie. Pourtant, ils ne conservaient guère d'illusions ni sur la réalité des choses, ni sur la bonté de la nature. Ces Hellènes eurent de bonne heure une philosophie douloureuse et sans illusions.

Je feuilletais, ce matin même, le beau livre de M. Victor Brochard sur les sceptiques et j'y voyais que le doute scientifique régnait dans les plus anciennes écoles de la Grèce, avec son cortège de tristesses et d'amertumes. La Grèce intelligente souffrit, dès l'enfance, de l'impossibilité de croire. Sa religion ne fut que l'amusement de son incrédulité. C'est pourquoi peut-être cette religion resta humaine et bienfaisante. Du moins, ce charmant petit peuple n'accrut pas son mal en ajoutant à l'impossibilité de croire l'impossibilité d'aimer. Il eut la sagesse de poursuivre le beau, alors que le vrai lui échappait, et le beau ne le trompa point comme le vrai.

C'est que le beau dépend de nous; il est la forme sensible de tout ce que nous aimons. Entre les romanciers idéalistes et les romanciers réalistes la question est bien mal posée. On oppose la réalité à l'idéal, comme si l'idéal n'était pas la seule réalité qu'il nous soit permis de saisir. Dans le fait, les naturalistes voudraient nous rendre la vie haïssable, tandis que les idéalistes cherchaient à l'embellir. Et comme ils avaient raison! Comme ce qu'ils faisaient était excellent ! Il y a chez les hommes un incessant désir, un perpétuel besoin d'orner la vie et les êtres. Madame Sand a dit si bien : « Par une loi naturelle, l'esprit humain ne peut s'empêcher d'embellir et d'élever l'objet de sa contemplation. » Pour embellir la vie, que n'avons-nous pas inventé? Nous nous sommes fait de magnifiques habits de guerre et d'amour et nous avons chanté nos joies et nos douleurs. Tout l'effort immense des civilisations aboutit à l'embellissement de la vie. Le naturalisme est bien inhumain : car il veut défaire ce travail de l'humanité entière. Il arrache les parures, il déchire les voiles; il humilie la chair qui triomphait en se spiritualisant, il nous ramène à la barbarie primitive, à la bestialité des cavernes et des cités lacustres

Ce peut être là un plaisir de décadent. Mais il serait dangereux de le goûter avec trop d'obstination; il mène à une irrémédiable grossièreté, à la ruine de tout ce qui fait le charme et les grâces de l'existence. Madame Sand fut un grand artisan d'idéal : c'est pour cela que je l'aime et que je la vénère. On me dit que le livre de M. Caro est fort bien accueilli du public et qu'il s'enlève avec rapidité sous les galeries de l'Odéon. Tant mieux! Il faudrait nous réjouir grandement si ce succès était le signe du retour de l'idéal dans l'art.

On me dit aussi que les romans de George Sand, trop oubliés aujourd'hui, retrouveront des lecteurs. Je le souhaite; je voudrais qu'on lût non seulement les plus sages et les plus apaisés; mais encore les plus ardents, ceux de la première heure, *Lélia* et *Jacques*. On y trouvera sans doute une revendication bien audacieuse des droits de la passion. C'est là, comme disait Chateaubriand vieux, une offense à la rectitude de la vie. Mais l'auteur de *René* n'avait-il pas semé aussi par le monde des paroles brûlantes? D'ailleurs, à quoi bon nier les droits de la passion? La passion ne demande pas sa part à la société, elle la lui vole avec la fureur du désir et le calme de l'innocence. Rien ne l'arrête : elle a le sentiment de son inévitable fatalité. Comment pourrait-on l'effrayer? Elle fait ses délices de l'angoisse et de l'inquiétude. Les religions mêmes n'ont rien pu contre elle ; elles lui ont seulement offert une volupté de plus : la volupté des remords. Elle est à elle seule sa gloire, son bonheur et son châtiment. Elle se moque bien des livres qui l'exaltent ou la répriment.

Exalter les passions, c'est ce que les grands poètes ont fait bien avant les grands romanciers. Phèdre, Didon, Françoise de Rimini, Juliette, Ériphyle, Velléda ont précédé Lelia et la Fernande de *Jacques*. Il peut y avoir du danger, sans doute, à remuer ces flammes. Où n'y-a-t-il pas du danger, et qui peut dire, sa journée faite : je n'ai nui à personne? Mais ces sentiments touchent aux côtés généreux de la nature humaine. Les traiter, c'est glorifier l'homme dans ses joies les plus douloureuses et les plus touchantes. Le roman qui décrit le vice est bien plus funeste que celui qui représente la passion. Pourquoi? parce que le vice est plus facile à suggérer que la passion; parce qu'il s'insinue lentement et sourdement; parce qu'enfin il est à la portée des âmes communes. Le roman du vice, madame Sand ne l'a jamais écrit.

Madame Sand demeura toujours bien persuadée que la grande affaire des hommes, c'est l'amour. Elle avait raison à moitié. La faim et l'amour sont les deux axes du monde. L'humanité roule tout entière sur l'amour et la faim. Ce que Balzac a vu surtout dans l'homme, c'est la faim, c'est-à-dire le sentiment de la conservation et de l'accroissement, l'avarice, la cupidité, les ambitions matérielles, les privations, les jeûnes, les indigestions, les grandeurs de chair. Il a montré avec une extrême précision toutes les fonctions de la griffe, de la mâchoire et de l'estomac, toutes les habitudes de l'homme de proie. George Sand n'a pas moins de grandeur, pour ne nous avoir montré que des amoureux. Carlyle dit, dans un passage cité par Arvède Barine, que « toute l'affaire de l'amour est une si misérable futilité, qu'à une époque héroïque, personne ne se donnerait la peine d'y penser. Le vieux Carlyle est bien détaché. Pourtant, il semble que la nature entière n'ait d'autre but que de jeter les êtres dans les bras l'un de l'autre et de leur faire goûter, entre deux néants infinis, l'ivresse éphémère du baiser.

MENSONGES

PAR M. PAUL BOURGET

> « Ayez peu de commerce avec les
> eunes gens et les personnes du
> monde.
> » Ne flattez point les riches et ne
> désirez point de paraître devant les
> grands...
> » N'ayez de familiarité avec aucune
> femme, mais recommandez à Dieu
> toutes celles qui sont vertueuses...
> » Il arrive que, sans la connaître,
> on estime une personne sur sa bonne
> réputation ; et, en se montrant, elle
> détruit l'opinion qu'on avait d'elle. »
> (*Imitation*, liv. I, ch. VIII.)

Ayant lu jusqu'à la dernière page, avidement, mais non sans tristesse, le livre douloureux de M. Paul Bourget, j'ai tout de suite regardé mon *Imitation de Jésus-Christ*, à la page où elle s'ouvre toute seule, et j'ai récité avec ferveur les versets que je viens de transcrire. Chacun de ces versets répond à un chapitre du roman nouveau. Chacune de ces maximes est un baume et un électuaire pour une des plaies que l'habile écrivain a montrées. N'est-il pas merveilleux que l'*Imitation*, composée dans un âge de foi, par un humble ascète, pour des âmes pieuses et solitaires, convienne admirablement aujourd'hui aux sceptiques et aux gens du monde? Un pur déiste, un doux athée peut en faire son livre de chevet. Bien plus, je sens par moi-même que ce délicieux écrit doit être mieux goûté, du moins dans quelques-unes de ses parties, par ceux qui doutent ou qui nient que par ceux qui adorent et qui croient. En effet, le solitaire dont c'est l'ouvrage alliait à de célestes espérances une sagesse humaine que l'homme de peu de foi est particulièrement apte à goûter. Il connaissait profondément la vie; il avait pénétré les secrets de l'âme et ceux des sens. Il n'ignorait rien du monde des apparences, au milieu duquel nous nous débattons avec une faiblesse cruelle et des illusions touchantes. Il connaissait les passions mieux que ceux qui les éprouvent; car il en savait la vanité définitive. Ses sentences sont des joyaux de psychologie dont les connaisseurs restent émerveillés. C'est le livre des meilleurs, puisque c'est le livre des malheureux. Il n'est pas de plus sûr conseiller ni de plus intime consolateur.

Ah! si le héros de M. Paul Bourget, si le jeune poète René Vinci avait relu, chaque matin, dans sa

petite chambre de la rue Coëtlogon, le chapitre VIII
de l'*Imitation* ; s'il s'était pénétré du sens profond de
ces paroles : « Ne désirez pas de paraître devant les
grands... N'ayez de familiarité avec aucune femme; »
s'il avait cherché sa joie dans la tristesse et son allégresse dans le renoncement, il n'aurait pas éprouvé
la pire des souffrances, la seule souffrance véritablement mauvaise, celle qui ne purifie pas mais qui
souille; et il n'aurait pas cherché à mourir de la
mort des désespérés. René Vinci est un jeune homme
pauvre, un poète de vingt-cinq ans, qui fit applaudir
au Théâtre-Français une saynète délicieuse, un autre
Passant. Le monde des étrangères et des parisiennes,
les salons où l'on cause, où l'on joue la comédie,
enfin ce qu'on appelle le monde, s'ouvrit soudain à sa
jeune célébrité. Il s'y jeta avec une ardeur enfantine
et fut séduit tout de suite par ce que Pascal appelle
les grandeurs de chair. L'éclat des luxueuses existences l'éblouit. C'est peut-être qu'il n'était pas un
grand philosophe. Je l'ai entendu railler à ce sujet.
Il faut le plaindre plutôt. Le luxe exerce un irrésistible attrait sur les natures élégantes et délicates. Un
de mes amis, né pauvre comme René Vinci, fut
admis pareillement, à son heure, dans le concile des
riches et des puissants. Il regarda leur luxe d'un
œil paisible et froid. Comme je l'en félicitais, il me
répondit: « J'avais fréquenté le Louvre et vu des cathédrales avant d'aller dans des salons. » Mais je ne dois
pas citer mon ami comme un exemple : il a un grand

fond de dédain. René Vinci est plus jeune et plus candide. Une goutte de *white rose* suffit à l'enivrer; il aime le luxe des femmes. Si c'est un tort, qu'il lui soit pardonné : il aime, il souffre. Oui, il aime une madame Moraines, dont M. Paul Bourget a fait un portrait terriblement vrai. On la voit, on la sent, on la respire, cette femme aux traits déliés, à la bouche spirituelle, aux formes à la fois fines et robustes, et cachant sous les grâces d'une apparente fragilité l'ardente richesse de sa nature. On la voit si bien qu'on chicanerait volontiers le peintre sur tel et tel détail. Tous, tant que nous sommes, nous serions tentés, je le gage, de changer quelque chose, deçà, delà, à la nuance des cheveux, à la couleur des yeux, pour adapter cette figure à quelque souvenir ou tout au moins à quelque confidence...

Quand je parle de portrait, on se doute bien que j'entends parler surtout d'un portrait moral, puisque l'artiste est M. Paul Bourget. Ce portrait est vrai, il est vrai de cette grande vérité de l'art qui atteint du premier coup l'évidence. Que dites-vous de ceci par exemple?

« Elle appartenait, sans doute par l'hérédité, se trouvant la fille d'un homme d'État, à la grande race des êtres d'action dont le trait dominant est la faculté distributive, si l'on peut dire. Ces êtres-là ont la puissance d'exploiter pleinement l'heure présente, sans que, ni l'heure passée, ni l'heure à venir trouble ou arrête leur sensation. L'argot actuel a trouvé un joli mot pour désigner ce pouvoir spécial d'oubli momentané; il appelle cela *couper le fil.* » (*Mensonges,* p. 317). Madame Moraines était parfaite pour couper le fil. Elle avait arrangé très raisonnablement son existence avec un mari épris et naïf, et un amant vieux mais élégant, égoïste mais libéral, qui subvenait au luxe de la maison. Elle fit, entre les deux, une petite place au jeune poète qui lui avait inspiré un goût à la fois sensuel et sentimental. Du soir qu'il la rencontra, René Vinci crut à l'inaltérable pureté de Suzanne Moraines; il en douta moins encore quand il l'eut possédée. Elle savait, elle aimait mentir; elle le trompa : il fut divinement heureux. Le mensonge d'une femme aimée est le plus doux des bienfaits, tant qu'on y croit. Mais on n'y croit pas longtemps. Il y a dans tout mensonge, même le plus subtil, de secrètes impossibilités qui le font bientôt évanouir. Les paroles fausses crèvent comme des bulles de savon. Malgré toute sa science, la petite madame Moraines ne savait pas une chose, c'est qu'on ne peut pas tromper ceux qui aiment vraiment. Ils le voudraient, ils le demandent, et, quand celle qu'ils aiment, soit dédain, soit cruauté, ne daigne plus feindre, ils lui mendient bassement l'aumône d'un dernier mensonge. Ils lui disent : « Par pitié trompez-moi, mentez-moi, que j'espère encore! » Mais les malheureux gardent jusque dans le délire leur funeste clairvoyance. René Vinci connut vite qu'on lui mentait. Cette parole de l'ascète se vérifia pour lui : « Il arrive que, sans la connaître, on estime une personne sur sa bonne réputation, et, en se montrant, elle détruit l'opinion qu'on avait d'elle. » René Vinci se vit trahi. Et, comme il souffrait trop, il voulut se tromper lui-même : « Qui donc, demande alors M. Paul Bourget, qui donc a pu aimer et être trahi sans l'entendre, cette voix qui raisonne contre toute raison, qui nous dit d'espérer contre toute espérance? C'en est fini de croire, et pour toujours. Comme on voudrait douter au moins! » Un jour, Vinci ne put plus douter. Il devint horriblement jaloux. La jalousie produit sur nous l'effet du sel sur la glace : elle opère avec une effrayante rapidité, la dissolution totale de notre être. Et, comme la glace, quand on est jaloux, on fond dans la boue. C'est une torture et une honte. On est condamné au supplice de tout savoir et de tout voir. Oui! tout voir, hélas! car imaginer, c'est voir; c'est voir sans même la ressource de détourner ou de fermer les yeux.

Vinci avait vingt-cinq ans : c'est l'âge où tout est facile, même de mourir. Certain de ne pouvoir posséder Suzanne à lui seul, il se tire un coup de revolver dans la région du cœur... Rassurez-vous, il n'en mourra pas. Le poumon seul est traversé. Les médecins répondent de la guérison. Il renaîtra lentement à la vie; il se sentira faible, il lui viendra une grande pitié de lui-même; il s'aimera à la manière attendrie des malades, et il ne vous aimera plus, Suzanne.

Ce livre de M. Paul Bourget est une belle et savante

étude. Jamais encore l'auteur de *Cruelle Énigme*, depuis longtemps philosophe et psychologue, n'avait montré un tel talent d'analyse. Notez bien qu'il y a beaucoup plus de choses dans *Mensonges* que je n'en ai indiquées. Je n'ai parlé que de madame Moraines, parce que, ici, je ne fais pas une étude. Je cause, et la causerie a ses hasards. Dans *Mensonges*, il y a Colette, une ingénue de la Comédie-Française qui inspire à un homme de lettres une passion « à base de haine et de sensualité ». Il y a aussi dans ce livre, il y a surtout des observations d'une vérité dure. Sans doute, elles ne sont pas neuves et voilà beau temps qu'on les a faites pour la première fois. Mais est-ce que chaque génération ne refait pas nécessairement ce que les précédentes avaient fait? Qu'est-ce que vivre sinon recommencer? Est-ce que tous nous ne faisons pas, chacun à notre tour, les mêmes découvertes désespérantes? Et n'avons-nous pas l'amer besoin d'une voix jeune, d'une parole neuve qui nous conte nos douleurs et nos hontes? Quand M. Paul Bourget a dit : « Il y a des femmes qui ont une façon céleste de ne pas s'apercevoir des familiarités que l'on se permet avec elles, » n'a-t-il pas dévoilé à nouveau une ruse éternelle? Quand il a dit : « C'est un plaisir divin pour les femmes que de dire, avec de certains sourires, des vérités auxquelles ne croient pas ceux à qui elles les disent; elles se donnent ainsi un peu de cette sensation du danger qui fouette délicieusement leurs nerfs, » n'a-t-il pas renouvelé heureusement une observation précieuse? Quand il a dit : « Les femmes aiment d'autant plus à inspirer des mouvements de pitié qu'elles les méritent moins, » n'a-t-il pas mis à neuf une petite pièce assez importante de la psychologie féminine?

Son livre, dans lequel on entend l'accent de l'inimitable vérité, est désespérant d'un bout à l'autre. Ce qu'on y goûte est plus amer que la mort. Il en reste de la cendre dans la bouche. C'est pourquoi je suis allé à la fontaine de vie; c'est pourquoi j'ai ouvert l'*Imitation* et lu les paroles salutaires. Mais nous n'aimons pas qu'on nous sauve. Nous craignons, au contraire, qu'on nous prive de la volupté de nous perdre. Les meilleurs d'entre nous sont comme Rachel, qui ne voulait pas être consolée.

L'AMOUR EXOTIQUE

MADAME CHRYSANTHÈME[1]

Il y a aujourd'hui quatre-vingt-seize ans, un jeune gentilhomme breton, qui visitait les tribus des Creeks et des Natchez, amusait ses désirs et ses ennuis en dénouant la chevelure de deux jeunes Floridiennes dont le teint de cuivre, les longs yeux et la grâce sauvage restèrent fixés depuis dans ses rêves. Ce Breton était Chateaubriand; de ses deux Floridiennes, il fit Atala et Céluta. C'est ainsi que l'amour exotique entra dans la littérature. Il est vrai que le dix-huitième siècle avait déjà montré des Américaines au théâtre et dans les romans. On avait eu

---

1. Par Pierre Loti, 1 vol. in-8.

Alzire et *les Incas*. Les écrivains philosophes n'avaient pas caché leur goût pour les sauvages. Mais ils ne les connaissaient guère et ne se flattaient pas de les peindre exactement. Ils n'étaient soucieux, en fait, que de montrer l'innocence dans la nature. Chateaubriand vit ce qu'on n'avait pas vu jusqu'à lui. Quand il porta sur ses deux Floridiennes son regard enchanté d'amant et de poète, il découvrit la beauté étrange. Le premier, il infusa, il fit fermenter l'exotisme dans la poésie, et il composa un poison nouveau que la jeunesse du siècle but avec délices. Pourtant il s'en faut que les deux filles de son souvenir et de sa rêverie, Atala et Céluta, soient de véritables sauvages. Ces figures ont encore des proportions classiques; leur sein est moulé sur l'antique et le souffle de leur poitrine emprunte son rythme aux vers de Racine. Atala, les mains jointes sur son crucifix, suit sans peine la longue théorie des amantes tragiques de l'Occident chrétien. Elle a du sang espagnol dans les veines. Et ce noble sang a mangé celui qu'elle tient de « Simaghan aux bracelets d'or ». Certes, elle a trahi « les vieux génies de la cabane ». Telle qu'elle est, elle est adorable, mais ce n'est point un être primitif, ce n'est point une créature simple.

Il était réservé à Pierre Loti de nous faire goûter jusqu'à l'ivresse, jusqu'au délire, jusqu'à la stupeur l'âcre saveur des amours exotiques.

Il est heureux pour lui et pour nous que M. Pierre Loti soit entré dans la marine et qu'il ait beaucoup voyagé ; car la nature lui avait donné une âme avide et légère à laquelle il fallait beaucoup d'images. Elle lui avait donné, de plus, des sens exquis pour goûter la beauté de l'amoureux univers, une intelligence naïve et libre, et cette rare faculté de l'artiste qui se voit, s'écoute, s'observe, cristallise ses souvenirs. Il était comme fait exprès pour nous apporter la beauté bizarre et la volupté étrange. Et, certes, il n'a point manqué à sa destinée.

Les femmes de Pierre Loti, Azyadé, Rarahu, Fatou-Gaye sont, celles-là, de vraies sauvages, et qui sentent la bête. On y mord comme dans un fruit inconnu. Loti les aime, il les aime d'un amour enfantin et pervers, infiniment doux et infiniment cruel.

Les unions des filles des hommes avec les fils de Dieu, qu'ensevelirent les eaux du déluge, n'étaient ni si impies, ni si douloureuses. Marier Loti à Rarahu, le spahi à Fatou-Gaye, unir des hommes blancs à de petites bêtes jaunes ou noires, voilà ce que Chateaubriand n'imaginait pas complètement quand il déroulait, avec une coquetterie mélancolique, les tresses sombres de ses deux Floridiennes, aux trois quarts Espagnoles.

Oh! c'est que Fatou-Gaye est une véritable négresse ! Elle reproduit le type khassonké dans toute son horrible pureté : la peau lisse et noire, les dents d'une blancheur éclatante, deux larges prunelles de jais sans cesse en mouvement. Et la coiffure est aussi étrange que le type. La tête est rasée, sauf cinq toutes petites mèches, cordées et gommées, plantées à intervalles réguliers depuis le front jusqu'au bas de la nuque, et terminées chacune par une perle de corail. Et son âme est à l'avenant : une pauvre petite âme sombre de ouistiti voleur et amoureux. Si Fatou-Gaye est bien sauvage, Rarahu est tout à fait primitive. Son île fleurie de Tahiti est, telle que la décrit Loti, une nouvelle Arcadie. Le commandant Rivière goûtait moins cette Nouvelle-Cythère, ses fontaines, ses bois et ses femmes. Il disait que tout cela était laid. C'est peut-être qu'il n'était pas, comme Loti, un poète toujours en éveil. Je me garderai bien de voir par les yeux du voyageur désenchanté, tandis qu'un poète me prête sa lorgnette magique. Oui, je veux croire que Tahiti, c'est l'Arcadie encore, et je veux croire à la beauté mahorie. Je me persuade que Rarahu était belle quand elle se baignait en chantant dans la fontaine d'Apiré. Et je vois bien qu'elle était charmante quand, le dimanche, pour aller au temple des missionnaires protestants à Papeete, elle piquait dans ses cheveux noirs, au-dessus de l'oreille, une large fleur d'hibiscus, « dont le rouge ardent donnait une pâleur transparente à sa joue cuivrée. » Et Loti l'épousa, sur le conseil de la reine Pomaré, à la mode du pays. Et c'est une douloureuse histoire d'amour que celle-là. Ils ne se comprenaient pas. Quel moyen a un blanc de lire dans les douces ténèbres d'une pensée mahorie? On raconte qu'au commencement de ce siècle, il y eut, dans ces îles charmantes, une Didon océanienne, mais une Didon résignée, qui mourut sans se plaindre. Cette Didon n'eut point de Virgile. Un inconnu lui fit les vers que voici :

> Cependant qu'à travers l'océan Pacifique
> Un Anglais naviguait, morose et magnifique,
> Dans une île odorante où son brick aborda
> Une reine, une enfant qui se nommait Ti-Da,
> Lui jeta ses colliers de brillants coquillages,
> Prête à le suivre, esclave, en ses lointains voyages.
> Et, pendant trente nuits, son jeune sein cuivré
> Battit d'amour joyeux près de l'hôte adoré,
> Dans des murs de bambou, sur la natte légère.
> Mais, avant que finît cette lune si chère,
> Pour l'abandon prévu, douce, d'un cœur égal,
> Elle avait fait dresser un bûcher de sandal,
> Et du brick qui lofait, lui, pâle, sans surprise,
> Vit la flamme, et sentit le parfum dans la brise.

Hélas ! Rarahu n'était point reine ; elle ne finit point avec cette simplicité tragique ; elle survécut par malheur à son mariage avec Loti. Mourant de la maladie qui emporte sa race, elle mettait des couronnes de fleurs fraîches sur sa tête de petite morte. Elle n'avait plus de gîte à la fin et traînait avec elle son vieux chat infirme qui portait des boucles d'oreilles et qu'elle aimait tendrement. Tous les matelots l'aimaient beaucoup, bien qu'elle fût devenue décharnée, et elle les voulait tous. Elle se mourait de la poitrine, et, comme elle s'était mise à boire de l'eau-de-vie, son mal alla très vite.

Ainsi finit la petite créature jaune qui avait donné

à Loti la chose la plus précieuse du monde, la seule chose qui attache à cette malheureuse vie assez de prix pour qu'elle vaille d'être vécue, un moment d'idéal. Livre charmant et douloureux que celui-là! et voluptueux et bizarre! il n'y a pas d'amour sans dissonances. Deux cœurs ont beau battre l'un contre l'autre, ils ne battent pas toujours de même. Mais, dans les mariages exotiques de Loti, les cœurs ne battent jamais, jamais à l'unisson. Rarahu et Loti ne sentent, ne comprennent rien de la même manière. De là une mélancolie infinie.

Je ne parle ici que de Loti et de ses femmes noires ou jaunes; je ne dis rien de ses deux grands chefs-d'œuvre, *Mon frère Yves* et *Pêcheur d'Islande* qui nous entraîneraient dans un tout autre monde de sentiments et de sensations. Et même il n'est que temps d'en venir au nouveau mariage de l'époux fugitif de Rarahu. On sait que M. Pierre Loti a épousé, à Nagasaki, devant les autorités, pour un printemps, mademoiselle Chrysanthème, et qu'il a fait incontinent de ce mariage un beau volume qui paraît cette semaine à la librairie Calmann Lévy. Ni la jalousie ni l'amour ne troublèrent cette paisible union. Après avoir partagé pendant trois mois une maison de papier et un moustiquaire de gaze verte avec madame Chrysanthème, M. Pierre Loti semble obstinément persuadé qu'une âme nippone, dans un petit corps jaune de *mousmé*, est la chose la plus insignifiante du monde. Une mousmé, c'est une jeune personne du pays des lanternes peintes et des arbres nains. Madame Chrysanthème est une mousmé accomplie. M. Pierre Loti la trouve aussi mystérieuse que la pauvre Rarahu, mais infiniment moins intéressante. Comme il n'aime point celle-là, il n'est pas curieux de la bien connaître. Une seule fois, en la voyant, le soir, en prière devant une idole dorée, il se demande ce que peut bien penser cette jeune bouddhiste, si tant est qu'elle pense quelque chose.

« Qui pourrait démêler, se dit-il, ses idées sur les dieux et sur la mort? A-t-elle une âme? Pense-t-elle en avoir une? Sa religion est un ténébreux chaos de théogonies vieilles comme le monde, conservées par respect pour les choses très anciennes, et d'idées plus récentes sur le bienheureux néant final, apportées de l'Inde à l'époque de notre moyen âge par de saints missionnaires chinois. Les bonzes eux-mêmes s'y perdent; — et alors que peut devenir tout cela, greffé d'enfantillage et de légèreté d'oiseau, dans la tête d'une mousmé qui s'endort? »

Ce qui donne au nouveau livre de M. Pierre Loti sa physionomie et son charme, ce sont les descriptions vives, courtes, émues; c'est le tableau animé de la vie japonaise, si petite, si mièvre, si artificielle. Enfin, ce sont les paysages. Ils sont divins, les paysages que dessine Pierre Loti en quelques traits mystérieux. Comme cet homme sent la nature! comme il la goûte en amoureux, et comme il la comprend avec tristesse ! Il sait voir mille et mille images des arbres et des fleurs, des eaux vives et des nuées. Il connaît les diverses figures que l'univers nous montre, et il sait que ces figures, en apparence innombrables, se réduisent réellement à deux, la figure de l'amour et celle de la mort.

Cette vue simple est d'un poète et d'un philosophe. Pour ceux qui la comprennent bien, la nature n'a que ces deux faces. Cherchez par le monde les bois mystérieux, les rivières qui chantent dans la vapeur blanche du matin, autour de leurs îles fleuries ; voyez, du haut des montagnes neigeuses bondir de cime en cime la rose aurore, attendez dans un vallon ombreux la paix du soir ; contemplez la terre et le ciel : partout, torride ou glacée, la nature ne vous montrera rien que l'amour et la mort. C'est pour cela qu'elle sourit aux hommes et que son sourire est parfois si triste.

FIN

TABLE ALPHABÉTIQUE

DES NOMS DES AUTEURS CITÉS OU MENTIONNÉS DANS LE VOLUME

A

ABOUT (Edmond), 15.
ALEMBERT (J. d'), 184.
APULÉE, 121.
ARÈNE (Paul), 47.
ARVÈDE BARINE, 347.
AUBIGNÉ (Théodore-Agrippa d'), 341.
AUGIER (Émile), 16-17.
AUGUSTIN (saint), 85-86.
AUMALE (duc d'), 322.

B

BACON (François), 344.
BALZAC (Honoré de), 145 et suiv., 341, 348.
BARNI, 252.
BARRIÈRE, 240.
BASHKIRTSEFF (Marie), 167 et suiv.
BASTIEN-LEPAGE, 174-175.
BAYLE, V.
BEAUVEAU (maréchal de), 317.
BECQ DE FOUQUIÈRES, 301 et suiv.
BENOIT (Camille), 288.
BÉRANGER (J.-P. de), 163.
BÉROALD DE VERVILLE, 51.
BERVILLE, 240.
BISMARCK (Otto, prince de), 132 et suiv.
BLANCHARD, 332.
BLANCHEMAIN (Prosper), 302.
BLANCHET (l'abbé), 245.

BODIN (Félix), 241.
BOILEAU, 342.
BOISSIER (Gaston), 341.
BOISSY D'ANGLAS, 189-194.
BONNETAIN (Paul), 225-226.
BONNIÈRES (Robert de), 38.
BOSSUET, 253.
BOUCHER (Guillaume), 51.
BOUFFLERS (le chevalier de), 54, 317.
BOUILLY, 332.
BOURGET (Paul), 6, 154, 340, 348 e suiv.
BRÉAL (Michel), 293.
BRESLAU (Melle), 174.
BROCHARD (Victor), 344.
BROUARDEL (le D^r), 130-131.
BRUNETIÈRE (Ferdinand), IV, 252, 340, 341.
BRUNETTO LATINI, 299.
BUSCH, 138.
BYRON (lord), 178.

C

CARLYLE, 348.
CARO (E.), 339 et suiv.
CARREL (Armand), 202, 241.
CATHERINE DE WURTEMBERG, reine de Westphalie, 267 et suiv.
CAYLUS (le comte de), 53.
CERFBERR (Anatole), 146, 150, 153.
CHARRAS (le colonel), 252.
CHATEAUBRIAND (F. de), 72, 212, 317, 346, 356, 358.
CHERBULIEZ, 340.

CHÊNEDOLLÉ, 228, 309.
CHÉNIER (André), 166, 199, 250, 303, 304, 305.
CHÉNIER (Marie-Joseph), 313.
CHÉNIER (Gabriel de), 305.
CHERVILLE (marquis de), 295.
CHRISTOPHE (Jules), 146, 150, 153.
CHUQUET, 245.
CICÉRON, 321.
COCHIN (Henry) 36.
COITTANT, 200, 201.
COLLOREDO (comtesse de), 256-257.
CONSTANT (Benjamin), 58 et suiv., 64.
COPPÉE (François), 160 et suiv.
COUSIN (Victor), 341.
CROOKES (William), 118, 119, 120.
CUVILLIER-FLEURY, IV, 315 et suiv.

D

DARMESTETER (Arsène), 291 et suiv.
DAUDET (Alphonse), 47.
DELACROIX (Eugène), 6.
DESCARTES, 326.
DESCAVES (Lucien), 225-226.
DEZEIMERIS (Reinhold), 302, 305.
DICKENS (Charles), 148, 177, 178.
DIDEROT (Denis), 53.
DORÉ (Gustave), VII.
DORCHAIN (Auguste), 2.

DRONSART (Mme Marie), 132.
DU CAMP (Maxime), 49 et suiv.
DUMAS (Alexandre), 29.
DUMAS FILS (Alexandre), 25 et suiv., 107 et suiv., 110 et suiv.
DURAND (la générale), 262.

E

ESTIENNE (Henri), 51.

F

FAIL (Noël du), 51.
FALKENHAYN (comte de), 256, 257.
FÉNELON, 191.
FEUILLET (Nicolas), 25-26.
FLORIAN (le chevalier de), 188 et suiv.
FONTENELLE, 259.
FORTUNAT, 89.
FOURNIER (Dr A.), 231.
FRANKLIN, 13.

G

GABAT, 249.
GAVARNI, 92.
GEOFFRIN (Mme), 317.
GEOFFROY SAINT-HILAIRE, 298.
GIRARDIN (Émile de), 215.
GLEICHEN (baron de), 122, 123.
GŒTHE, 148, 288.
GONCOURT (Edmond de), 168.

GONCOURT (Edmond et Jules de), 84 et suiv.
GORDON, 333.
GOUVION SAINT-CYR (le marquis), 214.
GRATRY (le Père), 309.
GRÉGOIRE DE TOURS, 89.
GUICHES (Gustave), 225.
GUIZOT (F.), 251, 254, 341.
GUIZOT (Guillaume), 340.

H

HALÉVY (Ludovic), 36 et suiv.
HAMILTON (Antoine).
HAVET (Ernest), 303.
HÉBRARD (Adrien), 1 et suiv.
HÉRÉDIA (José-Maria de), 303.
HERMANT (Abel), 74 et suiv.
HÉRODOTE, 251.
HEINE (Henri), 162.
HERVIEUX (Paul), 177.
HOMÈRE, 36, 148, 149, 171, 232, 276.
HUGO (Victor), 95, 109, 114, 115, 228.
HUNOLSTEIN (d'), 317.

I

Imitation (l'auteur de l'), 348, 349, 350, 355, 357.

J

JÉROME, roi de Westphalie, 275.

K

KRUDENER (Mme de), 68.

L

LACAZE-DUTHIERS (H. de), 284, 285.
LACRETELLE JEUNE, 196 et suiv.
LAHARPE, 192.
LAMARTINE (A. de), 217-219, 341.
LAFONTAINE (Auguste), 259.
LA FONTAINE (J. de), 296, 304.
LAGUERRE (G.), 25.
LAPLACE (marquis de) 253.
LARCHEY (Lorédan), 91.
LANFREY (Jules), 252.
LATOUCHE, 306.
LATOUR (Antoine de), 302.
LAVALETTE (Marie Chamans, comte de), 318.
LAVELEYE (Émile de), 3, 4.
LECONTE DE LISLE, 95 et suiv., 110.
LEMAITRE (Jules), IV, 9 et suiv., 76, 340.
LITTRÉ (É.), VII, 183.
LOTI (Pierre), 356 et suiv.
LUBBOCK (John), 336.
LUCIEN DE SAMOSATE, 147.

M

MADVIG, 302.
MAISTRE (Joseph de), 341.
MARCHANGY, 152-153.
MARGUERITE D'ANGOULÊME, 11, 51.
MARGUERITTE (Paul), 225.
MARIE DE FRANCE, 48, 49.
MARIE-ANTOINETTE, reine de France, 317.
MARIE-LOUISE, impératrice, 256 et suiv., 268.
MARMIER (Xavier), 314.
MARMONTEL, 85, 191.
MARTEL (de), 252.
MARTY-LAVEAUX, 303.
MASSALSKA (princesse), 38 et suiv.
MAUPASSANT (Guy de), 47 et suiv., 177, 185, 234.
MENNEVAL (baron), 257.
MESNARD (Paul), 303.
MICHELET (Jules), 244-245, 255.
MIGNET, 243.
MOLIÈRE, 52.
MONOD (G.), 341.
MONTAIGNE, V, 51, 304.
MONTESQUIEU, V, 341.
MOORE (Thomas), 141.
MOREAU, 5.
MOUNET-SULLY, 6.
MUSSET (Alfred de), 35, 341.

N

NAPOLÉON, 152, 253, 269, 272.
NESTOR (le moine), VI.
NISARD (Désiré), 220, 252.

P

PANGE (François de), 315.
PARIS (Gaston), 155, 340.
PARNY (Évariste), 162, 193.
PASCAL (Blaise), 253, 304, 351.
PEIGNOT (Gabriel), v.
PEREY (Lucien), 37-38.
PILLE (Henri), 53.
PLATON, 297.
PLESSIS (Frédéric), 164 et suiv., 240.
POMAIROLS (de), 340.
PONSARD (François), 178.
PONTET (Victoire de), 256, 257.
POTOCKA (comtesse). Voy. princesse Massalska.
PREVOST (l'abbé), 93.
PRODROME (Théodore), 304.
PROPERCE, 166.
PRUD'HON, 159.

Q

QUEVERDO, 192.
QUINET (Edgar), 244.

R

RABELAIS, 51.
RACINE (Jean), 52, 303, 325, 357.
RACOT (Adolphe), 17.
RÉCAMIER (Mme), 63, 65, 66.
RENAN (Ernest), 10, 25, 27, 164, 218, 296, 314, 322 et suiv., 336.
RIVAROL, 192.

RIVIÈRE (le commandant Henri), 360.
ROBIN (Ch.), 183.
ROLAND (Mme), 113, 240.
ROLLIN, 181.
ROLLINAT (Maurice), 228.
RONCHAUD (Louis de), 217 et suiv.
RONSARD, 163.
ROSNY (J.-H.), 225-226.
ROUCHER, 250.
ROUSSEAU (J.-J.), 88, 148, 341.

S

SABRAN (Mme de), 317.
SAINT-ÉVREMOND, v.
SAINTE-BEUVE, IV-V, 176, 194, 318, 341.
SAND (George), 339 et suiv.
SANDEAU (Jules), 20 et suiv. 151.
SAPHO, 308, 309.
SAY (Léon), 15 et suiv., 340.
SCARRON (Paul), 51, 52.
SCHLOSSBERGER (Auguste de), 268, 269, 273, 277.
SEDAINE, 189.
SÉVIGNÉ (Mme de), 341.
SHAKESPEARE (W.), VIII, 5, 288.
SIMON (Jules), 341.
SOCRATE, 185.
SOREL (Albert), 245, 341.
STAËL (Mme de), 60-64.
SULLY-PRUDHOMME, 155 et, suiv.
SUVÉE, 313.

T

TACITE, 252, 254.
TAINE (H.), IV, 275, 340.
TALMA (Julie), 69.
THEURIET (André), 176.
THIERRY (Augustin), 254.
THIERRY (Amédée), 241.
THIERRY (Gilbert-Augustin), 117 et suiv.
THIERS (Ad.), 19, 239 et suiv.
TITE-LIVE, 290, 294, 325.
TOURNEUX (Maurice), 245, 303.
TROPLONG, 219.
TURGOT, 341.

U

ULBACH (Louis), 237.

V

VANIÈRE (le P.), 228.
VIENNET, 70.
VIGÉE-LEBRUN (Mme), 200, 309.
VIGNY (Alfred de), 80.
VILLON, 341.
VOGÜÉ (Eugène-Melchior de), 34.
VOISENON (l'abbé de), 53.
VOLTAIRE, 53, 190, 195, 253, 297, 341.

W

WEIL (Henri), 302.
WEISS, de Besançon, 146.
WEISS (J.-J.), IV, 140, 321.
WIRBACH (le baron de), 200.

X

XAU (Fernand), 225.

Z

ZIMMERMANN, 258.
ZOLA (Émile), 75, 76, 148-149, 225 et suiv., 344.

FIN DE LA TABLE ALPHABÉTIQUE

TABLE DES MATIÈRES

PRÉFACE..	I
HAMLET A LA COMÉDIE-FRANÇAISE................	1
SERENUS...	9
LA RÉCEPTION DE M. LÉON SAY A L'ACADÉMIE FRANÇAISE...	15
M. ALEXANDRE DUMAS MORALISTE................	25
LA JEUNE FILLE D'AUTREFOIS ET LA JEUNE FILLE D'AUJOURD'HUI..................................	36
M. GUY DE MAUPASSANT ET LES CONTEURS FRANÇAIS...	47
LE JOURNAL DE BENJAMIN CONSTANT............	59
UN ROMAN ET UN ORDRE DU JOUR. — LE CAVALIER MISEREY....................................	73
A PROPOS DU « JOURNAL DES GONCOURT »......	84
M. LECONTE DE LISLE A L'ACADÉMIE FRANÇAISE.	95
SUR LE QUAI MALAQUAIS. — M. ALEXANDRE DUMAS ET SON DISCOURS......................	107
L'HYPNOTISME DANS LA LITTÉRATURE. — MARFA.	117
LE PRINCE DE BISMARCK................................	132
BALZAC..	145
TROIS POÈTES. — SULLY-PRUDHOMME. — FRANÇOIS COPPÉE. — FRÉDÉRIC PLESSIS............	156

TABLE DES MATIÈRES.

MARIE BASHKIRTSEFF	165
LES FOUS DANS LA LITTÉRATURE	177
LE CHEVALIER DE FLORIAN : LES FÉLIBRES A LA FÊTE DE SCEAUX	188
A PROPOS DE L'INAUGURATION DE LA STATUE D'ARMAND CARREL A ROUEN	202
LOUIS DE RONCHAUD, SOUVENIRS	215
LA TERRE	225
M. THIERS HISTORIEN	239
CORRESPONDANCE DE MARIE-LOUISE	256
LA REINE CATHERINE	267
POUR LE LATIN	281
PROPOS DE RENTRÉE : LA TERRE ET LA LANGUE.	291
M. BECQ DE FOUQUIÈRES	301
M. CUVILLIER-FLEURY	315
M. ERNEST RENAN, HISTORIEN DES ORIGINES	322
LA VERTU EN FRANCE	329
GEORGE SAND ET L'IDÉALISME DANS L'ART	339
MENSONGES, PAR M. PAUL BOURGET	348
L'AMOUR EXOTIQUE. — MADAME CHRYSANTHÈME.	356

FIN DE LA TABLE DES MATIÈRES

DERNIÈRES PUBLICATIONS

Format in-18 à 3 fr. 50 le volume

J.-AD. ARENNES
Les plus Faibles sont les plus Forts 1

RENÉ BAZIN
Nord-Sud 1

JOHAN BOJER
Les Nuits Claires 1

FRANÇOIS DE BONDY
Constance dans les Cieux. 1

RENÉ BOYLESVE
La Marchande de Petits Pains pour les Canards. 1

GUY CHANTEPLEURE
La Ville assiégée 1

GASTON CHÉRAU
Le Remous 1

PIERRE DE COULEVAIN
Le Roman Merveilleux ... 1

MAX DAIREAUX
Le Plaisir d'Aimer 1

ALBERT DULAC
La Vie et la Mort de M. Legentois, rentier ... 1

ANATOLE FRANCE
Les Dieux ont soif 1

HUMBERT DE GALLIER
Filles Nobles et Magiciennes 1

GUSTAF AF GEIJERSTAM
Le Livre du Petit Sven .. 1

AIMÉ GRAFFIGNE
La Bonne Vie de Lou de Marennes 1

G. GUESVILLER & J. MADELINE
La Présidente 1

GYP
Napoléonette 1

O.-G. DE HEIDENSTAM
Marie-Antoinette, Fersen et Barnave 1

ANDRÉ LICHTENBERGER
Kaligouça, le Cœur Fidèle 1

LOUIS LÉTANG
Rolande immolée 1

PIERRE LOTI
Turquie agonisante 1

JEANNE MARAIS
Les Trois Nuits de Don Juan 1

FRANCIS DE MIOMANDRE
L'Aventure de Thérèse Beauchamps 1

ÉMILE NOLLY
Le Chemin de la Victoire. 1

GASTON RAGEOT
La Voix qui s'est tue 1

J.-H. ROSNY Jne
Sépulcres Blanchis 1

MARCELLE TINAYRE
Madeleine au Miroir 1

COLETTE YVER
Les Sables mouvants 1

www.ingramcontent.com/pod-product-compliance
Lightning Source LLC
Chambersburg PA
CBHW060616170426
43201CB00009B/1032